滇家思想
录

方尔加 ◎ 著

人民出版社

目 录

引　言

学术界研究法家多注重其政治改革措施和制度的各种法度。对其思想鲜有系统研究者。本文意在系统研究法家的思想。

第一讲
法家的哲学思维方式

法家的哲学是务实主义哲学，任何想法、任何方案、任何建议都看对君主是不是有用，是不是能够解决问题。总之，能够为君主办成事就是最大的真理。

韩非的老师荀子说："无用之辩，不急之察，弃而不治。"[1]韩非继承了荀子的说法："有道之主听言，督其用，课其功，功课而赏罚生焉，故无用之辩不留朝。任事者知不足以治职，则官收。"[2]掌握了道的君主对臣子的言论要察看其用处，考核其功效，功效考核完之后再确定赏罚。无用的论辩

---

[1]《荀子·天论》，方勇、李波译注，中华书局2011年版，第271页。

[2]《韩非子·八经》，高华平、王齐洲、张三夕译注，中华书局2010年版，第691页。

不得留在朝堂。任职的人不称职就免职。韩非批评了当时许多君主崇尚虚言："人主之听言也，美其辩；其观行也，贤（称赞）其远。故群臣士民之道言者迂弘，其行身也离世。"①现在君主听取言论，喜欢听取其口才；观察行为，称赞其远离实际的作风。所以臣民说话迂远而空阔，行为远离现实。

法家的务实之实有其丰富的内涵：

一、君本位的务实

所谓有用，法家强调是对君主有用。

韩非举例："太公望东封于齐，齐东海上有居士曰狂矞、华士。昆弟二人者立议曰（姜太公封在齐国。齐国渤海边有狂矞、华士兄弟二人。两人的宗旨是）：'吾不臣天子，不友诸侯，耕作而食之，掘井而饮之，吾无求于人也。无上之名，无君之禄，不事仕而事力（我们不给天子做臣，不与诸侯为友，吃自己种的粮食，喝自己挖的井水，我们无求于人。不要君主给的名位，不拿君主给的俸禄，不当官而凭自己的能力吃饭）。'太公望至于营丘，使吏执而杀之，以为首诛（姜太公到了营丘派官吏将他们逮捕杀掉，以为首恶）。周公旦从鲁闻之，发急传而问之曰（周公在鲁国听说后急发公文询问）：'夫二子，贤者也。今日飨国而杀贤者，何也（那两个人是道

---

① 《韩非子·外储说左上》，高华平、王齐洲、张三夕译注，中华书局2010年版，第392页。

德君子。你为什么要杀掉道德君子）？'太公望曰：是昆弟二人立议曰：'吾不臣天子，不友诸侯，耕作而食之，掘井而饮之，吾无求于人也。无上之名，无君之禄，不事仕而事力（姜太公回答，这兄弟二人确立的宗旨是，我们不给天子做臣，不与诸侯为友，吃自己种的粮食，喝自己挖的井水，我们无求于人，不要君主给的名位，不拿君主给的俸禄，不当官而凭自己的本事吃饭）。'彼不臣天子者，是望不得而臣也；不友诸侯者，是望不得而使也；耕作而食之，掘井而饮之，无求于人者，是望不得以赏罚劝禁也（他们不给天子做臣，因而不肯当我的臣属；不与诸侯为友，因而不受我的驱使；吃自己种的粮食，喝自己挖的井水，无求于人，使我不能够用赏罚鼓励和约束之）。且无上名，虽知，不为望用；不仰君禄，虽贤，不为望功。不仕，则不治；不任，则不忠。且先王之所以使其臣民者，非爵禄则刑罚也。今四者不足以使之，则望当谁为君乎（不要君主手里的名位，虽然有智慧却不为我所用；不赖君主俸禄，虽然很能干却不为我建功业；不愿意做官则不能加以约束；不为君做事就是不忠。先王所用来驱使臣民的非爵禄即刑罚，现在爵禄刑罚都不足以驱使之，我还给谁当君主呢）？不服兵革而显，不亲耕耨而名，又非所以教于国也（不上战场而尊显，不耕田而出名，这是不能施教国人的）。今有马于此，如骥之状者，天下之至良也。然而驱之不前，却之不止，左之不左，右之不右，则臧获虽贱，不托其足。臧获之所愿托其足于骥者，以骥之可以追利辟害也。今不为人用，臧获虽贱，不托其足焉（现在有一匹马，从骏马的样子看是天下最好的马。可是赶它不前进，拉它不止住，让它往左它不往左，让它往右它不往右。奴隶地位虽然低贱，也不会依托其脚力。奴隶想依托于良马的脚力是因为良马能够使之趋利避害。现在良马不为人所用，奴隶虽贱也不会用其脚力）。已自谓以为世之贤士而不为主用，行极贤而不用于君，此非明主之所臣也，亦骥之不可左右矣，是以诛之（狂矞、华士自认为是贤士却不为君主所用，行为最符合道德却不为君主所用。就像良马一样，不能供我驱使，所以杀之）。"①狂矞、华士虽然是道德高尚的极品之人，但是不受君主驱使，对君主没用，所以诛杀之。至于对社会发展有益否不在考虑之列。

"若夫许由（传说尧要把天下给他，他不接受）、续牙、晋伯阳（舜的七友之一）、秦颠颉、卫侨如、狐不稽、重明（均不详）、董不识（舜七友之一）、卞随、务光（传说商汤王灭夏后想把天下让给他们，他们不接受，投河而死）、伯夷、叔齐（孤竹国君主的两个儿子，不肯继承君位，不食周粟而死），此十二人者，皆上见利不喜，下临难不恐；或与之天下而不取；有萃辱之名，则不乐食谷之利。夫见利不喜，上虽

---

① 《韩非子·外储说右上》，高华平、王齐洲、张三夕译注，中华书局2010年版，第472页。

厚赏，无以劝之；临难不恐，上虽严刑，无以威之；此之谓不令之民也（这十二个人见到好处不喜悦，碰到危难不恐惧；把天下给他们他们不要，背负耻辱之名却不愿意接受官方的俸禄。见到好处并不欢喜，君主给予厚赏也不能打动他们；碰到危难不恐惧，君主虽加之严刑仍不惧怕。这是君主不能驱使的臣民）。此十二人者，或伏死于窟穴，或槁死于草木，或饥饿于山谷，或沉溺于水泉。有民如此，先古圣王皆不能臣，当今之世，将安用之（这十二个人或死于洞穴，或死于草丛，或死于山谷，或死于水中。古代圣王尚不能驱使之，今世君主如何用得了呢）？"①这十二个君子与狂矞、华士一样无私故无畏，君主奈何不了，更无以驱使，只得杀掉。

"齐有居士（隐士）田仲者，宋人屈谷见之，曰：'谷闻先生之义，不恃仰人而食。今谷有巨瓠，坚如石，厚而无窍，献之（我听说你道德高尚，不靠别人吃饭。现在我得到了一个大葫芦，坚硬如石，厚而无缝隙，我要把他献给你）。'（田）仲曰：'夫瓠所贵者，谓其可以盛也。今厚而无窍，则不可以剖以盛物（葫芦之所以有价值，因为可以盛东西。现在葫芦厚而没有缝隙，就不能剖开盛东西）；而任重如坚石，则不可以剖而以斟。吾无以瓠为也（葫芦硬重如硬石头，不能剖开斟酒。所以我认为这个葫芦没有用）。'（屈谷）曰：

①《韩非子·说疑》，高华平、王齐洲、张三夕译注，中华书局2010年版，第630页。

'然，谷将弃之（屈谷说所以我要把这个葫芦丢弃）。'今田仲不恃仰人而食，亦无益人之国，亦坚瓠之类也。"①这个故事得出的结论是，田仲坚守操守，不依赖君主吃饭，用不着受君主驱使，所以就像这个葫芦一样对君主没有用。

"使人不衣不食而不饥不寒，又不恶死，则无事上之意。意欲不宰于君，则不可使也（人若是不需要衣食，不存在饥寒问题，也不怕死，就无求于君主，就不受君主宰制，不为君主所用）。"②道德君子无求于君主，用不着顺服君主的意志，所以对于君主来说是无用之物。

还有一种君子对君主有用，但是让君主很不爽。"若夫关龙逢（夏桀的大臣，因直谏而被杀）、王子比干（商纣王的叔父，因直谏被剖心而死）、随季梁（随国贤臣）、陈泄冶（向陈灵公直谏而被杀）、楚申胥（复兴楚国后谢绝封赏）、伍子胥（吴臣，因直谏夫差而被疏远），此六人者，皆疾争强谏以胜其君。言听事行，则如师徒之势；一言而不听，一事而不行，则陵其主以语，待之以其身，虽死家破，要领不属，手足异处，不难为也。如此臣者，先古圣王皆不能忍也，当今之时，将安用之（这六个人用激烈的争辩和极力的规劝来强谏君

①《韩非子·外储说左上》，高华平、王齐洲、张三夕译注，中华书局2010年版，第402页。
②《韩非子·八说》，高华平、王齐洲、张三夕译注，中华书局2010年版，第678页。

主，如同师徒关系；一语不听，一事不按他们的想法去做，他们就用难听的话去凌侮君主，动辄表示豁出性命，哪怕身死家破、脑袋搬家、手足斩断也毫不在乎。这种臣子古代先王都不能容忍，今日王者如何能任用之）？"[①]上述这六个臣子虽然效忠君主，但常给君主出难题，气势压迫君主，冒犯君主尊严，令君主难堪。这样的臣子同然忠君，但君主实在受不了。

总之，无论是追求独立人格的道德君子，还是愚忠的臣子，只要是对君主没用或让君主不舒服，一律淘汰。

二、务实的具体体现

（一）不要花里胡哨，要眼前就能够产生实实在在的功效

韩非讲了一个故事："宋王与齐仇也，筑武宫（宋君与齐君作对，修建练武场）。讴癸倡，行者止观，筑者不倦（请歌星癸唱歌。癸唱得很好听，来往行人驻听，干活的民工不累）。王闻，召而赐之。对曰：'臣师射稽之讴又贤于癸（宋君赏癸，癸说自己的老师射稽唱得比自己好）。'王召射稽使之讴，行者不止，筑者知倦（射稽唱歌不好听，行人不驻听，民工很累）。王曰：'行者不止，筑者知倦，其讴不胜如癸美，何也（宋君责备癸，他推荐的射稽唱得不好）？'对曰：

[①]《韩非子·说疑》，高华平、王齐洲、张三夕译注，中华书局2010年版，第630页。

'王试度其功'，癸四板，射稽八板；擿其坚，癸五寸，射稽二寸（癸回答，请大王计算一下业绩。听癸唱歌，民工干了四个板的活；听射稽唱歌，民工干了八个板的活。测试城墙硬度，抠城墙，听癸唱歌能抠进去五寸深度，听射稽唱歌能抠进去二寸深度。这说明听射稽唱歌民工修的城墙比听癸唱歌修的城墙更加坚硬）。"① 韩非是用唱歌做比喻。好听并不是唱歌好坏的重要标准，能够使听歌的人提高工作业绩，尽快完成君主提出的指标才是最重要的。至于按照音乐专业自身的标准分个孰高孰低，君主没有兴趣。

类似的比喻还有："楚王谓田鸠曰：'墨子者，显学也。其身体则可，其言多而不辩，何也（楚王问田鸠：墨子的学说声名显赫，且亲身践行的也不错。可是他说话很多却缺乏文采这是为什么）？'（田鸠）曰：'昔秦伯嫁其女于晋公子，令晋为之饰装，从衣文之媵七十人。至晋，晋人爱其妾而贱公女。此可谓善嫁妾，而未可谓善嫁女也（秦君将女儿嫁给晋国公子，让晋国为女儿打扮。随女儿陪嫁的还有七十个穿着漂亮的妾，到了晋国，晋国人喜欢妾而看不上秦君的女儿。此乃善嫁妾，不善嫁女）。楚人有卖其珠于郑者，为木兰之椟，熏以桂椒，缀以珠玉，饰以玫瑰，辑以翡翠。郑人买其椟而还其珠。此可谓善卖椟矣，未可谓善鬻珠也（楚人卖明珠给郑人，

① 《韩非子·外储说左上》，高华平、王齐洲、张三夕译注，中华书局2010年版，第395页。

珠子装在一个加工精美装饰漂亮的盒子里，结果郑人买椟还珠）。今世之谈也，皆道辩说文辞之言，人主览其文而忘有用。墨子之说，传先王之道，论圣人之言，以宣告人。若辩其辞，则恐人怀其文忘其直、以文害用也。此与楚人鬻珠、秦伯嫁女同类，故其言多不辩。'"[1]墨子说话虽然缺乏文采，但内容十分重要、实用。不能为了文采而忽略其内容。可当今的君主往往都重视文采，轻视内容。

"墨子为木鸢，三年而成，蜚一日而败（墨子用三年时间做了一只木鹰，飞了一天才掉下来）。弟子曰：'先生之巧，至能使木鸢飞（弟子说先生手太巧了，能够使木鹰飞起）。'墨子曰：'吾不如为车輗者巧也。用咫尺之木，不费一朝之事，而引三十石之任，致远力多，久于岁数。今我为鸢，三年成，蜚一日而败（墨子说：我不如制作车輗的匠人巧。他用八寸长的小木头，不费一早晨的工夫，能够拖引三十石的重量，走得远力量大，可以用许多年。可我做的木鹰三年才做成，一天就掉下来了）。'惠子闻之曰：'墨子大巧，巧为輗，拙为鸢（惠施听说这件事说：墨子太聪明了，知道做车輗的巧，做木鹰的拙）。'"[2]韩非认为，墨子的木鹰对生活不实用，车

---

[1]《韩非子·外储说左上》，高华平、王齐洲、张三夕译注，中华书局2010年版，第393页。

[2]《韩非子·外储说左上》，高华平、王齐洲、张三夕译注，中华书局2010年版，第395页。

輗却很实用。实际上韩非否定墨子制作木鹰，肯定匠人制作车輗。如果从科学技术角度讲，墨子的木鹰比起匠人的车輗价值无穷，可是墨子的木鹰不能立即投入使用，不实用。不像车輗，当下就能用。

由日常生活的实用讲到治国："杨朱、墨翟，天下之所察也，干世乱而卒不决，虽察而不可以为官职之令（杨、墨乃天下卓越的明察之士，想治乱世做不成事。他们虽然明察，其学说却不能作为官方法令）。鲍焦、华角，天下之所贤也，鲍焦木枯，华角赴河，虽贤不可以为耕战之士（鲍焦、华角是天下公认的贤者，鲍焦抱木而死，华角投河自杀，他们虽有贤德，却不能种地打仗）。""博习辩智如孔、墨，孔、墨不耕耨，则国何得焉？修孝寡欲如曾、史，曾、史不战攻，则国何利焉(博学善辩如孔、墨那样，可是孔、墨不能耕田，对治国有什么用？行孝道寡欲如曾参、史鱼那样，可是曾参、史鱼不能上战场，国家能得到什么好处)？"[1]孔、墨、曾、史虽然道德学问水平高，是为世人所赞美的名士，但是其道德学问既不能用作官方法令治世，又不能务农耕田，还不能上战场开疆拓土，对君主没用。

"错法以道民也，而又贵文学，则民之所师法也疑；赏功以劝民也，而又尊行修，则民之产利也惰。夫贵文学以疑法，尊行修以贰功，索国之富强，不可得也(一方面用法令引导民

---

[1]《韩非子·八说》，高华平、王齐洲、张三夕译注，中华书局2010年版，第667—670页。

众，一方面又抬高崇尚个性的文学，民众不知该学习谁。一方面赏赐有功者激励民众立功，一方面又尊崇修身，民众就懒得去立功求利了。抬高文学来干扰法制，崇尚修身来干扰立功，求国家富强是做不到的)。"① 那些道德仁人、饱学之士不会耕田，不能上战场冲杀，对国家来说是些废物。法家当时务实主义只局限于物质层次。

商鞅也如是说："匡有礼、有乐、有《诗》、有《书》、有善、有修、有孝、有弟、有廉、有辩。国有十者，上无使战，必削至亡；国无十者，上有使战，必兴至王。国以善民治奸民者，必乱至削；国以奸民治善民者，必治至强。国用《诗》、《书》、礼、乐、孝、弟、善、修治者，敌至，必削国；不至，必贫。国不月八者治，敌不敢至，虽至必却；兴兵而伐，必取，取必能有之；按兵而不攻，必富。国好力，曰以难攻；国好言，曰以易攻。国以难攻者，起一得十；国以易攻者，出十亡百。"② 礼仪文明道德伦理对抵抗侵略开疆拓土没用，君主如果用这些东西治国必定削弱乃至亡国。

礼仪文明道德伦理的危害之一是滋生懒汉和胆小鬼。"国好言谈者削。故曰：农战之民千人，而有《诗》、《书》辩慧者一人焉，千人者皆怠于农战矣。农战之民百人，而有技艺者

①《韩非子·八说》，高华平、王齐洲、张三夕译注，中华书局2010年版，第670页。
②《商君书·去强》，石磊译注，中华书局2011年版，第40页。

一人焉，百人者皆怠于农战矣。国待农战而安，主待农战而尊。夫民之不农战也，上好言而官（都想耍嘴皮子当官），失常也。"①古代社会农业、手工业以非常沉重的体力劳动为主。能够脱离沉重的体力劳动是人们的愿望。在法家看来，读书、钻营进入权势圈子、耍嘴皮子是无权无势者脱离体力劳动的最佳捷径。社会上一旦读书讲学问的人太多，干体力活的人就大大减少，国家就会贫困削弱。

总之，法家要淘汰一切不能给君主带来实惠的花架子、表面文章。

（二）对君主有用的必须能够被普通人所理解

只能被精英所领会，普通人理解不了，就不能推广，就不能推行下去。

"察士然后能知之，不可以为令，夫民不尽察（只有明察之士才能晓得的不可以作为制定法令的依据）。贤者然后能行之，不可以为法，夫民不尽贤（只有贤人才能做到的不可以作为法令，因为民众不可能都达到贤者的水平）。"②把只有最聪明、最有道德的社会精英才能够懂得和做到的道理作为治国的依据是行不通的。

---

① 《商君书·农战》，石磊译注，中华书局2011年版，第28页。
② 《韩非子·八说》，高华平、王齐洲、张三夕译注，中华书局2010年版，第670页。

为什么必须依法治国？韩非说："释法术而心治，尧不能正一国（放弃法度仅凭主观想法办事，尧也不能公正治国）；去规矩而妄意度，奚仲不能成一轮（舍弃规矩凭感觉猜测奚仲一个轮子也造不出来）；废尺寸而差短长，王尔不能半中（丢掉尺寸来分辨长短王尔连一半的准确度都达不到）。使中主守法术，拙匠守规矩尺寸，则万不失矣（中等君主守住法度，笨蛋木匠死抓尺度就不会有失误）。君人者能去贤巧之所不能，守中拙之所万不失，则人力尽而功名立（君主治国就是要用普通人都能掌握的尺度，不用连精英都难以做到的信条）。"[1]法家认为，治国要想产生功效，首先要立足于普通民众能够理解和做到的规则，不要以社会精英为准。"书约而弟子辩，法省而民讼简（书写得太简略，弟子们就会互相争辩，法条太简省，民众就会诉讼而轻慢法律）。是以圣人之书必著论，明主之法必详尽事（圣人的书要写得明明白白，明主的法条必对事情做出详细规定）。尽思虑，揣得失，智者之所难也；无思无虑，挈前言而责后功，愚者之所易也（用尽思虑，估量得失，聪明的人也感到困难；不动脑筋，根据一定的规定来责求后人做事的实效，愚昧的人也能做到）。明主虑愚者之所易，不责智者之所难，故智虑力劳不用而国治也（明主喜欢考虑愚笨的人都容易做到的事情，不责智者都难以做到的事情。所以，不用

---

①《韩非子·用人》，高华平、王齐洲、张三夕译注，中华书局2010年版，第302页。

耗费精力根据就能够治理好）。"①法条制度需要详细而具体，让愚笨的人都觉得容易理解、遵循和操作，故能产生实效。

所以商鞅变法，强调量化治国。"商君之法曰：'斩一首者，爵一级，欲为官者为五十石之官；斩二首者，爵二级，欲为官者为百石之官。'官爵之迁与斩首之功相称也。"②多清楚！多明白！操作起来多方便！

在《境内》中商鞅做出的各项规定非常详细具体：

"四境之内，丈夫女子皆有名于上，生者著，死者削（国境之内男女姓名都要登记，新出生的填写，死亡的削去）。"③这里讲的是如何进行户口管理。

"其有爵者乞无爵者以为庶子，级乞一人（有爵位的人可以要无爵位的人为自己的仆人，每一级爵位可得到一个仆人）。其无役事也，其庶子役其大夫月六日；其役事也，随而养之军（没有战争的时候，仆人为大夫每月服役六天；有战争时，仆人跟着上战场给大夫做饭）。"④无爵位的要给有爵位的人做仆人。想不当仆人就得立功取得爵位。规定了仆人该为主人提供服务的内容和数量。

①《韩非子·八说》，高华平、王齐洲、张三夕译注，中华书局2010年版，第677页。
②《韩非子·定法》，高华平、王齐洲、张三夕译注，中华书局2010年版，第624页。
③《商君书·境内》，石磊译注，中华书局2011年版，第140页。
④《商君书·境内》，石磊译注，中华书局2011年版，第140页。

"爵自一级已下至小夫，命曰校、徒、操，公士（爵位从一级以下到小夫，名称是校、徒、操，爵位是公士）。自二级已上至不更，命曰卒（从二级开始到不更，名称是卒）。其战也，五人束簿为伍，一人兆而到其四人，能人得一首则复（作战时五个人编在一个名册口为一伍，如有一人逃跑就惩罚另外四个人，如果谁能够斩敌一首就可以免于惩罚）。五人一屯长。百人一将（每五个人设一屯长，每百人设一将）。其战，百将、屯长不得首，斩；得三十三首以上，盈论，百将、屯长赐爵一级（作战中百人将、屯长没有斩得敌首，都要被斩首。如果斩得敌首三十三个以上，就达到了规定指标，将、屯长升爵一级）。五百主，短兵五十人。二五百主，将之主，短兵百。千石之令短兵百人，八百之令短兵八十人，七百之令，短兵七十人，六百之令，短兵六十人。国尉，短兵千人。将，短兵四千人。战及死事，而刭短兵。能一首则复（五百人的将领有短兵五十人。两个五百人的将是将中之统领，有短兵百人；享有一千石俸禄的长官有短兵百人，享有八百石俸禄的长官有短兵八十人，享有七百石俸禄的长官有短兵七十人，享有六百石俸禄的长官有短兵六十人。国尉有短兵一千人。大将有短兵四千人。将官战死，短兵要受到惩罚。短兵能够斩一敌首可以免于惩罚）。"[1] 在前线，由不同层级的士兵到各级将领的地位

---

[1]《商君书·境内》，石磊译注，中华书局2011年版，第141页。

和待遇以及奖惩规定都被量化，连作为文盲的普通士兵都懂得自己该履什么职。

商鞅制定的功爵大致可分为三层："士"爵层（公士、上造、簪袅、不更），"大夫"爵层（大夫、公大夫、公乘、五大夫），"卿"爵层（五大夫以上）。①

各级军官通过自己的努力升迁："能攻城围邑斩首八千已上，则盈论；野战斩首二千，则盈论。吏自操及校以上大将尽赏。（攻打城邑斩首八千以上就完成了指标。野战斩首二千就完成了指标。将吏从操、校到大将都有赏赐）。行间之吏也，故爵公士也，就为上造也；故爵上造，就为簪袅；故爵簪袅，就为不更；故爵不更，就为大夫（军队中的官吏旧爵是公士，升为上造；旧爵是上造，升为簪袅；旧爵是簪袅，升为不更；旧爵是不更，升为大夫）。爵吏而为县尉，则赐虏六，加五千六百（爵位由小吏升为县尉的赏赐六个奴隶，另加五千六百俸禄）。爵大夫而为国尉，就为官大夫；故爵官大夫，就为公大夫；故爵公大夫，就为公乘；故爵公乘，就为五大夫，则税邑三百家。故爵五大夫，就为大庶长；故大庶长，就为左更；故三更（爵列十二、十三、十四等分别叫做左更、中更、右更，合称三更）也，就为大良造。皆有赐邑三百家，有赐税三百家（爵位为大夫而担任国尉，升为官大夫；旧爵是

---

② 凌文超：《汉初爵制结构的演变与官、民爵的形成》，《中国史研究》2012年第1期。

官大夫，升为公大夫；旧爵是公大夫，升为公乘；旧爵是公乘，升为五大夫，给税邑三百家。旧爵是五大夫，升为大庶长；旧爵是大庶长，升为左更；旧爵为三更，升为大良造，赏赐三百户封邑，另赏三百户的税）。爵五大夫，有税邑六百家者，受客。大将、御、参皆赐爵三级。故客卿相，论盈，就正卿（爵位是五大夫有六百家租税封邑的可以接受门客。大将、车夫、骖乘相的满足了朝廷的要求，升为正卿）。"①攻城野战杀敌够数，各个级别的军人都能有所升迁受赏。这些也都是量化的，一目了然。

"以战故，暴首三日，乃校三日，将军以不疑致士大夫劳爵。夫劳爵，其县过三日有不致士大夫劳爵，罢其县四尉，訾由丞尉（战斗结束，把所获敌人首级展示三日，核实三日，将军认为没有疑问，就论功行赏。论功行赏县里三天都没有落实，就撤掉该县尉的职，由县丞来接替之）。"②论功行赏精准执行，三日必须完成。对完成的时间做了量化规定。

关于低级别军人的赏罚："能得甲首一者，赏爵一级，益田一顷，益宅九亩，除庶子一人，乃得入兵官之吏（斩得敌军一颗脑袋加爵一级，加田一顷，加宅基地九亩，加贴身奴隶一个，还可以担任军队政府官员）。其狱法，高爵訾下爵级。高爵罢，无给有爵人隶仆。爵自二级以上，有刑罪则贬。爵自一

①《商君书·境内》，石磊译注，中华书局2011年版，第142—143页。
②《商君书·境内》，石磊译注，中华书局2011年版，第144页。

级以下，有刑罪则已；小夫死（诉讼法规定，爵位高的审判爵位低的。高爵位的被罢免，相应级别给予的仆役奴隶取消。二级以上的爵位犯罪则降级。一级以下犯罪就取消爵位；没有级别的小夫犯罪则处死）。"[1]

关于牺牲者的荣耀："公士以上至大夫，其官级一等，其墓树级一树。"[2]公士以上至大夫，每高一级，墓地多植一棵树，使死者依据生前功劳显示出荣耀。

关于围城攻打的分工与赏罚："其攻城围邑也，国司空訾其城之广厚之数（在围攻敌人城邑时，由国司空测量那个城墙的面积和厚度）。国尉分地，以校、徒分积尺而攻之，为期，曰：'先已者当为最启，后已者訾为最殿。再訾则废（国尉划分攻打的地盘，给校、徒都分配好一定厚度长度的城墙去攻打，定出期限，命令说：最先完成的立头功，最后完成的斥为末等。两次被斥为末等就撤了他的爵位）。'穴通则积薪，积薪则燔柱。陷队之士，面十八人。陷队之士，知疾斗，不得，斩首。队五人，则陷队之士，人赐爵一级。死，则一人后。不能死之，千人环规，黥劓于城下。（打穿了洞穴就堆上柴草烧起木柱。敢死队士兵城墙每个方向十八个。拼命死战者不成功，也得斩首。抓住五个俘虏，敢死队每人赐一级。战死者其族中一人可以承袭其爵位。怕死退却者，在千人环视下受黥刑

---

[1]《商君书·境内》，石磊译注，中华书局2011年版，第144—145页。
[2]《商君书·境内》，石磊译注，中华书局2011年版，第145页。

劓刑）。国尉分地，以中卒随之。将军为木台，与国正监、与王御史参望之。其先入者举为最启，其后入者举为最殿。其陷队也，尽其几者。几者不足，乃以欲级益之（国尉划分地段，中军士卒听从分派。将军搭起木台，与国家的正监、王的御史一同观望。士兵先进城的评为头功，后进城的评为落后。敢死队的人尽量用自己申请的人，数量不够，就让升迁欲望强烈者补充）。"①这些规定相当具体，即便是普通士兵，告知一次就能够明了。

（三）善于得失利弊的权衡

韩非的《八说》集中展示了法家的务实主义哲学，体现在得失利弊的权衡上。

1.权衡私德与公义

"为故人行私谓之'不弃'，以公财分施谓之'仁人'，轻禄重身谓之'君子'，枉法曲亲谓之'有行'，弃官宠交谓之'有侠'，离世遁上谓之'高傲'，交争逆令谓之'刚材'，行惠取众谓之'得民'。'不弃'者，吏有奸也；'仁人'者，公财损也；'君子'者，民难使也；'有行'者，法制毁也；'有侠'者，官职旷也；'高傲'者，民不事也；'刚材'者，令不行也；'得民'者，君上孤也。此八者，匹

---

① 《商君书·境内》，石磊译注，中华书局2011年版，第146页。

夫之私誉，人主之大败也。反此八者，匹夫之私毁，人主之公利也。人主不察社稷之利害，而用匹夫之私誉，索国之无危乱，不可得矣。"①为老朋友徇私枉法叫做够交情；用公家的财物散发施舍叫做仁人；轻视君主赏赐的俸禄重视自己清高的品德叫做君子；扭曲法规袒护亲人叫做品行好；放弃官职注重私交叫做侠义；逃避现实避开君主叫做清高傲视；违反法令相互斗狠叫做刚直硬汉；行私惠笼络民众叫做得民心。所谓够交情，官员就会有奸邪的行为；做仁人，公家的财产就会遭受损失；都去当清高的君子，民众就难以驱使；追求好的品行会破坏法制；行侠仗义官职就会旷缺；都去清高傲世，民众就都不侍奉君主；都去做刚直好汉国家法令就无法推行下去；所谓得民心就是让君主受到孤立。这八种荣誉都是讲私人情谊的道德，属于私德，会给社会造成极大的祸害。不过法家反对这些私德不是为了讲什么公德，而是为了维护君主利益，实现君主治理国家的功利。

"匹夫有私便，人主有公利。不作而养足，不仕而名显，此私便也；息文学而明法度，塞私便而一功劳，此公利也。"②个人有私利君主有公利。不劳作而给养足，不做官而名声显赫，这是个人的私利，阻塞私利，一切好处的获得以功劳为

---

① 《韩非子·八说》，高华平、王齐洲、张三夕译注，中华书局2010年版，第667—668页。

② 《韩非子·八说》，高华平、王齐洲、张三夕译注，中华书局2010年版，第670页。

准，这是公利。

2.权衡用礼用力

"揗笏干戚，不逮有方铁铦；登降周旋，不逮日中奏百；《狸首》射侯，不当强弩趋发；干城距冲，不若埂穴伏囊(朝仪用的笏板盾斧兵器，不如实战用的大刀长矛实用；朝仪的进退转体动作比不上战场上半天急行军一百里更有用；演奏《狸首》乐章，在射礼仪式上射靶，不如战场上强弩劲射；举行保卫城墙抗拒敌方冲车的仪式，不如在城墙根挖洞灌水烟熏敌军厉害)。古人亟于德，中世逐于智，当今争于力(古人在道德上竞争，中世在智谋上竞争，当今在气力上竞争)。古者寡事而备简，朴陋而不尽，故有珧铫而推车者(古代事情少，设备简陋，器具粗糙不完善，所以使用蚌壳做农具，推简陋的手推车)。古者人寡而相亲，物多而轻利易让，故有揖让而传天下者。然则行揖让，高慈惠，而道仁厚，皆推政也（古代人口少，人际相亲。物品多所以轻视利益，多行谦让。人们仁慈、惠让、爱而忠厚。这种政治就像原始的手推车一样简单）。处多事之时，用寡事之器，非智者之备也；当大争之世，而循揖让之轨，非圣人之治也。故智者不乘推车，圣人不行推政也（处在多事的时代，而使用少事时代的治理方法，这不是智者应使用的方法。在争夺激烈的时代，行相互谦让的法则，这不是圣人治理的方法。所以聪明的君主不使用旧时代的简单的低水平的治理方法）。"①从效用上讲，当时的规范、道德人文、治国方法以及作战方式在新的时代已经过时了。所以治国不能再怀旧、不能再想入非非。

3.权衡用法之利弊

"法所以制事，事所以名功也。法有立而有难，权其难而事成，则立之；事成而有害，权其害而功多，则为之。无难之法，无害之功，天下无有也（法是用来规范事情的，事情是用来成就功勋的。法设立会带来困难，但权衡了困难能使事情办成，还是要使用法。事情成功了也会带来有害的一面。权衡利害大小，事情还是要办的。不遇到困难的法，没有害处的事功天下是没有的）。是以拔千丈之都，败十万之众，死伤者军之乘，甲兵折挫，士卒死伤，而贺战胜得地者，出其小害计其大利也（攻克周长千丈的城池，打败十万人的军队，我军也得损失三分之一。军用物资损失，士卒死亡，我们还是要庆贺胜利，是因为忽略了小的害处得到大的利益）。夫沐者有弃发，除者伤血肉。为人见其难，因释其业，是无术之事也（洗头的人要掉头发，治伤的人要割掉一点血肉。因为见到有损失就放弃事业，这是不懂得治国之术者的事）。先圣有言曰：'规有摩而水有波，我欲更之，无奈之何！'此通权之言也（先圣说：'圆规使用时间长了会有误差，水平仪使用时间长了会产

---

① 《韩非子·八说》，高华平、王齐洲、张三夕译注，中华书局2010年版，第672页。

生波纹，我想改变这一点是做不到的。'这是追求'大概其'的说法）。是以说有必立而旷于实者，言有辞拙而急于用者。故圣人不求无害之言，而务无易之事（学说符合逻辑能够立得住却不能用于实际，用语笨拙却能够马上用于实际。所以圣人不寻求没有毛病的语言，只求不耽误事）。人之不事衡石者，非贞廉而远利也，石不能为人多少，衡不能为人轻重，求索不能得，故人不事也（人们不求改变量衡秤石，并非因为人们正直廉洁不求利，而是因为量衡秤石本身不能为人增加或减少。对人们的所求不能有所满足，所以就不求助他们了）。明主之国，官不敢枉法，吏不敢为私利，货赂不行，是境内之事尽如衡石也。此其臣有奸者必知，知者必诛。是以有道之主，不求清洁之吏，而务必知之术也（明主治理的国家官吏不敢枉法谋私，贿赂行不通，境内之事按照已定的规范标准办。奸者必得，得者必诛。掌握了道的君主不指望官吏清正廉洁，而致力于定能察奸）。"[1]治国总是要付出代价的。法制、攻占城池，包括沐浴、疗伤等总要付出些代价，但是所得远远大于所获，代价的付出还是值得的。不管什么理论，能办成事就是好理论，办不成事再动听的理论也没用。治国者之所以不改变法度，不讲求道德，就是为了办成事。

　　"慈母之于弱子也，爱不可为前。然而弱子有僻行，使之

---

[1]《韩非子·八说》，高华平、王齐洲、张三夕译注，中华书局2010年版，第673—674页。

随师；有恶病，使之事医。不随师则陷于刑，不事医则疑于死。慈母虽爱，无益于振刑救死，则存子者非爱也。子母之性，爱也；臣主之权，策也。母不能以爱存家，君安能以爱持国（慈母对于小孩子的宠爱，没有谁能够比得上的。然而孩子有不正当的行为，就得让孩子跟随老师学习。有了严重的疾病，就得让他求医看病。不跟老师学习，就会犯法受刑。不求医就会接近死亡。慈母之爱对于小孩摆脱受刑和死亡没有什么益处，所以保护自己孩子不是靠母爱。母子之间的天性是爱，君臣之间所考虑的是互相算计。母亲不能用爱保护家庭，君主不能用爱保住国家）？明主者通于富强，则可以得欲矣。故谨于听治，富强之法也。明其法禁，察其谋计。法明则内无变乱之患，计得则外无死虏之祸。故存国者，非仁义也（明主懂得富强的办法就能够实现自己的愿望。所以谨慎地处理政事是使国家富强的方法。明示法度，深察自己的计谋。法度明国内就不会有事变动乱等祸患，计谋得当国外就不会有入侵的祸患。所以保存国家的方法不是仁义）。仁者，慈惠而轻财者也；暴者，心毅而易诛者也。慈惠，则不忍；轻财，则好与。心毅，则憎心见于下；易诛，则妄杀加于人（仁爱的人是慈爱恩惠轻视财利者；残暴的人内心残忍轻易地处罚人。慈爱恩惠的人下不了狠心，轻视财利的人好施与；内心残忍，则憎恨之心就会暴露在属下面前；轻易处罚，就会随便杀人）。不忍，则罚多宥赦；好与，则赏多无功。憎心见，则下怨其上；妄诛，则民将背叛（不狠心，许多处罚都被宽宥和赦免；好施与，则赏赐大都给了无功之人。憎恶之心表现出来，臣下就会怨恨君上；随便杀人，民众就会背叛君主）。故仁人在位，下肆而轻犯禁法，偷幸而望于上；暴人在位，则法令妄而臣主乖，民怨而乱心生。故曰：仁暴者，皆亡国者也（仁人处在君位，百姓放肆随意触犯法度，以侥幸的心态期望君主不予处罚；暴虐的人处在君位，就会滥用法令随意处罚，君臣之间离心离德，民众有怨心想叛乱。所以仁爱和残暴的人都是使国家灭亡的人）。"[1] 从功利的角度讲，仁慈轻利、暴虐贪渎都对国家治理不利。治理国家只能实行法制。法制虽然冷峻，对人有一定的伤害，但权衡得失得还是大于失。

4.权衡务农与游说

"不能具美食而劝饿人饭，不为能活饿者也；不能辟草生粟而劝贷施赏赐，不能为富民者也。今学者之言也，不务本作而好末事，知道虚圣以说民，此劝饭之说。劝饭之说，明主不受也。"[2] 从功利权衡上讲，仁义施舍固然能够缓解贫穷所带来的痛苦，但是从根本上解决不了摆脱贫穷问题。要是从根本上

---

[1]《韩非子·八说》，高华平、王齐洲、张三夕译注，中华书局2010年版，第675页。

[2]《韩非子·八说》，高华平、王齐洲、张三夕译注，中华书局2010年版，第676—677页。

解决，只能大量开荒种地，多种粮食。

法家批评当时的君主喜欢耍嘴皮子的人。商鞅说："今世主皆忧其国之危而兵之弱也，而强听说者（当世君主忧虑本国危机和军事力量薄弱，就一个劲地听游说之士的空洞议论）。说者成伍，烦言饰辞而无实用（游说者成群结队废话连篇毫无实用）。主好其辩，不求其实。说者得意，道路曲辩，辈辈成群（君主爱听他们的华美言辞，不求其实用否。游说者很得意，无论到哪都巧言诡辩，一伙一伙的）。民见其可以取王公大人也，而皆学之。夫人聚党与，说议于国，纷纷焉（民众看到游说可以取得王公大臣之位，都向游说者学习，结成党羽，高谈阔论，议论纷纷）。小民乐之，大人说之。故其民农者寡而游食者众。众则农者殆；农者殆，则土地荒（普通百姓喜欢这样做，王公大臣也乐于此事。因此国内民众务农者少，靠游说谋食者众。农民怠于农事土地就荒芜了）。学者成俗，则民舍农从事于谈说，高言伪议。舍农游食而以言相高也，故民离上而不臣者成群。此贫国弱兵之教也（学习空谈的人成风，民众放弃农业，从事空谈游说，说大话说假话。都不务农，竞相看谁会说，民众成群离开君主不当臣子。这是国贫兵弱之道）。夫国庸民以言，则民不畜于农。故惟明君知好言之不可以强兵辟土也，惟圣人之治国作壹，抟之于农而已矣（国家重用能说会道的，民众就不从事农业。明君懂得喜欢好听的言论

不能强兵拓土，圣人治国只有专注于发展农业）。"[1] 商鞅絮絮
叨叨说了很多，意思很明白，利者农业也，弊者谈说也。要重
农业轻谈说。

5.权衡理论与实际经验

韩非还列举了一些理论与实际发生脱节的案例，经过利弊
权衡，证明讲理论不如讲实际。"虞庆（赵孝成王的上卿）为
屋，谓匠人曰：'屋太尊。'匠人对曰：'此新屋也，涂濡而
椽生。'虞庆曰：'不然。夫濡涂重而生椽挠，以挠椽任重
涂，此宜卑。更日久，则涂干而椽燥。涂干则轻，椽燥则直，
以直椽任轻涂，此益尊（虞庆让匠人给自己建造房子，对匠人
说，屋顶的坡度太陡了。匠人回答说，这是新建的房子，泥是
湿的，椽木也没有干透。虞庆说，不对，湿泥巴重，而没有干
透的椽木是弯曲的，用弯曲的椽木承担很重的湿泥巴，屋顶应
该建得低。经过一段时间，泥巴干了，椽木干了，泥巴干了会
轻，椽木干了会直。用直了的干木承受变轻的泥巴，房顶应该
日渐变陡）。'匠人诎，为之而屋坏（匠人无话可说了。按照
虞庆的理论去盖房，结果房子坏了）。"[2]

"范且（范雎）曰：'弓之折，必于其尽也，不于其始也
（范雎说，弓折断一定是在制作结束的阶段，而不是在开始的

[1]《商君书·农战》，石磊译注，中华书局2011年版，第35页。
[2]《韩非子·外储说左上》，高华平、王齐洲、张三夕译注，中华书局2010年
版，第404页。

阶段）。夫工人张弓也，伏檠三旬而蹈弦，一日犯机，是节之其始而暴之其尽也，焉得无折（工人张弓的时候先把弓弩放在校弩的工具中调节三十天之后才装上弦。然后一天之内把箭发射出去。这是开始制作时缓慢，而最后使用时急促。弓怎么会不折断）？且张弓不然，伏檠一日而蹈弦，三旬而犯机，是暴之其始而节之其尽也（我认为张弓不能这样：用校正弩的工具校正一天就装上弓弦，上弦三十天之后才把箭发射出去。这是开始时急促，而最后有节制）。'工人穷也，为之，弓折（张弓的工匠无言以对，照着范雎说的去做，结果弓折断了）。"[1]

"范且、虞庆之言，皆文辩辞胜而反事之情。人主说而不禁，此所以败也（范雎、虞庆两人都是言论动听而违反实际情况的。君主喜欢听而不加以禁止，所以失败）。夫不谋治强之功，而艳乎辩说文丽之声，是却有术之士而任'坏屋'、'折弓'也，故人主之于国事也，皆不达乎工匠之构屋张弓也（不谋求治国强兵之功，而羡慕美丽的言辞，这是排斥懂得如何做成事的能人，而任用使屋子坏了、使弓折断这类巧说之人的原因。所以君主治国不懂得工匠盖房制弓这类具体事情的道理）。然而士穷乎范且、虞庆者：为虚辞，其无用而胜；实事，其无易而穷也。人主多无用之辩，而少无易之言，此所以乱也（能办事的人之所以被范雎、虞庆所困窘，因为讲虚词没

[1]《韩非子·外储说左上》，高华平、王齐洲、张三夕译注，中华书局2010年版，第404页。

有用、却能够取胜；做实事不能任意改变规律却陷入窘况。君主赞美没有用的理论，轻视有必然结果的言论。所以国家混乱）。今世之为范且、虞庆者不辍，而人主说之不止，是贵'败'、'折'之类而以知术之人为工匠也（现在社会上像范雎、虞庆之类的人不断出现，而君主对他们欣赏不已，这是重视失败的理论，贱视做实事的人）。不得施其技巧，故坏屋弓折；知治之人不得行其方术，故国乱而主危（干实事的人不能使用其好的技术，所以屋子塌了，弓折了。懂得治理国家的人不能推行其治国之术，所以国家乱了，君主危险了）。"[1]理论虽然好听，但是没有实际用途。工匠虽然辩不过理论家，但是能够做成事情。所以权衡利弊轻重，要工匠不要理论家。

"夫婴儿相与戏也，以尘为饭，以涂为羹，以木为胾（zi），然至日晚必归饷者，尘饭涂羹可以戏而不可食也（小孩子一起做游戏，尘土当饭，泥巴当羹，木片当肉。等到天黑了一定要回家吃饭。尘土泥巴做的饭只可以当游戏，不能真吃）。夫称上古之传颂，辩而不悫，道先王仁义而不能正国者，此亦可以戏而不可以为治也（称颂上古的传说，虽然动听，但是不真实。称道先王的仁义而不能使国家走上正途。因为仁义可以用来游戏不能用来治国）。夫慕仁义而弱乱者，三晋也；不慕而治强者，秦也，然而未帝者，治未毕也（三晋仰

[1]《韩非子·外储说左上》，高华平、王齐洲、张三夕译注，中华书局2010年版，第404页。

慕仁义而弱乱。秦不仰慕仁义而国家治理强大。秦还没有在天下称帝，因为治理还不够完善）。"①仁义之类的说教不过是些儿戏，不能当真。三晋弱乱就是因为把仁义说教当真。秦没有把仁义说教当真，所以强大起来。

既然是务实，经过权衡利弊，只要能够办成事，法家就不太拘泥于固定的规范，灵活行事。商鞅说："兵行敌所不敢行，强；事兴敌所羞为，利。"②战争中敌人不敢干的事情我敢干，敌人因为害羞不好意思违反的准则我好意思违反。"（秦孝公）使卫鞅将而伐魏。魏使公子卬将而击之。军既相距，卫鞅遗魏将公子卬书曰：'吾始与公子骓（关系融洽），今俱为两国将，不忍相攻，可与公子面相见，盟，乐饮而罢兵，以安秦魏。'魏公子卬以为然。会盟已，饮，而卫鞅伏甲士而袭虏魏公子卬，因攻其军，尽破之以归秦。"③商鞅致公子卬信虚情假意，诱捕公子卬，背信弃义突袭魏军，手段卑劣，不啻奸劣。可是商鞅不在乎，他的逻辑是"国以善民治奸民者，必乱至削；国以奸民治善民者，必治至强"。④

对法家的务实的哲学思维方式应做如何评价？第一应该看到，法家务实有以实践为第一标准的成分，对防止保守、泥古

---

① 《韩非子·外储说左上》，高华平、王齐洲、张三夕译注，中华书局2010年版，第405页。

② 《商君书·去强》，石磊译注，中华书局2011年版，第37页。

③ 《史记卷68·商君列传》，中华书局标点本。

④ 《商君书·去强》，石磊译注，中华书局2011年版，第40页。

不化、与时俱进有相当大的推动作用。第二也应该看到，法家的务实过于功利化。有些理论确实陈旧不合时宜，但也不能因噎废食否定所有的理论，只强调眼前经验。应该看到，理论来自于前人无数被验证过的正确经验，是对无数经验的概括和总结。理论往往具有前瞻性，着眼于深层次和长远。缺乏理论指导的行动往往失之盲目。法家一味贬损理论是不对的。第三还应该看到，有些道德规范可能不太符合时宜，但也不能由此完全否定道德的重要性，甚至说道德文明危害社会，鼓吹重用坏人。法家不注重理论、否定道德这些短视的务实思维方式为日后秦朝短命之祸埋下伏笔。

第二讲
法家论道德文化

　　所谓道德文化，不光是指当时社会流行的传统的伦理道德，还包括这些伦理道德的载体，包括各种典籍、礼仪、乐舞、教育、论辩活动等。比如商鞅所说的"《诗》、《书》、礼、乐、善、修、仁、廉、辩、慧"十者。道德文化对当时的统治者有相当的影响。例如：（张仪来魏国任相）"史举非犀首于王（魏惠王），犀首欲穷之，谓张仪曰：'请令王让先生以国，王为尧、舜矣；而先生弗受，亦许由(尧时的贤人)也。'"犀首对张仪说我让魏王把国家让给你，魏王就是尧舜。你不接受，你就是许由。当然，犀首还是不忘用好处来引诱张仪。他接着许诺："'衍请因令王致万户邑于先生。'张仪说（悦），因令史举数见犀首（张仪便想办法让史举数次见犀首）。王闻之而弗任也，史举不辞而去。"①魏惠王认为，史举一方面说犀首的坏话，一方面又私下与犀首往来，是两面派。史举无法为自己辩白，只好离开了。史举、犀首、张仪、魏惠王孰是孰非这里无需关注。但犀首能够用尧、舜、许由之类的儒家道德圣贤来忽悠张仪以及魏惠王，并且还成功地达到自己的目的，这说明当时一些君臣多少还认可这些道德楷模。

"鹿毛寿（燕臣）谓燕王曰：不如以国让子之。人谓尧贤者，以其让天下于许由（尧时贤人），由必不受，有让天下之名，实不失天下。今王以国让相子之，子之必不敢受，是王与尧同行也。燕王因举国属子之，子之大重。"鹿毛寿忽悠燕王哙学尧舜，禅让于子之，这反映出儒家理想主义道德在燕王头脑中影响很大。

"或曰：'禹授益（禹臣）而以启（禹的儿子）为吏，及老而以启为不足任天下，传之益也，启与支党攻益而夺之天下，是禹名传天下于益，其实令启自取之。今王言属国子之，而吏无非太子人者，是名属子之，而太子用事。'王因收印自三百石吏而效之子之。子之南面行王事，而哙老不听政，顾为臣，国事皆决子之。"②鹿毛寿从另一个角度忽悠燕王哙，告

①《战国策·魏策二·史举非犀首于王》，缪文远、缪伟、罗永莲译注，中华书局2012年版，第710页。
②《战国策·燕策一·燕王哙既立》，缪文远、缪伟、罗永莲译注，中华书局2012年版，第934—935页。

诉他，当年大禹禅让伯益，可是大禹的儿子启已经有了自己的势力，一大批官员愿意为启效力。结果伯益虽然得到了天子之位，仍然被启率领自己的人推翻了。所以这个人忽悠燕王哙不但要禅让子之，还要杜绝自己的儿子利用自己的势力与子之争权的后患，要做得比大禹禅让还要好。燕王哙真的照做了，让燕国的高级官僚都得服从子之。可见燕王哙受儒家道德影响之至深。

韩非更指出："今人主之于言也，说其辩而不求其当焉；其用于行也，美其声而不责其功。是以天下之众，其谈言者务为辩而不周于用，故举先王言仁义者盈廷，而政不免于乱。"今人主被善辩者忽悠，只注重道德名声，结果空谈先王和仁义之类的能说会道的人充满朝廷，实干者被轻视。"行身者竞于为高而不合于功，故智士退处岩穴，归禄不受，而兵不免于弱。兵不免于弱，政不免于乱，此其故何也？民之所誉，上之所礼，乱国之术也。"①君主欣赏传统道德，敬重讲道德文化的文人，结果很多人以不食君禄、刻意清高来抬高身价，沽名钓誉，结果削弱了国家的兵力。所以韩非说："故有道之主，远仁义，去智能，服之以法。"②

①《韩非子·五蠹》，高华平、王齐洲、张三夕译注，中华书局2010年版，第714页。
②《韩非子·说疑》，高华平、王齐洲、张三夕译注，中华书局2010年版，第627页。

在齐国，学者受到异常重视，形成了稷下学派。早在齐威王的父亲齐桓公时就有养士的风气。齐宣王时规模最大，达"千有余人"。见于史册的主要有宋钘、尹文、慎到、彭蒙、田骈、环渊、邹衍、驺奭、淳于髡、貌说、田巴和鲁仲连、接子等人，这就是通常说的稷下学派代表人物。跟随他们的还有一些门徒。先后到过这里的还有孟子、荀子以及他们的弟子。《史记》记载："齐宣王喜文学游说之士，自如邹衍、淳于髡、接子、环渊之徒七十六人，皆赐列第，为上大夫，不治而议论。"①齐宣王好像很青睐儒家道德，所以对孟子相当器重，厚待之。孟子动不动就批评齐宣王，对他进行道德说教，可是齐宣王却对他极尽礼遇。"孟子将朝王，王使人来曰：'寡人如就见者也，有寒疾，不可以风。朝，将视朝，不识可使寡人得见乎？'对曰：'不幸而有疾，不能造朝。'明日，出吊于东郭氏。公孙丑曰：'昔者辞以病，今日吊，或者不可乎？'曰：'昔者疾，今日愈，如之何不吊？'王使人问疾，医来。孟仲子对曰：'昔者有王命，有采薪之忧，不能造朝。今病小愈，趋造于朝，我不识能至否乎？'使数人要于路，曰：'请必无归，而造于朝！'不得已而之景丑氏宿焉。"②孟子正要去朝见齐王，齐王派人来说：我本该来看望您的，但近来身体

①《史记卷46·田敬仲完世家》，中华书局标点本。
②《孟子·公孙丑下》，史仲文主编：《中华经典藏书》，北京出版社1999年版，第1129页。

怕寒，忌吹风。明晨将临朝听政，不知您肯来否？孟子回答自己也有病，不能去见齐宣王。第二天，孟子出门到东郭氏家去吊丧。学生公孙丑质疑老师：昨天推说有病，今日却去吊丧，或许不合适吧？孟子说：昨天有疾，今天好了，怎么不能去吊丧？齐王派人来探询病情，医生也来了。孟子的弟弟孟仲子应付来人说：昨天有王的召令，他不巧有点小病，不能到朝廷去了。今天病好了点，急匆匆赶赴朝廷去了，不知道现在到了没有？孟仲子随即派了几个人到路上去拦截孟子，告诉他：请您一定不要回家，赶快到朝廷去！孟子成心躲避齐宣王派来的人，到景丑氏家去歇宿。孟子就是不去朝见齐宣王，不给齐宣王面子。

又"孟子致为臣而归。王就见孟子，曰：'前日愿见而不可得；得侍，同朝甚喜；今又弃寡人而归，不识可以继此而得见乎？'对曰：'不敢请耳，固所愿也。'他日，王谓时子曰：'我欲中国而授孟子室，养弟子以万钟，使诸大夫国人皆有所矜式。子盍为我言之。'时子因陈子而以告孟子，陈子以时子之言告孟子。孟子曰：'然。夫时子恶知其不可也？如使予欲富，辞十万而受万，是为欲富乎？'"[1]孟子辞去齐国的客卿之职准备回乡。齐宣王专门去看孟子，非常恭敬地说：从前希望见到您而不可能，后来终于得以在一起共事，我感到很高

---

[1]《孟子·公孙丑下》，史仲文主编：《中华经典藏书》，北京出版社1999年版，第1130页。

兴；现在您又将抛弃我而归去了，不知我们以后还能不能够相见？孟子客气地回答：(日后能够相见)我不敢请求罢了，这本来就是我的愿望。过了几天，齐王对臣下时子说：我想在都城中拨一所房子给孟子，再用万钟粮食供养他的学生，使我们的官吏和人民都有所效法。您何不替我向孟子谈谈呢？时子便托陈子把这话转告给孟子。陈子就把时子的话告诉了孟子。孟子说：时子哪里知道这事做不得呢？如果我是贪图财富的人，辞去十万钟俸禄的官不做却去接受一万钟的赏赐，这是想更富吗？

彭更透露出孟子的生活水平，"后车数十乘，从者数百余人，以传食于诸侯……"①跟在孟子身后的车几十辆，跟随的人几百个，从这个诸侯国吃到那个诸侯国。

由上可见，在当时，传统道德文化对君主以及整个社会影响非常大。法家虽然想搞改革，也不得不畏惧这个影响。秦国一向被中原人视为野蛮落后，信陵君游说魏安釐王时指出："秦与戎翟同俗，有虎狼之心，贪戾好利而无信，不识礼义德行。苟有利焉，不顾亲戚兄弟，若禽兽耳。此天下之所同知也，非有所施惠积德也。"②秦文化与中原文化不同。秦人非常野蛮落后，不讲道德，与夷狄相类。即便如此，秦孝公在支持商鞅变法时仍不得不顾忌传统道德文化。"今吾欲变法以治，

①《孟子·滕文公下》，史仲文主编：《中华经典藏书》，北京出版社1999年版，第1134页。
②《战国策·魏策三·魏将与秦攻韩》，缪文远、缪伟、罗永莲译注，中华书局2012年版，第759页。

更礼以教百姓，恐天下之议我也。"①可见传统道德文化在当时影响之大。

尽管传统道德文化影响巨大，但是，法家仍然看到了道德文化的问题。

一、法家对道德文化的负面看法

法家反对整个传统的道德文化。为什么？传统的道德文化对治国不利。

（一）君主讲道德文化就办不成事

关于道德的不良后果，商鞅说："凡世莫不以其所以乱者治，故小治而小乱，大治而大乱，人主莫能世治其民，世无不乱之国（指责当今君主之无能，用导致国乱的方法治国。结果没有不乱之国）。奚谓以其所以乱者治（什么叫用乱国的方法治国）？夫举贤能，世之所治也。而治之所以乱（君主普遍用贤，可这正导致了国乱）。世之所谓贤者，言正也。所以为善正也，党也。听其言也，则以为能，问其党以为然（人都说重用贤能。其实所谓贤能是语言上说他贤能。而这些夸他的语言都是其党羽们互相吹捧出来的），故贵之不待其有功，诛之不待其有罪也（所以赏不因其有功，罚不因其有罪）。此其势正使污吏有资，而成其奸险（反倒鼓励污吏和小人有所依凭，成

---

①《商君书·更法》，石磊译注，中华书局2011年版，第2页。

就其奸恶）；小人有资，而施其巧诈。初假吏民奸诈之本，而求端悫其末（在根子上鼓励人狡诈，却想得到端正忠诚的果实），禹不能以使十人之众，庸主安能以御一国之民？彼而党与人者，不待我而有成事者也（那些党羽不顾君主利益而干成自己的事）。上举一与民，民倍主位而向私交（君主提拔一个人，他们不认为是君主的恩德，却感谢私人之间的情谊）。民倍主位而向私交，则君弱而臣强。君人者不察也，非侵于诸侯，必劫于百姓（臣民背叛君主崇尚私交，君主不懂这些，不是被诸侯入侵，就是被臣民劫持）。彼言说之势，愚智同学之，士学于言说之人，则民释实事而诵虚词。民释实事而诵虚词，则力少而非多（那些专事谈说的影响是民众都不干实事而发表空洞的言论。结果国家的实力减少，流言蜚语多了）。君人者不察也，以战必损其将，以守必卖其城（君主不明白这些。用这样的人去战，必损，用这样的人去守，必败）。"①商鞅认为，重用讲道德的人对国家不利：引导臣民狡诈、增大臣民对君主的离心力、鼓励民众不务正业，削弱国家。

江乙为魏王使荆，谓荆王曰："臣入王之境内，闻王之国俗曰：'君子不蔽人之美，不言人之恶。'诚有之乎？"王曰："有之。""然则若白公之乱，得庶无危乎！诚得如此，臣免死罪矣。"②江乙对楚王说，按照楚国流行的美德，君子

①《商君书·慎法》，石磊译注，中华书局2011年版，第169页。
②《韩非子·内储说上七术》，高华平、王齐洲、张三夕译注，中华书局2010年版，第325页。

不遮蔽别人的优点，不言人之恶，那么白公叛乱的阴谋就不会有人揭发，国家就会危险。

有人对韩王说："秦之欲并天下而王之也，不与古同（秦吞并天下与春秋霸主还顾及道德名声不同）。事之虽如子之事父，犹将亡之也。行虽如伯夷，欲将亡之也。行虽如桀、纣，犹将亡之也。虽善事之无益也，不可以为存，适足以自令亟亡也。"①山东诸侯就是对秦国再好，再讲道德也没用。秦国就是像桀纣那样坏，决意要灭掉山东诸侯。现在不是春秋时代顾及道德名声的霸主了。

辩士郑同游说赵王："今有人操随侯之珠，持丘（九夫为井，四井为邑，四邑为丘）之环，万金之财，特宿于野，内无孟贲之威，荆庆（古代勇士）之断，外无弓弩之御，不出宿夕，人必危之矣。今有强贪之国，临王之境，索王之地，告以理则不可，说以义则不听。王非战国守圉之具，其将何以当之？王若无兵，邻国得志矣。"②郑同指出，一个没有反抗能力的人抱着财宝行于路上，肯定会招来盗匪。赵国就像珠宝库，强敌如同群盗环伺于周围，如果只讲道德，不喜欢军事，不加强军事建设是绝对不行的。这是批评赵王讲道德礼仪！

苏秦对燕昭王说自己不讲信用是好事。"'臣之不信，是

①《战国策·韩策三·或谓韩王曰》，缪文远、缪伟、罗永莲译注，中华书局2012年版，第886页。
②《战国策·赵策三·郑同北见赵王》，缪文远、缪伟、罗永莲译注，中华书局2012年版，第608页。

足下之福也（我不守信用，是大王您的福分）。使臣信如尾生，廉如伯夷，孝如曾参，三者天下之高行，而以事足下可乎？'燕王曰：'可。'曰：'有此，臣亦不事足下矣。'"苏秦认为，要像道德君子那样高尚，就不可能为君主办事了。为什么？苏秦接着说："且夫孝如曾参，义不离亲一夕宿于外，足下安得使之之齐？廉如伯夷，不取素餐（不受无功之禄），污武王之义而不臣（认为周武王推翻商朝不符合臣子之义，不当他的臣子），焉辞孤竹（河北卢龙西南）之君（辞掉孤竹国的君位），饿而死于首阳之山（偃师西北）。廉如此者，何肯步行千里，而事弱燕之危主乎？信如尾生，期而不来，抱梁柱而死。信至如此，何肯扬燕、秦之威于齐而取大功乎哉？"①像曾参那样的孝子，他的准则是不会离开父母在外面住一宿。他怎么可能像我一样去齐国为你办事呢？像伯夷那样廉洁的人，洁身自好，不受污主之禄，又怎么可能为君主办事呢？

苏秦说："孝如曾参、孝己，则不过养其亲耳。信如尾生高，则不过不欺人耳。廉如鲍焦、史鳝，则不过不窃人之财耳。今臣为进取者也。臣以为廉不与身俱达，义不与生俱立，仁义者，自完之道也，非进取之术也。"②苏秦认为，那些道德君子只能完善自身，顾于自家，不能为国进取，利于国家。

①《战国策·燕策一·人有恶苏秦于燕王者曰》，缪文远、缪伟、罗永莲译注，中华书局2012年版，第920—921页。
②《战国策·燕策一·苏秦谓燕昭王曰》，缪文远、缪伟、罗永莲译注，中华书局2012年版，第948页。

　　《左传》："冬十一月己巳朔，宋公及楚人战于泓（今河南柘城县西）。宋人既成列，楚人未既济。司马曰：'彼众我寡，及其未既济也请击之。'公曰：'不可。'既济而未成列，又以告。公曰：'未可。'既陈（阵）而后击之，宋师败绩。公伤股，门官歼焉。国人皆咎公。公曰：'君子不重伤，不禽（擒）二毛。古之为军也，不以阻隘也。寡人虽亡国之余，不鼓不成列。'"①宋襄公与楚军在泓水作战。宋军已摆好了阵势，楚军还没有全部渡过泓水。担任司马的子鱼对宋襄公说：对方人多而我们人少，趁着他们还没有全部渡过泓水，请下令进攻他们。宋襄公说：不行！楚国的军队已经全部渡过泓水还没有摆好阵势，子鱼又建议下令进攻。宋襄公还是回答说：不行！等楚军摆好了阵势以后，宋军才进攻，结果宋军大败。宋襄公大腿受了伤，他的警卫也被杀死了。面对国人的非议，宋襄公说：君子不二次伤害伤兵，也不俘虏头发斑白的敌人。古时候指挥战斗，是不依靠险要的地势，不进攻没有摆好阵势的敌人。这是著名的宋襄公的仁义道德。这一道德使宋襄公丧命。

　　另外，法家还认为："仁者能仁于人，而不能使人仁。义者能爱于人，而不能使人爱。是以知仁义之不足以治天下也。"②仁者只能够对别人仁却不能使别人仁，义者能够爱人却

---

①《左传·僖公二十二年》，冀昀主编：《左传》，线装书局2007年版，第117页。
②《商君书·画策》，石磊译注，中华书局2011年版，第138页。

不能够使人爱人，所以仁义不足以治天下。

（二）道德文化会向民众展示出扭曲的价值取向，挫伤民众耕战的积极性，削弱国家

商鞅说："今上论材能（机灵）知慧而任之，则知慧之人希主好恶使官制物以适主心（现在君主依据机灵和智慧来用人，这些人揣摩君主好恶，迎合君主意图）。是以官无常，国乱而不壹，辩说之人而无法也。如此，则民务焉得无多？而地焉得无荒（所以国家任官没有规范，国家混乱没有统一的政令。耍嘴皮子的人无法无天，这样民众从事其他职业的怎能不多，土地怎能不荒芜）？《诗》、《书》、礼、乐、善、修、仁、廉、辩、慧，国有十者，上无使守战。国以十者治，敌至必削，不至必贫。国去此十者，敌不敢至，虽至必却；兴兵而伐，必取；按兵不伐，必富（国家不使用道德礼仪文化才能够富强）。"①

"农战之民千人，而有《诗》、《书》辩慧者一人焉，千人者皆怠于农战矣。农战之民百人，而有技艺者一人焉，百人者皆怠于农战矣。"② 极少数人从事诗书论辩和其他非农业行当，会对绝大多数从事务农的人产生消极影响。

为什么说道德文化会使国家削弱和贫困？

①《商君书·农战》，石磊译注，中华书局2011年版，第29页。
②《商君书·农战》，石磊译注，中华书局2011年版，第28页。

首先，道德文化会影响民众的职业选择，使得国家的基础行业——农业受到危害，即耕战之士趋向于减少，吃白食的人急剧膨胀。

韩非说："王登为中牟令，上言于襄主曰：'中牟有士曰中章、胥己者，其身甚修，其学甚博，君何不举之（王登任中牟县令，向赵襄子建议，中牟士人中章、胥己品行好，学问大，何不重用）？'主曰：'子见之，我将为中大夫（赵襄子想任命两人为中大夫）。'相室谏曰：'中大夫，晋重列也。今无功而受，非晋臣之意。君其耳而未之目邪（赵襄子的家臣的头目说，中大夫的地位很重要，你对王登所说只是耳闻没有目睹吧）！'襄主曰：'我取登，既耳而目之矣；登之所取，又耳而目之。是耳目人绝无已也（赵襄子说我任用王登是耳闻又见到。王登选取人也是耳闻又见到。大家都用耳目，就没完没了）。'王登一日而见二中大夫，予之田宅（王登很快就让二人见了赵襄子，赵襄子给了他们田宅）。中牟之人弃其田耘、卖宅圃而随文学者，邑之半（中牟地区卖掉耕耘的田地和园圃去搞私学的人占了一半）。"①中章、胥己就因为有品行有学问受到地方官王登的举荐，得到赵襄子的重用和田宅重赏。于是当地民众一半人都不务农了，纷纷去从事道德学问。

"今修文学，习言谈，则无耕之劳而有富之实，无战之危

---

① 《韩非子·外储说左上》，高华平、王齐洲、张三夕译注，中华书局2010年版，第418页。

而有贵之尊，则人孰不为也？是以百人事智而一人用力。事智者
众，则法败；用力者寡，则国贫。此世之所以乱也。"① 不发达
社会，人们大都厌恶体力劳动，读书、耍嘴皮子、标榜道德或成
为摆脱体力劳动的捷径。人人都去做这个，国家岂能不贫弱！

商鞅说："善为国者，其教民也，皆作壹而得官爵，是故
不官无爵。国去言，则民朴；民朴，则不淫。民见上利之从壹
空出也，则作壹；作壹，则民不偷营；民不偷营，则多力；多
力，则国强。"② 善于治国的君主要让民众"作壹"即专心务
农。通过务农来得到官爵。民众看到务农是升官发财的唯一途
径，就纷纷专心于务农。民众专心务农，粮食储备充足，国家
就强大了。

可是如今的君主们却反其道而行之，重用讲道德文化的
人。"今境内之民皆曰：'农战可避，而官爵可得也。'是故
豪杰皆可变业，务学《诗》、《书》，随从外权，上可以得
显，下可以求官爵……民以此为教者，其国必削。"③ 苦庄稼
人，苦庄稼人，谁都知道种田苦，一滴汗珠子摔八瓣，收入极
微。谁不想脱离这不堪之苦（即"变业"）？从事道德文化是
脱离这苦差事的捷径。读道德文化之书、讲论道德文化之理，

---

① 《韩非子·五蠹》，高华平、王齐洲、张三夕译注，中华书局2010年版，第
714页。
② 《商君书·农战》，石磊译注，中华书局2011年版，第25页。
③ 《韩非子·外储说左上》，高华平、王齐洲、张三夕译注，中华书局2010年
版，第419页。

就有能力到国外投靠有权势的人，驰骋三寸不烂之舌，谋得的好处强于种田。如果人人都这么干，务农的人必将越来越少。大家都不从事农业，国家粮源枯竭，国家必然贫弱。

韩非举例："赵主父使李疵视中山可攻不也。还报曰：'中山可伐也。君不亟伐，将后齐、燕。'主父曰：'何故可攻？'李疵对曰：'其君见好岩穴之士，所倾盖与车以见穷闾陋巷之士以十数，伉礼下布衣之士以百数矣。'君曰：'以子言论，是贤君也，安可攻？'疵曰：'不然。夫好显岩穴之士而朝之，则战士怠于行阵；上尊学者，下士居朝，则农夫惰于田。战士怠于行阵者，则兵弱也；农夫惰于田者，则国贫也。兵弱于敌，国贫于内，而不亡者，未之有也。伐之不亦可乎？'主父曰：'善。'举兵而伐中山，遂灭也。"① 赵国看到灭掉中山国的机会来了。中山国君主尊从不耕战整日养尊处优的学者和修士，挫伤了在土地辛勤劳作、在前线舍命冲锋陷阵的耕战之士的积极性，使国家走向贫弱。

另外，对道德文化定性很难，是非善恶的判断很不容易立刻拿出一个确定的标准。领导者对道德文化的感受与判断通常是取决于讲述道德文化的人的临阵表达方式、领导人自身的素质以及领导人当下的心理状态。更严重的问题是领导干部对一个人有无道德文化和对他道德文化水平的判断往往受个人好

---

① 《商君书·农战》，石磊译注，中华书局2011年版，第25页。

恶的影响。而做具体工作则有客观的定性标准，判断起来受领导的心理状态及个人好恶影响较小。所以做具体工作只能靠下笨功夫来获得肯定。同样的回报，谁不想用更轻松的方法来获取？难怪法家看到讲道德文化的人往往都善于耍嘴皮子，为人处世脑子灵活，更容易博得领导的青睐。老老实实耕战的人不入领导视线。所以法家认为，提倡道德文化更容易助长投机取巧之类的不正之风。

商鞅说："今境内之民及处官爵者，见朝廷之可以巧言辩说取官爵也，故官爵不可得而常也（现在国内民众及有官爵者看到在朝廷可以通过巧言利辩取得官爵，认为官爵不可能通过正常制度来获得）。是故进则曲主，退则虑私所以实其私，然则下卖权矣。夫曲主虑私，非国利也，而为之者，以其爵禄也；下卖权，非忠臣也，而为之者，以末货也（上朝则曲意逢迎君主，回家就琢磨怎么样满足自己的私欲。在底下把弄自己的权力谋私）。夫曲主虑私，非国利也，而为之者，以其爵禄也；下卖权，非忠臣也，而为之者，以末货也（逢迎君主谋取私利对国家不利。他们这样做是为了升官发财。把弄权力者不是忠臣，然而这么做是为了财利）。然则下官之冀迁者皆曰：'多货，则上官可得而欲也。'曰：'我不以货事上而求迁者，则如以狸饵鼠尔，必不冀矣；若以情事上而求迁者，则如引诸绝绳而求乘枉木也，愈不冀矣。二者不可以得迁，则我焉得无下动众取货以事上而以求迁乎（这样，下面希望升迁的官员便说，手里财货多了就可以满足升官欲望。我不用财货贿赂上面得到升迁，就像用猫引诱老鼠上钩一样，定无成功希望。如果想用为官的实际政绩呈上来求得升迁，就像牵着已经断了的墨线来矫正弯木一样，更加没有希望了。不用财物贿赂和用实际政绩这两种方法都不能得到升迁，我怎么能不到老百姓那里搜刮财物贿赂上级谋求升官呢）？'百姓曰：'我疾农，先实公仓，收余以食亲；为上忘生而战，以尊主安国也。仓虚，主卑，家贫。然则不如素官。'亲戚交游合，则更虑矣（百姓说，我努力务农，先装满公家仓库，收取剩余来供养亲人。为君主舍生忘死去作战，使得主尊国安。现在家里仓库空，主人地位卑，家庭贫困。这样还不如谋个官做）。豪杰务学《诗》、《书》，随从外权；要靡事商贾，为技艺，皆以避农战（豪杰之士一心学习诗书，追随外国权势人物。普通人去经商、搞手工业。都靠这些躲避务农和上战场）。民以此为教，则粟焉得无少，而兵焉得无弱也（用这种方法教育民众，粮食怎么会不减少，军队怎么能不弱）！"[1]从事工商业躲避务农就不用说了。学习道德文化，善于包装自己，最容易被当权者看到，受到欣赏，方便求官。拉关系，走门路更是如此。耕战之士整日闷头卖力，悄无声息，出头机会很少。其实，道德水平

---

[1]《商君书·农战》，石磊译注，中华书局2011年版，第26—27页。

是无法加以量化的，只能通过主观感受来评价。量化的道德水平只能造假，所以，提倡道德文化就等于鼓励人们摆花架子，说空话，取悦统治者。这是逃避务农之苦和战场之险的捷径。

（三）当时的道德文化在某种意义上已经蜕变为非道德文化

道德文化在当时也发生了某些蜕变，法家反对道德文化不能说一点道理都没有，甚至有相当的合理性。

第一，法家指出，当时的道德文化宣传的多是私德。

商鞅指出，社会普遍流行的亲情道德都是私德，"亲亲者以私为道也"。①

韩非举了两个例子："楚之有直躬，其父窃羊，而谒之吏。令尹曰：'杀之！'以为直于君而曲于父，报而罪之。以是观之，夫君之直臣，父之暴子也。"②楚国有一个正直的青年人，其父偷了人家的羊，他马上到官府去举报。这个青年人大义灭亲，维护公德，不讲私德，可是却被讲私德的令尹判处死刑。在这件事上儒家就讲私德。"叶公语孔子曰：'吾党有直躬者：其父攘羊而子证之。'孔子曰：'吾党之直者异于是：父为子隐，子为父隐，直在其中矣。'"③儒家解读孔子与叶公

① 《商君书·开塞》，石磊译注，中华书局2011年版，第69页。

② 《韩非子·五蠹》，高华平、王齐洲、张三夕译注，中华书局2010年版，第709页。

③ 《论语·子路》，史仲文主编：《中华经典藏书》，北京出版社1999年版，第1107页。

的这段对话，是要说明亲情伦理是整个社会规范的基础，但这给人们留下了儒家重私德轻公德的印象。另一件事与此同理："鲁人从君战，三战三北。仲尼问其故，对曰：'吾有老父，身死莫之养也。'仲尼以为孝，举而上之。"鲁国这个年轻人为了奉养父亲，三次上战场三次当逃兵，是个背叛国家的叛臣，却受到孔子的赞扬予以提拔。韩非认为，儒家的价值观与国家利益严重对立。"以是观之，夫父之孝子，君之背臣也。故令尹诛而楚奸不上闻，仲尼赏而鲁民易降北。上下之利，若是其异也，而人主兼举匹夫之行，而求致社稷之福，必不几矣。"①

《孟子》记载："桃应问曰：'舜为天子，皋陶为士，瞽瞍杀人，则如之何？'孟子曰：'执之而已矣！''然则舜不禁与？'曰：'夫舜恶得而禁之？夫有所受之也！''然则舜如之何？'曰：'舜视弃天下，犹弃敝蹝也。窃负而逃，遵海滨而处，终身欣然，乐而忘天下。'"②舜的父亲瞽瞍犯了杀人罪，舜当然不好公开阻止刑狱官皋陶抓捕杀人犯。但舜还是私下把父亲从监狱里偷出来，逃至海边，放弃天子之位，陪父亲安度晚年。舜为了私人感情庇护杀人犯，甚至放弃该履行的公共职责。

---

① 《韩非子·五蠹》，高华平、王齐洲、张三夕译注，中华书局2010年版，第709页。

② 《孟子·尽心上》，史仲文主编：《中华经典藏书》，北京出版社1999年版，第1154页。

韩非还列举了被冠之以道德名号的几种私德："为故人行私谓之'不弃'，以公财分施谓之'仁人'，轻禄重身谓之'君子'，枉法曲亲谓之'有行'，弃官宠交谓之'有侠'，离世遁上谓之'高傲'，交争逆令谓之'刚材'，行惠取众谓之'得民'。'不弃'者，吏有奸也；'仁人'者，公财损也；'君子'者，民难使也；'有行'者，法制毁也；'有侠'者，官职旷也；'高傲'者，民不事也；'刚材'者，令不行也；'得民'者，君上孤也。此八者，匹夫之私誉，人主之大败也。反此八者，匹夫之私毁，人主之公利也。人主不察社稷之利害，而用匹夫之私誉，索国之无危乱，不可得矣。"①为老朋友徇私枉法叫做够交情；用公家的财物散发施舍叫做仁人；轻视君主赏赐的俸禄重视自己清高的品德叫做君子；扭曲法规袒护亲人叫做品行好；放弃官职注重私交叫做侠义；逃避现实避开君主叫做清高傲视；违反法令相互斗狠叫做刚直硬汉；行私惠笼络民众叫做得民心。所谓够交情，官员就会有奸邪的行为；做仁人，公家的财产就会遭受损失；都去当清高的君子，民众就难以驱使；追求好的品行会破坏法制；行侠仗义官职就会旷缺；都去清高傲世，民众就都不侍奉君主；都去做刚直好汉法令就不能推行；所谓得民心就是令君主受到孤立。这八种荣誉都是讲私人情谊的道德，属于私德，会给社会造成

---

① 《韩非子·八说》，高华平、王齐洲、张三夕译注，中华书局2010年版，第667—668页。

极大的祸害。

以上对立是民间私德与君主统一管理国家的对立。民间私德最大的要害是建立在个人之间的情感的基础上，国家的统一管理就是不能讲私情。韩非说："明主之道，必明于公私之分，明法制，去私恩。夫令必行，禁必止，人主之公义也；必行其私，信于朋友，不可为赏劝，不可为罚沮，人臣之私义也。私义行则乱，公义行则治，故公私有分。"[1]讲私情是"小忠"。讲私情的人不顾及赏罚之法规，只讲个人之间的情感。相反，讲法规的人令必行、禁必止，不徇私情。韩非举了一个执法无情的县令梁车的事例："梁车新为邺令，其姊往看之，暮而后，门闭，因逾郭而入。车遂刖其足。"[2]梁车的亲姐姐来县城探望当了县令的弟弟，到县城时天色已晚，城门关闭，按照国家法令不能出入，待到第二天天亮城门打开时才能出入。可是姐姐自认为亲弟弟是县令，可以不遵守法令，竟逾墙而入。梁车不讲姐弟之情，毅然执法，砍断了姐姐的脚。韩非还举了一件发生在管仲身上的事。"管仲束缚，自鲁之齐，道而饥渴，过绮乌封人而乞食。乌封人跪而食之，甚敬。封人因窃谓仲曰：'适幸，及齐不死而用齐，将何报我？'曰：'如子之言，我且贤之用，能之使，劳之论。我何以报子？'封人怨

①《韩非子·饰邪》，高华平、王齐洲、张三夕译注，中华书局2010年版，第183—184页。

②《韩非子·外储说左下》，高华平、王齐洲、张三夕译注，中华书局2010年版，第461页。

之。"① 管仲当年因支持公子纠而落难，被鲁国押往齐国。路过鲁国绮乌这个地方饥饿难耐，向守卫边境的小官讨饭吃。小官对管仲非常恭敬，跪在地上献吃食给管仲。他以为将来管仲如果发达了，一定会感他的恩，重用他。可是没有想到，管仲当时的表态竟然是公私分明，用人只论贤、能、劳，不考虑私恩，引来这个小官的怨恨。

讲私情成风，久而久之，人们私下形成了自己的道德评价体系，与国家整体利益相对立。韩非举例："畏死远难，降北之民也，而世尊之曰'贵生之士'（怕死远离危难，这是降敌败逃之人，可社会上却尊称其是珍惜生命的人）。学道立方，离法之民也，而世尊之曰'文学之士'（钻研道理建立学说是违反法制的人，可社会上却尊称他们为做学问的人）。游居厚养，牟食之民也，而世尊之曰'有能之士'（到处游说，俸禄优厚，是靠耍嘴皮子混饭吃的人，而社会却尊称他们为有才能的人）。语曲牟知，伪诈之民也，而世尊之曰'辩智之士'（空谈诡辩玩弄智巧是虚伪诡诈的人，社会上却尊称他们为能言善辩之人）。行剑攻杀，暴憿（ji）之民也，而世尊之曰'碛（lian，有棱角、有锋芒）勇之士'（执剑行刺是凶暴而冒险的人，社会上却尊称他们为有锋芒的勇士）。活贼匿奸，当死之民也，而世尊之曰'任誉之士'（包庇强盗隐藏坏人是应

---

① 《韩非子·外储说左下》，高华平、王齐洲、张三夕译注，中华书局2010年版，第461页。

该判死刑的人，可社会上却尊称他们为讲名声有信誉的人）。此六民者，世之所誉也。赴险殉诚，死节之民，而世少之曰'失计之民'也（奔赴国难，忠诚献身，是为节操而死的人，可社会上却贬低他们为不会算计的人）。寡闻从令，全法之民也，而世少之曰'朴陋之民'也（见闻很少服从命令，是遵守法令的人，可社会上却贬低他们为浅薄愚昧的人）。力作而食，生利之民也，而世少之曰'寡能之民'也（努力工作，自食其力，是创造效益的民众，可是社会上却贬低他们为没有能力的人）。嘉厚纯粹，整谷之民也，而世少之曰'愚戆之民'也（品行敦厚单纯朴实是正派善良的人，而社会却贬低他们为愚笨呆板的人）。重命畏事，尊上之民也，而世少之曰'怯慑之民'也（重视命令谨慎从事是尊重君主的人，可社会上却贬低他们为胆小怕事的人）。挫贼遏奸，明上之民也，而世少之曰'谄谀之民'也（打击盗贼制止坏人是使君主明察的人，可社会上却贬低他们为阿谀奉承说别人坏话的人）。此六民者，世之所毁也。奸伪无益之民六，而世誉之如彼；耕战有益之民六，而世毁之如此：此之谓六反（奸诈虚伪无益于国的人有六种，而社会上却那样赞誉；耕战有益于国家的人六种，却被社会如此贬低。这叫做六种颠倒是非）。布衣循私利而誉之，世主听虚声而礼之，礼之所在，利必加焉。百姓循私害而訾之，世主壅于俗而贱之，贱之所在，害必加焉（百姓为了私利而称誉，君主因其虚名而礼遇之，赐予厚利。百姓因为对自己个人有害而谤之，君主受世俗蒙蔽而贬斥之，贬斥之必加害之）。故名赏在乎私恶当罪之民，而毁害在乎公善宜赏之士，索国之富强，不可得也（君主赏恶罚善对国家十分不利）。"[1]当时的社会风气就是这样，大家都不讲国家整体利益，只认可私下小圈子里的私德，结果是社会舆论是非颠倒，该贬低的不贬低，该赞美的不赞美。恰恰是这种颠倒的是非标准，使得讲私人感情的私德完全压倒国家整体利益，方便了一些蚕食社会利益的蛀虫到处投机牟利，畅行无阻。

第二，道德被一些人用来当做谋取私利的手段。

有些道德是社会普遍认可的，与统治者利益不一定直接对立，反而可以作为包装工具帮助统治者达到个人目的。韩非举了几个例子：

"汤以伐桀，而恐天下言己为贪也，因乃让天下于务光，而恐务光之受之也，乃使人说务光，曰：'汤杀君而欲传恶声于子，故让天下于子。'务光因自投于河。"[2]韩非认为，儒家所称道的商汤王其实是个伪君子，推翻夏朝之后假装不愿意当天子，而让位于贤人务光，用不贪恋权位、辞让天子位置的道德名号包装自己的篡权行为，把贪图高位的非道德恶名加到务光

---

[1]《韩非子·六反》，高华平、王齐洲、张三夕译注，中华书局2010年版，第654—655页。

[2]《韩非子·说林上》，高华平、王齐洲、张三夕译注，中华书局2010年版，第243—244页。

头上。他害怕务光真的接受天子之位，于是诱导务光投河自杀。

"景公与晏子游于少海（渤海），登柏寝之台而还望其国，曰：'美哉！泱泱乎，堂堂乎！后世将孰有此（齐景公登高台望齐国壮丽山河，自问这山河后世将归谁所有）？'晏子对曰：'其田成氏乎！'景公曰：'寡人有此国也，而曰田成氏有之，何也（晏婴说将归田成子，齐景公问为什么）？'晏子对曰：'夫田成氏甚得齐民（田氏得民心）。其于民也，上之请爵禄行诸大臣（为大臣向上请爵禄），下之私大斗斛区釜以出贷，小斗斛区釜以收之。杀一牛，取一豆肉，余以食士。终岁，布帛取二制焉，余以衣士。故市木之价不加贵于山；泽之鱼、盐龟鳖赢蚌，不贵于海（对百姓大斗借出小斗收回，杀一头牛，自己只取一豆，剩下的全给士人吃。一年的布帛自己只取二制长度，剩下的都给士人做衣服穿。集市上的木材不比山上贵，集市上的海产不比海边贵）。君重敛，而田成氏厚施。齐尝大饥，道旁饿死者不可胜数也，父子相牵而趋田成氏者不闻不生（君主注重亘敛，田成子注重厚施。齐国曾出现饥荒，饿死路边者不计其数，父子相牵手去投奔田成子者没有听说不能生存的）。故秦周（齐城门名）之民相与歌之曰：'讴乎，其已乎！苞乎，其往归田成子乎（齐都城的民众相互对唱，啊！算了吧！我们都一起投奔田成子吧）！'《诗》曰：'虽无德与女，式歌且舞（没有施德于你，你却为我载歌载舞）。'今田成氏之德而民之歌舞，民德归之矣。故曰：'其田成氏乎（今天田成子施德于民，民为之载歌载舞，民众因恩德都归于田成子了。所以齐国恐怕都是田成子的了）！'"①田成子打出爱民的旗号，向民众施恩惠，甚至不惜破坏市场经济规律，赔本赚取民众的讴歌。其目的就是为了篡夺齐国，根本就不是真心热爱人民追求高尚道德。

"越伐吴，乃先宣言曰：'我闻吴王筑如皇之台，掘深池（修高台，挖深沟），罢苦百姓，煎靡财货，以尽民力（让百姓疲劳困苦，耗尽民财，榨干民力），余来为民诛之。'"②越王勾践打着讨伐吴国暴君夫差，解吴国民之倒悬的道德旗号灭吴。

"蔡女为桓公妻，桓公与之乘舟，夫人荡舟，桓公大惧，禁之不止，怒而出之（蔡国君主女儿嫁给齐桓公，桓公带她划船。妻子在河中间荡舟，桓公害怕，阻止她不听，桓公愤怒地休了她）。乃且复召之，因复更嫁之。桓公大怒，将伐蔡（随后桓公又想召回妻子，可是蔡君已经把女儿改嫁了。桓公大怒，要讨伐蔡国）。仲父谏曰：'夫以寝席之戏，不足以伐人之国，功业不可冀也，请无以此为稽也。'桓公不听（管仲劝阻道，就因为夫妻之间的游戏不值得伐人之国，不能希望通过这个来建立功业，请不要再计较这件事了。桓公不听）。仲父曰：'必不得

---

① 《韩非子·外储说右上》，高华平、王齐洲、张三夕译注，中华书局2010年版，第465—466页。

② 《韩非子·外储说左上》，高华平、王齐洲、张三夕译注，中华书局2010年版，第409页。

已，楚之菁茅不贡于天子三年矣，君不如举兵为天子伐楚（如果你一定要干，楚国对周天子不恭敬，不向周天子上贡苞茅草已经三年了，你不如为周天子兴兵伐楚）。楚服，因还袭蔡，曰：余为天子伐楚，而蔡不以兵听从，遂灭之（楚屈服了，顺带袭击蔡，灭掉蔡）。此义于名而利于实，故必有为天子诛之名，而有报仇之实（这有义的名，又有利的实。既有为天子诛杀叛逆之名，又有报私仇之实）。'"①管仲教齐桓公怎样打着维护周天子的道德旗号行灭蔡国报私仇之实。

"吴起为魏将而攻中山。军人有病疽者，吴起跪而自吮其脓。伤者之母立泣，人问曰：'将军于若子如是，尚何为而泣？'对曰：'吴起吮其父之创而父死，今是子又将死也，今吾是以泣。'"②吴起以军之尊用自己的嘴巴给一个普通士兵嗍脓血，表现出爱兵如子的样子，其目的就是一个，让士兵给他卖命打仗。

（四）道德文化违反人性

儒家认为人性善。儒家的道德文化是建立在人性善的基础上。孟子说："恻隐之心，人皆有之；羞恶之心，人皆有之；恭敬之心，人皆有之；是非之心，人皆有之。恻隐之心，

---

① 《韩非子·外储说左上》，高华平、王齐洲、张三夕译注，中华书局2010年版，第409页。

② 《韩非子·外储说左上》，高华平、王齐洲、张三夕译注，中华书局2010年版，第409页。

仁也；羞恶之心，义也；恭敬之心，礼也；是非之心，智也。仁、义、礼、智，非由外铄我也，我固有之也，弗思耳矣！"①"所以谓人皆有不忍人之心者：今人乍见孺子将入于井，皆有怵惕恻隐之心；非所以内交于孺子之父母也，非所以要誉于乡党朋友也，非恶其声而然也。"②既然人性善，对人的管理就应该使用道德文化。子曰："道之以政，齐之以刑，民免而无耻；道之以德，齐之以礼，有耻且格。"③对民众的治理，孔子反对用行政命令和刑罚，而是主张用道德文化。道德文化能够使民众有廉耻之心，自我约束。

法家与儒家相反，他们有充分的理由说明人性自私。"古者苍颉之作书也，自环者谓之'厶'，背厶谓之'公'。公私之相背也，乃苍颉固以知之矣。"④"自环"就是胳膊肘往里拐。"公"就是胳膊肘往外拐。人都是胳膊肘往里拐。仓颉造出的第一个字就是私，可见人的本能就是自私。

人是自私的，无不逐利。人际之间的关系是利益博弈关系。韩非从各个角度讲人性自私、逐利、利益博弈。"且万乘

---

① 《孟子·告子上》，史仲文主编：《中华经典藏书》，北京出版社1999年版，第1147页。

② 《孟子·公孙丑上》，史仲文主编：《中华经典藏书》，北京出版社1999年版，第1128页。

③ 《论语·为政》，史仲文主编：《中华经典藏书》，北京出版社1999年版，第1092页。

④ 《韩非子·五蠹》，高华平、王齐洲、张三夕译注，中华书局2010年版，第709—710页。

之主、千乘之君，后妃、夫人、适子为太子者，或有欲其君之蚤死者。何以知其然？夫妻者，非有骨肉之恩也，爱则亲，不爱则疏。语曰：'其母好者其子抱。'然则其为之反也，其母恶者其子释。丈夫年五十而好色未解也，妇人年三十而美色衰矣。以衰美之妇人事好色之丈夫，则身见疏贱，而子疑不为后，此后妃、夫人之所以冀其君之死者也。唯母为后而子为主，则令无不行，禁无不止，男女之乐不减于先君，而擅万乘不疑，此鸩毒扼昧之所以用也。"①韩非分析为什么君主的后妃在儿子被立为太子后都盼着丈夫早点死。因为女人老得快。一旦后妃年老色衰，就会被君主冷落，太子的位置随之难保。年轻漂亮的女人地位会上升，她生的儿子会威胁现任太子的地位，很可能取而代之。这造成"利君死者众"很多人都认为君主死了对自己有利。于是后妃谋害亲夫、太子谋害父亲的恶性事件频生。结果是"人主之疾死者不能处半"，即君主能够正常死亡的不到一半。

不光王室如此，整个社会的人都是以利益为导向。"人为婴儿也，父母养之简，子长而怨；子盛壮成人，其供养薄，父母怒而诮之。子、父，至亲也，而或谯或怨者，皆挟相为而不周于为己也。夫卖庸而播耕者，主人费家而美食，调布而求易钱者，非爱庸客也，曰：如是，耕者且深，耨者熟耘也。庸客

---

① 《韩非子·备内》，高华平、王齐洲、张三夕译注，中华书局2010年版，第161页。

致力而疾耘耕者，尽巧而正畦陌者，非爱主人也，曰：如是，羹且美，钱布且易云也。此其养功力，有父子之泽矣，而心调于用者，皆挟自为心也。故人行事施予，以利之为心，则越人易和；以害之为心，则父子离且怨。"①韩非讲了人际关系就是以利为核心。父母对小婴儿养育不到位，婴儿长大会抱怨父母。儿子成年后对父母供养不足，会引起父母的指责。雇农好好种地不惜力并非是爱雇主，雇主给雇农美食高薪并非是爱雇农，都是为了满足自己所欲。所以为了得到利益，彼此遥远的陌生人都可以相和睦，互相不利亲父子都可以反目。人的自环本性导致人无不趋利避害。"民予则喜，夺则怒，民情皆然。"②"夫凡人之情，见利莫能勿就，见害莫能勿避。其商人通贾，倍道兼行，夜以续日，千里而不远者，利在前也。渔人之入海，海深万仞，就彼逆流，乘危百里，宿夜不出者，利在水也。故利之所在，虽千仞之山，无所不上；深源之下，无所不入焉。"民众无不好利恶害。为了利，再险要的崇山峻岭也敢上，再恐怖的惊涛骇浪也敢闯。"故王良爱马，越王勾践爱人，为战与驰。医善吮人之伤，含人之血，非骨肉之亲也，利所加也。故舆人成舆，则欲人之富贵；匠人成棺，则欲人之夭死也。非舆人仁而匠人贼也，人不贵，则舆不售；人不死，则

① 《韩非子·外储说左上》，高华平、王齐洲、张三夕译注，中华书局2010年版，第408页。

② 赵守正：《管子注释·国蓄》下册，广西人民出版社1982年版，第260页。

棺不买。情非憎人也，利在人之死也。"王良爱马是为了让马为自己奔驰，越王爱民是为了让民为自己勇战，医生为病人嘬脓血是为了赚诊费，制作车子的木匠希望人富贵是为了有人买他的车子，制作棺材的人盼着多死人是为了多卖出棺材。在熙熙攘攘的人群中，没有爱谁恨谁的问题，都是为了利益。谁会和钱过不去呢！

法家甚至认为，即便是儒家所赞美的圣人的道德行为，其实背后隐藏的还是利己。"尧之王天下也，茅茨不翦，采椽不斲，粝粢之食，藜藿之羹，冬日麑裘（小鹿皮），夏日葛衣；虽监门之服养，不亏于此矣。禹之王天下也，身执耒臿以为民先，股无胈（大腿没有肌肉），胫不生毛，虽臣虏之劳，不苦于此矣。以是言之，夫古之让天子者，是去监门之养，而离臣虏之劳也，古传天下而不足多也。"[1]尧、大禹身为天子，带头吃苦受累，付出超过仆虏，待遇不过仆虏，难怪他们主动让贤，就是为了摆脱这超出常人的吃苦受累的角色。

由此，韩非认为，不要相信有君子存在，人都是不可靠的。"夫陈轻货于幽隐，虽曾、史可疑也。"[2]

既然人是自私的，人际之间的关系是利益博弈的关系，那么对人的管理就不需要讲什么道德文化。制止百姓干坏事的最

---

[1]《韩非子·五蠹》，高华平、王齐洲、张三夕译注，中华书局2010年版，第700页。

[2]《韩非子·六反》，高华平、王齐洲、张三夕译注，中华书局2010年版，第658页。

好的方法就是刑罚。韩非举例："今有不才之子，父母怒之弗为改，乡人谯之弗为动，师长教之弗为变。夫以父母之爱、乡人之行、师长之智三美加焉，而终不动，其胫毛不改。州部之吏，操官兵、推公法（依据国家法令）而求索奸人，然后恐惧，变其节，易其行矣。故父母之爱不足以教子，必待州部之严刑者，民固骄于爱、听于威矣。"[1]民众就像乡间耍浑的愣小子，父母、乡亲、师长谁劝导都不听，一见到官员拿着刑具来拘捕就老实了。总之，既然人性自私，干坏事无所顾忌，道德说教没用，只能用刑罚来管束。

今日对党内的腐败和不正之风也是如此，不讲道德文化固然不可以，但是不讲制度惩治绝对不可。

（五）道德文化不适合时代发展的要求

韩非认为，上古时代人口少，东西多，吃穿基本不愁，民不争夺，道德可行。"古者丈夫不耕，草木之实足食也；妇人不织，禽兽之皮足衣也。不事力而养足，人民少而财有余，故民不争。是以厚赏不行，重罚不用，而民自治。"当今情况变了，人口膨胀，东西稀少，生存压力巨大，想活下来，只能争抢，不能讲道德。"今人有五子不为多，子又有五子，大父未死而有二十五孙。是以人民众而货财寡，事力劳而供养薄，故

---

[1]《韩非子·六反》，高华平、王齐洲、张三夕译注，中华书局2010年版，第658页。

民争，虽倍赏累罚而不免于乱。"人口少东西多人就相让，人口多东西少人就相争。从古到今人口日益增多，东西相对日益减少，所以人类从古代相让日益走向相争。韩非的逻辑不是凭空想象出来的，而是来自民情。"夫山居而谷汲者，腰腊而相遗以水（居住山下下山谷打水的人，节日期间用水作礼物相赠）；泽居苦水者，买庸而决窦（住在水洼地区苦于内涝的人要雇人挖渠排水）。故饥岁之春，幼弟不饷；穰岁之秋，疏客必食。非疏骨肉爱过客也，多少之实异也（荒年春季，对幼小的弟弟也没有食物供给。丰年的秋季，哪怕是来往很少的客人也要招待吃喝。这不是疏远骨肉偏爱过路的客人，而是因为收成的多少不相同）。是以古之易财，非仁也，财多也；今之争夺，非鄙也，财寡也（古人轻财并非是仁慈，而是因为财多。今人争夺财物并非因为贪吝，而是财物太少）。"①古今道理相同。东西相对于人口短缺，就会发生争抢。

二、法家对道德文化的正面看法

法家似乎也没有彻底不要道德文化。

（一）法家的潜意识中也渗透着传统道德

赵武灵王是个法家意识很强的君主。可是赵武灵王潜意识

---

① 《韩非子·五蠹》，高华平、王齐洲、张三夕译注，中华书局2010年版，第700页。

中仍然认可道德文化。"王立周绍为傅（打算让周绍为太子傅），曰：'寡人始行县（前些日子巡查各县），过番吾（河北磁县境内），当子为子之时（你还身为人子时），践石（骑马人）以上者皆道（称道）子之孝，故寡人问（赏赐）子以璧，遗子以酒食，而求见子。子谒病而辞（你推辞说有病）。人有言子者曰（有人在我这谈到你说）：父之孝子，君之忠臣也（孝子必是忠臣）。故寡人以子之知虑为辩足以道（引导）人，危足以持难（刚健足以应付患难），忠可以写意（忠诚可以为国宣劳），信可以远期（守信可以经久不变）。诗云：服难以勇（勇敢可以平定祸患），治乱以知（智慧可以治理乱事），事之计也（这是做事的要点）。立傅以行（根据品行选择师傅），教少以学（用学问教育少者），义之经也（这是义的纲领）。循计之事，失而不累（按规划行事，虽有过失，也不会有太大的差错）；访议之行，穷而不忧（依据正义而行，虽有困难，但不会有太大的忧虑）。故寡人欲子之胡服以傅王子（希望周绍支持胡服骑射以辅助太子）。'"像周绍这样道德名声大又清高的人，按照商鞅、韩非的标准应该是受到谴责的，可是赵武灵王却非要找周绍给太子当师傅。赵武灵王内心的想法仍是传统观念——给太子找师傅还是得找道德情操高尚的人。赵武灵王一方面信奉法家的功利思想，一方面又特别器重坚守传统道德的君子，这是一对矛盾。

"周绍曰：'王失论矣，非贱臣所敢任也(大王选错人了，这不是我所能担任的)。'王曰：'选子莫若父，论臣莫若君。君，寡人也。'周绍曰：'立傅之道六（确定师傅有六项准则）。'王曰：'六者何也？'周绍曰：'知虑不躁达于变(智谋沉稳，通权达变)，身行宽惠达于礼(待人宽厚又通礼仪)，威严不足以易于位(威武不可屈服其志)，重利不足以变其心(富贵不可变其志)，恭于教而不快(恭守教令而不放纵)，和于下而不危(对下属和蔼不蛮横)。六者傅之才，而臣无一焉。隐中不竭，臣之罪也。傅命仆官，以烦有司(任命我为师傅，确给您带来麻烦)，吏之耻也。王请更论。'"① 周绍所说的当太子师傅的六条标准，没有任何功利性的内容，简直就是最完美的道德君子。

赵武灵王还使用君臣之义的道德强行推行自己主张的胡服骑射。"王遂胡服。使王孙绁（赵臣）告公子成（赵贵族，赵武灵王叔叔辈）曰：'寡人胡服且将以朝，亦欲叔之服之也（我要胡服朝见群臣，也想让叔叔胡服上朝）。家听于亲，国听于君，古今之公行也；子不反亲，臣不逆主，先王之通谊也（家事听父亲的，国事听君主的）。今寡人作教易服而叔不服，吾恐天下议之也（叔叔不胡服恐怕天下人会议论你不服从君主）。'"② 赵武灵王使用子服从父母、臣服从君主的道德规

---

① 《战国策·赵策二·王立周绍为傅》，缪文远、缪伟、罗永莲译注，中华书局2012年版，第562—564页。
② 《战国策·赵策二·王立周绍为傅》，缪文远、缪伟、罗永莲译注，中华书局2012年版，第562—564页。

范来压叔叔公子成，强行推行胡服骑射。由此可见，道德文化对法家也有可用之处。

（二）法家认为守法本身就是道德

法家也在抢占道德制高点。"且夫世之愚学，皆不知治乱之情，讘詀（zhejia，妄语）多诵先古之书，以乱当世之治；智虑不足以避阱井之陷，又妄非有术之士（社会上那些愚蠢的学者，都不懂得国家治乱的实情。喋喋不休背诵古书，扰乱当世的治理。他们的智慧不足以避开陷阱，还胡乱批评懂得治理国家的人）。听其言者危，用其计者乱，此亦愚之至大而患之至甚者也。俱与有术之士有谈说之名，而实相去千万也，此夫名同而实有异者也（听那些学者的话就会大乱。那些学者与懂得治国方法的人相比，名同而实异）。夫世愚学之人比有术之士也，犹蚁垤（die）之比大陵也，其相去远矣（愚学之人与有术之士相比差距甚巨）。而圣人者，审于是非之实，察于治乱之情也。故其治国也，正明法，陈严刑（圣人明是非治乱，要用严刑峻法），将以救群生之乱，去天下之祸，使强不陵弱，众不暴寡，耆老得遂，幼孤得长，边境不侵，群臣相亲，父子相保，而无死亡系虏之患，此亦功之至厚者也（韩非的理想社会——解救人民的祸乱，去掉天下的灾祸，使强不凌弱，众不暴寡，老幼得养长。边境安宁，君臣父子亲睦，人民安居乐业）！愚人不知，顾以为暴（愚人以法制为暴）。"① 韩非认为，法制恰恰是道德的，能够使民众安居乐业。所以，韩非说："明主之道忠（适合于）法，其法忠心（法适合于民心）。故临之（统治民众）而法，去之而思（这种统治者离开民众，民众就思念他）。尧无胶漆之约于当世而道行（尧没有和别人订立牢靠的盟约，其道却能够通行于天下），舜无置锥之地于后世而德结（舜无立锥之地，其道德却能够留存于人们内心）。能立道于往古，而垂德于万世者之谓明主。"② 韩非从法家的角度把尧舜这些道德君子的施政法则加以法家的解读，这样尧舜也可以为法家所用，法家也有了道德形象。商鞅说："圣君知物之要，故其治民有至要。故执赏罚以壹辅仁者，心之续（裕）也，圣君之治人也，必得其心（非指道德之心，而是执法公平之心），故能用力。力生强，强生威，威生德，德生于力（恩德立足于实力）。圣君独有之，故能述（成就）仁义于天下。"③ 商鞅也讲恩德、仁义之类的道德。但是这些道德不是儒家的道德，而是建立在法家强调的实力和公平执法基础上的道德。

---

① 《韩非子·奸劫弒臣》，高华平、王齐洲、张三夕译注，中华书局2010年版，第136页。
② 《韩非子·安危》，高华平、王齐洲、张三夕译注，中华书局2010年版，第293页。
③ 《商君书·靳令》，石磊译注，中华书局2011年版，第103页。

（三）法家之法需要道德支撑

法家强调法制。但是，法家好像也感觉到法本身有一定的局限。商鞅说："国皆有法，而无使法必行之法。"① 人要是不想遵守法，办法多得很。

"唐则天禁屠杀，吏人艰于蔬菜。娄师德为御史大夫因使至陕，厨人进肉。师德曰：'敕禁屠杀何为有此？'厨人曰：'豺咬杀羊遂有之！'师德曰：'大解事豺（好个豺狼）！'食之。又进鲙，复问。厨人复云：豺咬杀鱼。师德云：短智汉何不道是獭咬杀鱼。厨人即云：'是獭！'师德亦为荐之。"② 武则天禁止屠宰禽畜，官员们也不能吃荤腥了。有一次御史大夫娄师德去陕西出差，吃饭时厨子送上一盘羊肉。娄师德问：圣上严禁屠生，怎么会有羊肉？厨子回答：是豺咬死的。娄师德夸奖真是个好豺狼。厨子又端上一盘鱼片，娄师德又问。厨子回答：鱼是豺咬死的。娄师德斥骂道：你这个蠢货，豺怎么能咬死鱼呢，你应该说是水獭咬死的。

制度不是没有，但是人要是不想遵守制度，最终制度等同虚设。所以韩非说："是故禁奸之法，太上禁其心，其次禁其言，其次禁其事。"③ 韩非也看到，管住思想是第一重要的，

① 《商君书·画策》，石磊译注，中华书局2011年版，第133页。
② 马永易：《实宾录卷十》，《四库全书》，上海人民出版社1999年光碟检索版。
③ 《韩非子·说疑》，高华平、王齐洲、张三夕译注，中华书局2010年版，第627页。

其次才是管住嘴巴，再次才是管住行动。韩非虽然接着否定道德："故有道之主，远仁义，去智能，服之以法。"但是把解决思想问题放在第一位本身就潜藏着转向重视道德的可能。韩非只是还没有意识到这一点。商鞅说："国治：断家王，断官强，断君弱。""治，则家断；乱，则君断（国家能治理好，民众在家族中就能判断对错；国家混乱，那就得君主做出决断）。治国者贵下断，故以十里断者弱，以五里断者强（治理国家最可贵的是在民众中做出决断。所以十里之内做出决断国家就弱，五里之内做出决断国家就强）。家断则有余，故曰：日治者王。官断则不足，故曰：夜治者强。君断则乱，故曰：宿治者削（事情在民众家族中就能决断，官府办事的时间就宽裕，因此当日就能处理完政务的国家称王；事情都要到官府解决，官府处理政务的时间不够，因此当夜把政务处理好的国家算是强大；政务必须由君主处理，君主就会忙乱，所以说长期拖延才能解决问题的国家就会衰弱）。故有道之国，治不听君，民不从官（治理得好的国家官员不用听君主的，民众不用听官员的）。"① 治理国家有三个层次：出了问题只需家族内部就能够解决，这是能够统一天下的国家；必须到官府去解决的国家只能算是强大的国家；只能到君主那里去解决这是衰弱的国家。有问题在家族内部就能解决，不用上交，这需要国民有高度的自觉

① 《商君书·说民》，石磊译注，中华书局2011年版，第54页。

性。高度的自觉性必须建立在道德文明建设的基础上。

能征善战的军事将领往往是军法无情，甚至不通人情。"吴起，卫左氏中人也，使其妻织组（丝织带）而幅狭于度（可是织出来的丝带比他要求的窄）。吴子使更之，其妻曰：'诺。'及成，复度之，果不中度，吴子大怒。其妻对曰：'吾始经之而不可更也（我开始经线已经确定，不可以改了）。'吴子出之（休妻）。其妻请其兄而索入（求复婚），其兄曰：'吴子，为法者也。其为法也，且欲以与万乘致功，必先践之妻妾然后行之，子毋几索入矣。'其妻之弟又重于卫君，乃因以卫君之重请吴子。吴子不听，遂去卫而入荆也。"吴起的妻子织出的丝带不符合吴起的要求，吴起要求妻子更正，妻子表示无法更正，吴起就休了她。妻子让自己的哥哥来说情，吴起不答应。妻子让自己在卫国做高官的弟弟来说情，吴起仍不答应，甚至毅然离开卫国去楚国。"一曰：吴起示其妻以组，曰：'子为我织组，令之如是。'组已就而效之，其组异善。起曰：'使子为组，令之如是，而今也异善，何也？'其妻曰：'用财若一也，加务善之。'吴起曰：'非语也（你违反了我的吩咐）。'使之衣归（让她穿好衣服回娘家）。其父往请之（岳父请求吴起原谅），吴起曰：'起家无虚言。'"①另一种说法是，吴起让妻子织丝带，妻子织出的丝

---

① 《韩非子·外储说右上》，高华平、王齐洲、张三夕译注，中华书局2010年版，第494页。

带比吴起要求的还要好。吴起认为我没有要求你织这么好你却织这么好，违反了我的要求，所以休了妻子。岳父来为妻子求情，吴起仍不答应。可见，法家执法是毫不留情的。吴起执法如此冷酷却没有遭到士兵的憎恶，因为他该有人情味时也是蛮有人情味的。韩非说吴起爱护士兵为士兵嘬脓血只是一种达到自己目的的手段，但是起码承认，吴起这一充满感情的道德行为确实感化了士兵，使之为他卖命。此事说明道德也还是起作用的。另，赵括的母亲在劝止赵孝成王重用赵括时，将赵括与其父赵奢做了比较："始妾事其父，时为将，身所奉饭饮而进食者以十数，所友者以百数，大王及宗室所赏赐者尽以予军吏士大夫，受命之日，不问家事。今括一旦为将，东向而朝，军吏无敢仰视之者，王所赐金帛，归藏於家，而日视便利田宅可买者买之。"①赵奢很得人心。每次吃饭的时候，和赵奢一起吃饭的人有两位数。赵奢的好朋友得有三位数。赵奢把国王和贵族们赏赐的金钱全分给周围将士。相反，赵括十分小家子气，在将士面前耍威风，君主赏的财物藏起来置房子置地，不理会周围将士，整个一个抠抠缩缩的守财奴。这些说明，赵奢与吴起一样，讲道德是他们打胜仗成为常胜将军的重要因素之一。

法家甚至也感觉到道德治民能够持久。"晋文公将与楚人战，召舅犯问之，曰：'吾将与楚人战，彼众我寡，为之奈何

---

① 司马迁:《史记卷81·廉颇蔺相如列传》，中华书局标点本。

（晋文公要与楚人作战，问狐偃：楚强我弱该怎么打）？'舅犯曰：'臣闻之：繁礼君子，不厌忠信；战阵之间，不厌诈伪。君其诈之而已矣（狐偃说，君子之间可以讲礼仪忠信，打仗就该搞欺诈）。'文公辞舅犯，因召雍季而问之（晋文公辞退了狐偃，召来雍季咨询），曰：'我将与楚人战，彼众我寡，为之奈何？'雍季对曰：'焚林而田，偷取多兽，后必无兽；以诈遇民，偷取一时，后必无复（雍季的意见是搞欺诈只能得逞于一时，不能长远）。'文公曰：'善。'辞雍季，以舅犯之谋与楚人战以败之。归而行爵，先雍季而后舅犯（晋文公用狐偃的诡诈打败了楚人，凯旋后先赏雍季再赏狐偃）。群臣曰：'城濮之事，舅犯谋也。夫用其言而后其身，可乎？'文公曰：'此非君所知也。夫舅犯言，一时之权也；雍季言，万世之利也（晋文公的理由是，狐偃的诡诈只能用于一时，雍季主张的道德能够长远起作用）。'"①韩非讲这个故事应该是在表达对雍季强调道德的认可。

"魏（信陵君）攻管（郑州北二里。原是魏邑，被秦占领）而不下。安陵人缩高，其子为管守。信陵君使人谓安陵君曰：'君其遣缩高，吾将仕之以五大夫（大夫中最高的爵位），使为持节尉（主管生杀的军官）。'安陵君曰：'安陵，小国也，不能必使其民（不能保证安陵人必然服从我）。

---

① 《韩非子·难一》，高华平、王齐洲、张三夕译注，中华书局2010年版，第527页。

使者自往，请使道使者至缩高之所（我派人带使者去缩高住的地方），复（传达）信陵君之命。'缩高曰：'君之幸高也，将使高攻管也。夫以父攻子守，人大笑也（我作为父亲攻打儿子，这让天下人笑话）。见臣而下，是倍主也（儿子见我攻打而投降，这是背叛秦君主）。父教子倍，亦非君之所喜也（也不是你所愿意的）。敢再拜辞（推辞任命）。'"①缩高讲求君臣父子的伦理道德，拒绝信陵君命令他去攻打自己的儿子所镇守的管地。缩高认为，如果自己的儿子为了自己而背叛主人秦君，这也是不义的。所以从秦国统治者的角度看，伦理道德还是有用的。

荀子考察了秦国，谈了自己的感受："其固塞险，形势便，山林川谷美，天材之利多，是形胜也（秦国地理位置和地形地貌好，有优势）。入境，观其风俗，其百姓朴，其声乐不流污，其服不挑，甚畏有司而顺，古之民也（百姓淳朴，民间歌声乐舞不放荡污浊，民众服装不妖艳，特别尊重官吏而顺从，是淳厚古风之民）。及都邑官府，其百吏肃然，莫不恭俭、敦敬、忠信而不楛，古之吏也（基层官员严肃认真，恭敬节俭，淳朴可敬，忠诚守信工作不马虎，是淳厚古风之官员）。入其国，观其士大夫，出于其门，入于公门；出于公门，归于其家，无有私事也；不比周，不朋党，偶然莫不明通

---

① 《战国策·魏策四·魏攻管而不下》，缪文远、缪伟、罗永莲译注，中华书局2012年版，第799—801页。

而公也，古之士大夫也（首都的高级干部每天出了家门就去办公室，出了办公室就回家，没有私事，不勾结，无朋党，一切都特别清楚、公开、公事公办，是淳朴古风之高级干部）。观其朝廷，其朝闲，听决百事不留，恬然如无治者，古之朝也（朝廷可以无为了）。故四世有胜，非幸也，数也。是所见也（秦国的强大是必然的）。"①在荀子眼里，秦国人上上下下都充满了道德。总的说来，这个道德就是不油腔滑调，不玩虚的，待人淳朴实在。

总之，法家看到传统道德缺点很多，已经不适合时代发展的要求，但也看到传统道德还有一定的用处，所以并没有完全抛弃传统道德。

① 《荀子·强国》，方勇、李波译注，中华书局2011年版，第260—261页。

第三讲
法家论民性

　　法家与儒家不同，法家只研究民，不研究人，儒家重点讲人。孟子说："人皆有不忍人之心。"[①]"人之有是四端也，犹其有四体也。"[②]"民之归仁也，犹水之就下，兽之走旷也。"[③]儒家经典《小戴礼记》说："人者，其天地之德，阴阳之交，鬼神之会，五行之秀气也。"[④]法家不谈人性，专讲民性。法家

① 《孟子·公孙丑上》，史仲文主编：《中华经典藏书》，北京出版社1999年版，第1128页。

② 《孟子·公孙丑上》，史仲文主编：《中华经典藏书》，北京出版社1999年版，第1128页。

③ 《孟子·离娄上》，史仲文主编：《中华经典藏书》，北京出版社1999年版，第1137页。

④ 《礼记·礼运》，史仲文主编：《中华经典藏书》，北京出版社1999年版，第423页。

如何看民性呢？

一、民性趋利避害

商鞅说："民之于利也，若水之于下也，四旁无择也。"[1]民众求利是客观趋势，如同水之就下，势不可挡。"民之性，饥而求食，劳而求佚，苦则索乐，辱则求荣，此民之情也。民之求利，失礼之法；求名，失性之常。奚以论其然也？今夫盗贼上犯君上之所禁，而下失臣民之礼，故名辱而身危，犹不止者，利也。"[2]民众本性仅仅就是物质欲望层次，寻求精神层次的理想、道德，那是违反民众本性的。为了饮食本能层次的利益，社会普遍认可的精神层次的理想、道德可以不要。民众为了求利，犯法受辱全不在乎。

韩非说："古者仓颉之作书也，自环者谓之私。"[3]上古仓颉造字，民众的自私本性用文字的方式展示出来。古代的私没有禾木旁，字形是"厶"，字形显示，人都是胳膊肘往里拐。管子说："民予则喜，夺则怒，民情皆然。"[4]民众就是要逐利，到手的利绝不撒手。"夫凡人之情，见利莫能勿就，

---

[1]《礼记·礼运》，史仲文主编：《中华经典藏书》，北京出版社1999年版，第423页。

[2]《商君书·算地》，石磊译注，中华书局2011年版，第59页。

[3]《韩非子·五蠹》，高华平、王齐洲、张三夕译注，中华书局2010年版，第709页。

[4] 赵守正：《管子注释·禁藏》下册，广西人民出版社1982年版，第120页。

见害莫能勿避。其商人通贾，倍道兼行，夜以续日，千里而不远者，利在前也。渔人之入海，海深万仞，就彼逆流，乘危百里，宿夜不出者，利在水也。故利之所在，虽千仞之山，无所不上；深源之下，无所不入焉。"[1]民之性逐利，只要有利，什么苦都能吃，什么风险都敢于担当。司马迁说："天下熙熙皆为利来，天下攘攘皆为利往。"[2]人就是这样，无利不起早。廉颇的门客们对廉颇的态度："廉颇之免长平归也，失势之时，故客尽去。及复用为将，客又复至。廉颇曰：'客退矣！'客曰：'吁！君何见之晚也？夫天下以市道交，君有势，我则从君，君无势则去，此固其理也，有何怨乎（廉颇在长平被免职失掉权势后，门客们离他而去。后又复职，门客们又回来了。廉颇不愿意他们回来。门客们说：唉！您怎么这么不入时！天下人都是按市场交易的法则相结交。你有权势，我们就跟随着你，你没有权势，我们就离开，这本是很普通的道理，有什么可抱怨的呢）？'"[3]

法家反对儒家人性善的说法。韩非说："夫陈轻货于幽隐，虽曾、史可疑也。"[4]把贵重的东西放在冷僻之处，即使是曾子、史鱼这样有修养的人也有偷窃的嫌疑。

---

[1] 赵守正：《管子注释·国蓄》下册，广西人民出版社1982年版，第260页。

[2] 司马迁：《史记卷129·货殖列传》，中华书局标点本。

[3] 司马迁：《史记卷81·廉颇蔺相如列传》，中华书局标点本。

[4]《韩非子·六反》，高华平、王齐洲、张三夕译注，中华书局2010年版，第658页。

二、民性之应对

（一）对民众不能讲情感，只能使用冷冰冰的制度

没有制度民众就会作乱。商鞅说："一兔走，百人逐之，非以兔为可分以为百也，由名分之未定也（一只兔子跑了，一百个人蜂拥而上去追逐，并不是因为捉到兔子后每个人能够分到兔子的百分之一，而是因为兔子的所有权没有确定）。夫卖兔者满市，而盗不敢取，由名分已定也（而市场上有好多兔子在卖，盗贼都不敢去偷，这是因为市场上兔子的所有权是明确的）。故名分未定，尧、舜、禹、汤且皆如鹜焉而逐之；名分已定，贪盗不取（当事物的名分没有确定以前，尧、舜、禹、汤也像奔马似的追逐，而名分确定后，贪婪的盗贼也不敢夺取）。今法令不明，其名不定，天下之人得议之。其议，人异而无定。人主为法于上，下民议之于下，是法令不定，以下为上也。此所谓名分之不定也（如法令不明确，其条目不确定，天下百姓都会议论，议论起来因人而异没有定说。人君在上制定法令，百姓在下议论纷纷，这是法令不定，以下代上，这就是所说的名分不定）。夫名分不定，尧、舜犹将折而奸之，而况众人乎（名分不定，尧、舜尚且都会违法，何况普通百姓）？"①没有制度就没有确定的名分，没有确定的名分，

---

①《商君书·定分》，石磊译注，中华书局2011年版，第178页。

尧、舜、禹、汤等仁人尚不能安分，而况民众。有了制度就有了名分，就连贪婪的盗贼也不敢任意妄为。

讲制度就不能讲感情。讲感情往往重用注重亲情的善人，讲制度往往重用冷酷无情的人，人们称为"恶人"、"奸人"。商鞅说："用善，则民亲其亲；任奸，则民亲其制。合而复者，善也；别而规者，奸也。"[1] 任用善民，民众就只爱他们的亲人；任用奸民，民众就会遵守国家的法制。民众相互掩盖过失，这是用善民的结果；民众疏远相互监督，这是用奸民的结果。"国以善民治奸民者，必乱至削；国以奸民治善民者，必治至强。"[2] 用讲情感的人管理讲制度的人，国家必乱亡；用讲制度的人管理讲情感的人，国家必安定强大。

讲制度要铁面无私，哪怕是功勋卓著、道德高尚受到社会尊重的人。"有功于前，有败于后，不为损刑。有善于前，有过于后，不为亏法。忠臣孝子有过，必以其数断。守法守职之吏有不行王法者，罪死不赦，刑及三族。"[3] 如果违反了制度，过去立了再大的功劳也不能减轻处罚，无论做了多少善事也不能宽贷。忠臣孝子、遵法守职的官员只要违反君主法度，罪死不赦。

民性自私，狂热追求财富，不惜损害国家利益，只有用绝对冷酷态度下狠手才能阻止。韩非举例："荆南之地，丽水之

---

[1]《商君书·说民》，石磊译注，中华书局2011年版，第48页。
[2]《商君书·去强》，石磊译注，中华书局2011年版，第40页。
[3]《商君书·刑赏》，石磊译注，中华书局2011年版，第124页。

中生金，人多窃采金。采金之禁：得而辄辜磔于市。甚众，壅离其水也，而人窃金不止。大罪莫重辜磔于市，犹不止者，不必得也（楚国南部丽水之中出产黄金，盗采者很多。国家有禁令，抓住盗采的人大卸八块。被杀的人都阻断了丽水的水流，可是盗采仍然止不住，因为盗采不一定能够被抓住）。故今有于此曰：'予汝天下而杀汝身。'庸人不为也。夫有天下，大利也，犹不为者，知必死。故不必得也，则虽辜磔，窃金不止；知必死，则虽予天下不为也。"[1]楚国民众盗采金矿，被君主抓住后就是大卸八块也不害怕。之所以如此是因为盗采者不一定能够被抓到，盗采发财的可能性仍然存在。一旦没被抓住，所获之利太大了，所以民众仍敢于冒险。如果对民众说给你整个天下，然后立即处死你，民众绝对不敢贪此大利，因为知道结果必死。民众知道犯罪必死，就不敢犯罪；民众知道犯罪不必死，就敢于冒险犯罪。韩非又举一例："鲁人烧积泽。天北风，火南倚，恐烧国（鲁国人烧荒，北风起，火往南蔓延，要烧到都城了）。哀公惧，自将众趣救火（鲁哀公害怕了，亲自带人去督促救火）。左右无人，尽逐兽，而火不救，乃召问仲尼（鲁哀公看到左右没人救火，都去追逐野兽，就问孔子怎么办）。仲尼曰：'夫逐兽者乐而无罚，救火者苦而无赏，此火之所以无救也。'哀公曰：'善'（孔子说追野兽者

---

[1]《韩非子·内储说上七术》，高华平、王齐洲、张三夕译注，中华书局2010年版，第333页。

有好处无惩罚，救火者有危险而无赏）。仲尼曰：'事急，不及以赏；救火者尽赏之，则国不足以赏于人。请徒行罚（事情很紧急。救火者来不及给赏了。而且救火的都给赏，国家也拿不出那么多赏。只使用罚吧）。'哀公曰：'善'。于是仲尼乃下令曰：'不救火者，比降北之罪；逐兽者，比入禁之罪（孔子下令，不救火者与降敌逃跑同罪，追野兽者与擅入禁地同罪）。'令下未遍而火已救矣。"①鲁国荆棘丛中燃起大火，民众不顾火势蔓延、威胁国都，不去救火，都去追逐惊奔的动物。鲁哀公接受孔子的建议，宣布敢追动物不救火者必按降敌之罪处死。民众惜命，立即转而救火。

"齐国好厚葬，布帛尽于衣衾，材木尽于棺椁。桓公患之，以告管仲曰：'布帛尽则无以为蔽，材木尽则无以为守备，而人厚葬之不休，禁之奈何（齐国人好厚葬，麻布丝帛都用来为死者做衣被了，木材都用来做棺材了。齐桓公很忧虑，问管仲，麻布丝帛没了没得穿盖，木材没了就无法修建国防工事了。可是人们还是厚葬不止，怎么样才能禁止呢）？'管仲对曰：'凡人之有为也，非名之，则利之也（凡是人要做什么事情，不是为了名，就是为了利）。'于是乃下令曰：'棺椁过度者戮其尸，罪夫当丧者（于是下令，过度厚葬者斩死者尸体，惩罚主持丧事者）。'夫戮死，无名；罪当丧者，无利。人

①《韩非子·内储说上七术》，高华平、王齐洲、张三夕译注，中华书局2010年版，第333页。

何故为之也（无名无利谁还干呢）？"①齐国人好厚葬，无谓地耗费布匹木材，威胁生计和国防，禁之不止。管仲认为，只要让厚葬者无名可求无利可图，并受到严厉惩罚，厚葬自然停止。

民性不仅好利没有道德信念，还愚昧顽劣。商鞅说："语曰：'愚者暗于成事，知者见于未萌。民不可与虑始，而可与乐成。'"②民众目光短浅，看不到长远，看不到未来，只知眼前利益，享受现成。"民之情也治，其事也乱。"③民众心里希望国家安定，可他们做的事情往往使国家陷入混乱。所以君主对民众只能多多采取防范措施，加重惩罚，让民众畏惧严刑，不敢犯罪，而不是因为廉洁自律而不犯罪。商鞅说："重刑而连其罪，则褊急之民不斗，很刚之民不讼，怠惰之民不游，费资之民不作，巧谀、恶心之民无变也。五民者不生于境内，则草必垦矣。"④从商鞅对这五种民众的形容所使用的语言来看，商鞅对民众没有什么好感。民众奸诈刁狠，蛮横无理，没有什么道理好讲，唯有用严刑峻法。"故禁奸止过，莫若重刑。刑重而必得，则民不敢试，故国无刑民。"⑤民众没有善性，无道德可讲，只能靠严厉的手段恐吓之。

---

① 《韩非子·内储说上七术》，高华平、王齐洲、张三夕译注，中华书局2010年版，第336页。
② 《商君书·更法》，石磊译注，中华书局2011年版，第3页。
③ 《商君书·说民》，石磊译注，中华书局2011年版，第50页。
③ 《商君书·垦令》，石磊译注，中华书局2011年版，第16页。
④ 《商君书·刑赏》，石磊译注，中华书局2011年版，第124页。

（二）民性自私对君主有利

民众自私才能够为君主所用，韩非说："民者好利禄而恶刑罚，上掌好恶以御民力，事实不宜失矣。"① 法家特别不愿意民众不谋私利，追求清高。如果民众都清高，不追逐个人利益，君主就无法主宰之。韩非说："使人不衣不食而不饥不寒，又不恶死，则无事上之意。意欲不宰于君，则不可使也。"② 民众如果不衣食也不会饥寒，不怕死，就无所求于君主。民众想不被君主所主宰，就不会被君主所驱使。韩非讲了个历史故事："太公望东封于齐，齐东海上有居士曰狂矞、华士昆弟二人者立议曰：'吾不臣天子，不友诸侯，耕作而食之，掘井而饮之，吾无求于人也。无上之名，无君之禄，不事仕而事力。'太公望至于营丘，使吏执而杀之，以为首诛。"狂矞、华士兄弟二人自命清高，完全自养，不求于人，自然也无求于君主，所以自以为用不着朝拜君主，可以不为君主所用。而在太公望眼里，"普天之下莫非王臣"，不称臣者一律杀之。周公旦从鲁闻之，发急传而问之曰："夫二子，贤者也。今日飨国而杀贤者，何也？"③ 太公望回答周公旦的质问

① 《韩非子·制分》，高华平、王齐洲、张三夕译注，中华书局2010年版，第761页。
② 《韩非子·八说》，高华平、王齐洲、张三夕译注，中华书局2010年版，第678页。
③ 《韩非子·外储说右上》，高华平、王齐洲、张三夕译注，中华书局2010年版，第472页。

很简单，士不为王者用即是王者的废物，可杀！"若夫许由、续牙、晋伯阳、秦颠颉、卫侨如、狐不稽、重明、董不识、卞随、务光、伯夷、叔齐，此十二人者，皆上见利不喜，下临难不恐；或与之天下而不取；有萃辱之名，则不乐食谷之利。夫见利不喜，上虽厚赏，无以劝之；临难不恐，上虽严刑，无以威之；此之谓不令之民也。此十二人者，或伏死于窟穴，或槁死于草木，或饥饿于山谷，或沉溺于水泉。有民如此，先古圣王皆不能臣，当今之世，将安用之？"①以上十二个道德君子不好名利，不惧贫辱，安贫乐道，隐居于山林岩穴之中。可这在法家看来，他们对君主又有什么用呢？韩非所反对的道德君子既有儒家的，也有道家的。孟子曰："说大人则藐之，勿视其巍巍然。堂高数仞，榱题数尺，我得志，弗为也。食前方丈，侍妾数百人，我得志弗为也。般乐饮酒，驱骋田猎，后车千乘，我得志弗为也。在彼者，皆我所不为也；在我者，皆古之制也。吾何畏彼哉？"②物质享受引诱不了我，动摇不了我的信念。孟子还说："居天下之广居，立天下之正位，行天下之大道；得志与民由之，不得志独行其道；富贵不能淫，贫贱不能移，威武不能屈：此之谓大丈夫。"③大丈夫在富贵贫贱威胁

① 《韩非子·说疑》，高华平、王齐洲、张三夕译注，中华书局2010年版，第630页。
② 《孟子·尽心下》，史仲文主编：《中华经典藏书》，北京出版社1999年版，第1156页。
③ 《孟子·滕文公下》，史仲文主编：《中华经典藏书》，北京出版社1999年版，第1134页。

恐吓面前毫不动心。庄子提出了更高的境界——"无待",即无所依凭。达到这种境界的人是"至人""神人""圣人"。庄子说:"若夫乘天地之正,而御六气之辩,以游无穷者,彼且恶乎待哉!故曰:至人无己,神人无功,圣人无名。"① 如果能够因循天地之本性,顺应气候的变化,游荡于无穷的境域,这样的人还有什么可依凭呢?庄子提出的最高境界是"无己"——不依赖自己,"无功"——不以建功立业为前进动力,"无名"——不用美名激励自己。总之,不再依赖什么东西作为动力,不再追求什么东西,一切顺应自然。庄子想象了这样一个神人:"藐姑射之山,有神人居焉,肌肤若冰雪,淖约若处子。不食五谷,吸风饮露,乘云气,御飞龙,而游乎四海之外。其神凝,使物不疵疠而年谷熟。"② 遥远的"姑射之山"的神人外形动作显示出极端的纯洁(肌肤洁白、性情纯净)。其超凡入圣之处在于居无人居之地,不消费人间常常匮乏的五谷,只接触取之不尽的风露云气,遨游于不会与世人争地、争食、争名的四海之外。③ 这样的人生存条件降为最低,故而无所匮乏,与人无争,他还有什么要追求的呢?无所追求就

① 《庄子·逍遥游》,史仲文主编:《中华经典藏书》,北京出版社1999年版,第2355页。
② 《庄子·逍遥游》,史仲文主编:《中华经典藏书》,北京出版社1999年版,第2356页。
③ 《庄子·逍遥游》,史仲文主编:《中华经典藏书》,北京出版社1999年版,第2356页。

无所依赖。无所依赖就是庄子追求的最高境界。庄子接着说："之人也，之德也，将旁礴万物以为一。世蕲乎乱，孰弊弊焉以天下为事！之人也，物莫之伤，大浸稽天而不溺，大旱金石流土山焦而不热。是其尘垢秕糠，将犹陶铸尧舜者也，孰肯以物为事！"这样的人，其秉性（德性）广博地渗透万物与之混而为一。既然与万物混一无别，万物之中的大水猛火不存在伤害问题！庄子的"神人"神在无所依赖故无所追求，为什么？通俗地说，"神人"无所依赖无所追求的原因就是生存的条件无穷，不存在依赖与否、追求与否的问题。就像阳光和空气对人是无穷的，人类不存在阳光和空气的匮乏问题，人类从来没有为阳光和空气而争夺。所以，人们意识不到自己对阳光和空气的依赖，不存在追求问题。用这一逻辑推演现实生活，今日中国人的生活水平吃饱饭应该说是没有问题的。如果我仅仅以此为乐，不求其他，那么我何惧！我何求！周围孰荣孰辱孰贵孰贱高低与我何干！商鞅也说："有饥寒死亡，不为利禄之故战，此亡国之俗也"[1]人人都不追求功名利禄，呆在家里知足，国家岂不灭亡！所以法家希望民众自私、贪婪、追求个人利益，这样能够为君主所利用。韩非说："且夫死力者，民之所有者也，情莫不出其死力以致其所欲（下死力是民众所具有的，按民之常情没有不愿意拼命下死力来得其所愿）；而好恶者，上

---

[1]《商君书·靳令》，石磊译注，中华书局2011年版，第100页。

之所制也，民者好利禄而恶刑罚。上掌好恶以御民力（民众好利恶害是可以被君主所控制的。君主利用民众的好利恶害来支配民众的力量）。"①所以君主希望民众自私贪婪。

（三）自私的民性不能偏离君意

法家受道家的影响，强调赏罚之治不是君主强加给民众，而是顺乎民众的自私之心。顺乎民众的自私之心也有是否有助于君主统治的问题。管子说："政之所兴，在顺民心。政之所废，在逆民心。民恶忧劳，我佚乐之。民恶贫贱，我富贵之，民恶危坠，我存安之。民恶灭绝，我生育之。"②民心就是好利恶害、趣利避害，我之法制信赏必罚就是顺乎民心。但是，顺民性不能偏离君意。商鞅说："民之情也治，其事也乱。"③民众的心理是要社会安定，可是他们做的事情往往导致社会混乱。韩非说："夫民之性，喜其乱而不亲其法。"④民性喜欢无法无天的乱世，不喜欢法制。"夫民之性，恶劳而乐佚。佚则荒，荒则不治，不治则乱，而赏刑不行于天下者必塞。"民性好逸恶劳，使政事荒废，刑罚无法推行。"夫严刑重罚者，民之所恶也，而国之所以治也；哀怜百姓轻刑罚者，民之所喜，

---

① 《韩非子·制分》，高华平、王齐洲、张三夕译注，中华书局2010年版，第761页。
② 赵守正：《管子注释·牧民》二册，广西人民出版社1982年版，第1—2页。
③ 《商君书·说民》，石磊译注，中华书局2011年版，第50页。
④ 《韩非子·心度》，高华平、王齐洲、张三夕译注，中华书局2010年版，第759页。

而国之所以危也。"①民众不喜欢严刑峻法，喜欢政事轻缓，所以不能一味顺应民性，要把民性纳入国家治理。单纯迁就民性，不但法制实现不了，甚至还会被一些图谋不轨的篡臣用来危害国家，达到个人目的。姜齐时的田氏大斗借出，小斗收回，抚慰苦痛民众，就是顺民心。田氏顺了民心，民众就支持他，甘愿为他做出牺牲。韩非揭露田氏利用齐简公暴政收买民心："简公在上位，罚重而诛严，厚赋敛而杀戮民。田成恒设慈爱，明宽厚。简公以齐民为渴马，不以恩加民，而田成恒以仁厚为圃池也。"②

民性自私，但民性有自己个人的荣辱观。想让民众接受君主的赏罚，就不能让民众有自己个人的荣辱观，而必须树立国家本位的荣辱观。民众如果有自己独立的生存基础就有了能够独立于君主的资本，也就有了自己的荣辱观，对君主的赏罚不感兴趣。商鞅说："夫治国舍势而任谈说，则身修而功寡（治理国家舍弃自己的实力而任用善于讲道德的人，虽然自己有修养，却很少能成事）。故事《诗》《书》谈说之士，则民游而轻其君；事处士，则民远而非其上；事勇士，则民竞而轻其禁；技艺之士用，则民剽而易徙；商贾之士佚且利，则民缘而议其上（重用喜欢诗书文化的健谈之人，民众就会喜欢游学

①《韩非子·奸劫弑臣》，高华平、王齐洲、张三夕译注，中华书局2010年版，第136页。
②《韩非子·外储说右下》，高华平、王齐洲、张三夕译注，中华书局2010年版，第502页。

而轻视君主；重用隐逸之士，则民众远离、非议君主；重用斗狠之士，则民众互不相让轻易犯法；重用有技术特长的人，民众就不踏实而随意迁徙；让商人舒服得利，民众就会依顺商人非议君主）。故五民加于国用，则田荒而兵弱。谈说之士资在于口（能言善辩）；处士资在于意（心志高洁）；勇士资在于气（勇气）；技艺之士资在于手（巧手）；商贾之士资在于身（空手套白狼）。故天下一宅，而圜身资（这些人四海为家，周身就是资本）。"[①]"谈说之士""处士""勇士""技艺之士""商贾之士"都是有一技之长的人，他们可以在各个诸侯国窜来窜去，被各个诸侯国礼遇，不必固定效忠于某一君主，所以形成了自己的精神尊严。商鞅认为，这对于君主统治是不利的。民众也有精神价值尺度，法家需要民众的精神价值尺度与君主的统治相一致。韩非解析民众的内心世界："赏莫如厚，使民利之；誉莫如美，使民荣之；诛莫如重，使民畏之；毁莫如恶，使民耻之。"[②]"利""荣""畏""耻""利"与"畏"是个人的满足，"荣"与"耻"是社会的肯定；"利"与"畏"类似物质层次，"荣"与"耻"类似精神层次。"有功者显荣，无功者虽富无所芬华。"[③]"显荣""芬华"也属于精神层次。民众这些精神层次的需求是君主所希望有的。

---

① 《商君书·算地》，石磊译注，中华书局2011年版，第62页。

② 《韩非子·八经》，高华平、王齐洲、张三夕译注，中华书局2010年版，第681页。

③ 司马迁：《史记卷68·商君列传》，中华书局标点本。

另外，使用赏罚手段激发民众追求富贵也有一个如何使民众的私欲与君意相对接问题。这就需要讲究赏罚技巧。商鞅说："民，辱则贵爵，弱则尊官，贫则重赏（民众地位低则重视爵位，懦弱则尊重官吏，贫穷则看重赏赐）。以刑治民，则乐用；以赏战民，则轻死。故战事兵用曰强（用刑治民，民就乐为所用；用赏来奖励民众参战，民众就不怕死。所以战事严整、士兵全力以赴，叫做强大）。民有私荣，则贱列卑官；富则轻赏（民众有自以为荣的尺度，就会轻视官位鄙视官吏；民众富了就看不起赏）。治民羞辱以刑，战则战。民畏死，事乱而战，故兵农怠而国弱（治理民众用刑罚羞辱之，战争到来就会出战；民众怕死，指挥混乱而参战，兵农都怠懈，国家就会衰弱）。"①不能让民众有"私荣"，而要以能够得到国家的官爵为荣。因为国家的官爵是以统治者富国强兵的根本政治目标为导向的，有助于举国体制的建立，有助于集中国家全部资源实现统治者对天下的君临。相反，像儒家让人追求自己的道德信念，道家让人们追求自己内心的平静，都会造成民众对君主离心离德，国家一盘散沙。

另外，民众也不能太富，太富了就看不上君主那点赏赐，就失去了为君主做事的积极性。《史记·货殖列传》载："子贡结驷连骑，束帛之币以聘享诸侯，所至，国君无不分庭与之

①《商君书·弱民》，石磊译注，中华书局2011年版，第151页。

抗礼。夫使孔子名布扬于天下者，子贡先后之也。此所谓得势而益彰者乎？"孔子的学生子贡是超级富豪，到了哪个诸侯国，车马成行，金银成山，在场面交往中敢与君主平列。"夫用贫求富，农不如工，工不如商，刺绣文不如倚市门，此言末业，贫者之资也。"①发财致富的行业，农业排列最下，当兵根本就无足挂齿。所以，司马迁《史记》里叙述的那些大富豪，应该是法家所不喜欢的。所以商鞅说："故民富而不用，则使民以食出，各必有力，则农不偷（民众富了而没有战事，让富裕的人出粮食换爵位。穷人、富人各尽其力，农民就不怠懈了）。"②

"夫圣人之治国也，能抟力，能杀力（圣人治国能够聚集力量，也能够消耗力量）。制度察则民力抟，抟而不化则不行，行而无富则生乱（制度明确就能够聚集民众力量，聚集了而不引导民众做事情则不可以，做了事情而不能使民众富裕则会出现乱子）。故治国者，其抟力也，以富国强兵也；其杀力也，以事敌劝民也（治理国家能够聚集力量以富国强兵，能够消耗力量打击敌人鼓励民众立功）。"③治理国家要能够集中民众的力量，也要能够消耗民众的力量。

"贫者使以刑，则富；富者使以赏，则贫。治国能令贫者富、富者贫，则国多力，多力者王。"④对贫穷的人用刑罚逼他

①司马迁：《史记卷129·货殖列传》，中华书局标点本。
②《商君书·弱民》，石磊译注，中华书局2011年版，第149页。
③《商君书·壹言》，石磊译注，中华书局2011年版，第78页。
④《商君书·去强》，石磊译注，中华书局2011年版，第41页。

去种田、上战场，贫穷的人就能够富起来。用授予爵位鼓励富人把财富交给国家，富人的财富就能够合理地消费掉。贫穷的人为国家做事，富人把财富交给国家，国家的实力就增加了，实力增加了国家就能够主宰天下。"力多而不用，则志穷；志穷，则有私；有私，则有弱。"①民众的精力和财富很多而没有地方发挥作用就茫然，茫然就打自己的小算盘。民众都打自己的小算盘，国家就弱了。"王者，国不蓄力，家不积粟。国不蓄力，下用也；家不积粟，上藏也。"②称王天下的人，国家不存储实力，民众不积蓄粮食，都用来调动民众的积极性，为国家做事。"民有余粮，使民以粟出官爵（让农民拿余粮买官爵，不使余粮进入流通领域，余粮由国家统一管理），官爵必以其力，则农不怠。"③民众升迁的欲望和积蓄的财富都必须为国家所用。

（四）利用民性信赏必罚

"夫民之情，朴则生劳而易力，穷则生知而权利（民众的常情是朴实就会劳作而不惜力气，贫穷就会产生智慧和计较利害大小）。易力则轻死而乐用，权利则畏罚而易苦。易苦则地力尽，乐用则兵力尽（不惜力气就会不怕死而乐意为君主所

①《商君书·说民》，石磊译注，中华书局2011年版，第52页。
②《商君书·说民》，石磊译注，中华书局2011年版，第52页。
③《商君书·靳令》，石磊译注，中华书局2011年版，第98页。

用，权衡利害则害怕惩罚而容易吃苦。容易吃苦则尽力开发土地，愿意为君主所用则会发挥最大兵力）。夫治国者，能尽地力而致民死者，名与利交至（治理国家能够让民众尽力务农上战场拼命，君主的名和利就都有了）。"①民性就是这样，可以不惜力不怕苦，也可以狡诈且斤斤计较。关键看君主怎么样管理民众，引导其为君主所用，不惜力不怕死。

　　法家讲法制，法制最突出的重点是赏罚。甚至在某种意义上讲，所谓的法制就是赏罚之制。行赏罚之制必信赏必罚。韩非说："言赏则不与，言罚则不行，赏罚不信，故士民不死也（如果赏罚不信，士民就不会死战）。今秦出号令而行赏罚，有功无功相事也（现在秦国颁布号令严格赏罚，有无功劳以事实为依据）。出其父母怀衽之中，生未尝见寇耳。闻战，顿足徒裼，犯白刃，蹈炉炭，断死于前者，皆是也（都是出自父母怀抱，还没有见过敌人。一听说战事爆发，跺脚、赤膊、顶白刃、踏炭火、阵前死战到处都是）。夫断死与断生者不同，而民为之者，是贵奋死也（必死与必生不一样，民众不怕死是因为以拼死为贵）。"②秦国百姓之所以战场上敢拼命置生死于度外，就是因为秦国统治者信赏必罚。勇于杀敌者必得赏，临阵怯懦者必得罚。

①《商君书·算地》，石磊译注，中华书局2011年版，第58页。
②《韩非子·初见秦》，高华平、王齐洲、张三夕译注，中华书局2010年版，第2页。

刑和赏要到什么程度呢？"赏莫如厚，使民利之（赏要厚到民众感觉有利）；誉莫如美，使民荣之（荣誉要高到民众感到光荣）；诛莫如重，使民畏之（惩罚厉害到让民众畏惧）；毁莫如恶，使民耻之（贬斥让民众感到羞耻）。"①刑赏要足以使人震撼，否则国家就危险。商鞅说："夫刑者，所以禁邪也；而赏者，所以助禁也（刑是用来禁止邪恶的，赏是用来辅助刑的）。羞辱劳苦者，民之所恶也；显荣佚乐者，民之所务也（民众不喜欢羞辱劳苦，喜欢尊显逸乐）。故其国刑不可恶，而爵禄不足务也，此亡国之兆也（民众不厌恶刑罚，不愿追求爵禄，乃亡国之兆）。"②

信赏必罚必须无情。当民众遭受贫困和灾难时，不能有仁慈之心。"秦大饥，应侯请曰：'五苑之草著：蔬菜、橡果、枣栗，足以活民，请发之（秦发生饥荒，范雎请求：五苑著地而生的草木蔬菜、橡果、枣栗，足以救活百姓，请允许百姓去采集）。'昭襄王曰：'吾秦法，使民有功而受赏，有罪而受诛。今发五苑之蔬草者，使民有功与无功俱赏也（秦昭王回答，秦法，有功者赏，有罪者罚。如果允许所有百姓去采集，这是有功无功都赏）。夫使民有功与无功俱赏者，此乱之道也。夫发五苑而乱，不如弃枣蔬而治（为了治好国家，秦昭王

---

① 《韩非子·八经》，高华平、王齐洲、张三夕译注，中华书局2010年版，第681页。

② 《商君书·算地》，石磊译注，中华书局2011年版，第65页。

拒绝了范雎的请求）．'"① 秦有地方闹饥荒，应侯范雎主张
开仓赈灾。秦昭王反对，认为这会惯坏民众，养成无功得赏的
坏毛病。"夫施与贫困者，此世之所谓仁义；哀怜百姓不忍诛
罚者，此世之所谓惠爱也（救济贫困，世称为仁义；怜悯百姓
不忍惩罚，世称为惠爱）。夫有施与贫困，则无功者得赏；不
忍诛罚，则暴乱者不止（救济贫困则无功者得赏，不忍惩罚就
止不住暴乱）。国有无功得赏者，则民不外务当敌斩首，内不
急力田疾作，皆欲行货财事富贵，为私善立名誉，以取尊官厚
俸。故奸私之臣愈众，而暴乱之徒愈胜，不亡何待（无功给
赏，百姓全不干正事，都去走歪门邪道）？"② 救济贫困者虽是
仁义之举，但是会造成人们都去拉关系、托门路、走后门；还
说空话、沽名钓誉；人人都想不劳而获、无功而求赏。

三、民性因时而异

商鞅纵论古今，说明民性表现形态古今不同。"天地设而
民生之。当此之时也，民知其母而不知其父，其道亲亲而爱
私。亲亲则别（区别亲疏），爱私则险（心存邪恶），民众，
而以别险为务，则民乱（人口多，而追求亲疏之别，追求邪
恶，民众就会出现混乱）。当此时也，民务胜而力征。务胜则

① 《商君书·算地》，石磊译注，中华书局2011年版，第65页。
② 《韩非子·奸劫弒臣》，高华平、王齐洲、张三夕译注，中华书局2010年
版，第140页。

争，力征则讼，讼而无正，则莫得其性也。故贤者立中正，设无私，而民说仁（此时民众都力争获胜压倒别人。要压倒别人就得互相争斗，争斗就有纠纷，纠纷没有一个公正的方法解决，就没有谁顺心。所以贤者确立公正的标准，奉行无私的原则，人民喜欢仁爱）。当此时也，亲亲废，上贤立矣。凡仁者以爱利为务，而贤者以相出为道（这个时候，只爱自己亲人的狭隘思想被废除了，贤者居上的观念树立了。仁者以爱人利人为追求，而贤者以相互推介为道德）。民众而无制，久而相出为道，则有乱。故圣人承之，作为土地、货财、男女之分。分定而无制，不可，故立禁；禁立而莫之司，不可，故立官；官设而莫之一，不可，故立君。既立君，则上贤废而贵贵立矣（民众人口多而没有制度，长时间追求相互超越就会出现动乱。所以圣人顺应了社会发展，制定了土地、财货、男女各自的归属。名分确定了，没有制度不可以，所以立法度。法度立了，没有人操作不行，所以设立官吏。官吏设了，没有一个统一领导不行，所以立君主。君主立了，尚贤的思想就废了，尊重权贵的思想又树立了）。"①商鞅由历史发展的过程和逻辑推出，君、官员、法禁以及贵贱等级并非是人为强行制造的，而是社会发展的必然结果。

古今社会民性表现不同，"古之民朴以厚，今之民巧以

---

① 《商君书·开塞》，石磊译注，中华书局2011年版，第68—69页。

伪。故效于古者，先德而治；效于今者，前刑而法。此俗之所惑也"。①古代社会不发达，民众淳朴可以使用道德治理。今人狡诈伪善就得使用刑罚法制。"今世之所谓义者，将立民之所好，而废其所恶。此其所谓不义者，将立民之所恶，而废其所乐也。二者名贸实易，不可不察也（现在社会上所说的义，就是树立民之所好，废除民之所恶。所说的不义，就是确立民之所恶，废除民之所喜欢的。二者名实颠倒不可不明察）。立民之所乐，则民伤其所恶。立民之所恶，则民安其所乐。何以知其然也（确立民之所乐，民众就会被其所厌恶的伤害。确立民之所厌恶，民众就会享受其所好。怎么知道是这样呢）？夫民忧则思，思则出（生）度；乐则淫，淫则生佚（民众忧虑就要思考，思考则守法度；快乐则放纵，放纵则懒惰）。故以刑治则民威，民威则无奸，无奸则民安其所乐（以刑治理则民畏惧，畏惧就没有邪恶的事情发生。没有邪恶民众就可以享受其快乐了）。以义教则民纵，民纵则乱，乱则民伤其所恶。吾所谓刑者，义之本也。而世所谓义者，暴之道也（用道义教育民众，民众就会放纵，放纵就会作乱，民众就会被他讨厌的东西伤害。我所说的刑是道义的根本，而世所说的义是暴乱的原因）。夫正民者，以其所恶，必终其所好；以其所好，必败其所恶（治理民众用他所不喜欢的刑罚，最终必然得到他们喜欢

①《商君书·开塞》，石磊译注，中华书局2011年版，第72页。

的。用他们所喜欢的治理，最终受害于他们所不喜欢的）。"①古今不同，古代民众淳朴忠厚，可以使用道德之治。今人狡诈伪善，必须使用刑罚之治。

商鞅批评当时的君主，"今世主皆欲治民，而助之以乱。非乐以为乱也，安其故而不窥于时也。是上法古而得其塞，下修今而不时移，而不明世俗之变，不察治民之情。故多赏以致刑，轻刑以去赏（现在列国的君主都想要治理好民众，却滋长了产生动乱的因素。并不是他们乐意让民众乱，这是因为他们固守过去的陈规而没有看清当今时代。这样的话，他们上效法古代而得到的东西在今日却行不通，今日拘守现状却赶不上时代的发展，不懂得社会风俗在变化，不了解治理民众的情况。因此多赏反而招致更多的刑，少刑又使赏失去效用）。夫上设刑而民不服，赏匮而奸益多。故民之于上也，先刑而后赏（君主设立了刑可民众不服从，奖赏少了邪恶犯罪的事更多。所以民众对于国君，都是先接受刑罚的约束而后受到奖赏）。故圣人之为国也，不法古，不修今，因世而为之治，度俗而为之法（圣人治国，不取法古代，不拘泥现状，根据社会的具体情况来治理，依据社会风俗来制定法令）。故法不察民之情而立之，则不成；治宜于时而行之，则不干（立法不察民众的具体情况，就不会成功；治国之策适应时代，就不会相抵触）。"②

①《商君书·开塞》，石磊译注，中华书局2011年版，第72—73页。
②《商君书·壹言》，石磊译注，中华书局2011年版，第79页。

商鞅强调治理天下必须因时顺势，不可一味法古泥今，须随时变化。

历史发展的不同阶段，民性的具体状态不同，治理的方法也不同。商鞅说："故民愚，则知可以胜之；世知，则力可以胜之。臣愚，则易力而难巧；世巧，则易知而难力（如果民众愚昧，就可以用智慧治理他们；世上的人有智慧，就可以用力量统治他们。人愚昧，就不吝惜力气而难以用智巧；世人有智巧，就喜欢用智慧懒得用气力）。故神农教耕而王天下，师其知也；汤、武致强而征诸侯，服其力也（古代神农教人耕田而成为天下帝王，因为天下人要学习他的智慧。商汤和周武王训练军队征服天下，诸侯屈服其强力）。"不同时代的民众治理方法不同。当今时代又不同了，"今世巧而民淫，方效汤武之时，而行神农之事，以随（堕）世禁（法度）。故千乘惑乱，此其所加务者，过也（现在世人多机巧，民众多放荡，正是仿效商汤和周武王用强力的时候。可是君主们却做神农当年做的事，放弃了法治。所以大国也会混乱，这是因为君主们特别认真去做的事情都是错误的）"。[1]民众多机巧而放荡，统治者却不仿效汤武而做神农之事，这是触犯了治国的禁忌。类似的说法还有："民愚，则知可以王；世知，则力可以王。民愚，则力有余而知不足；世知，则巧有余而力不足（民众愚昧，有智

---

[1]《商君书·算地》，石磊译注，中华书局2011年版，第62页。

慧者就能称王天下；世上的人聪明，气力大者可以称王天下。民众愚昧就力有余而智不足；世人都聪明，就智慧有余而气力不足）。民之生，不知则学，力尽则服。故神农教耕，而王天下，师其知也。汤、武致强，而征诸侯，服其力也（民众的本性，不懂就学，力量用尽了就服输。所以神农教会人们从事农业生产而称王天下，这是因为人们要学习他的智慧；商汤和周武王创造了强大的力量征服了诸侯，这是屈服他们的力量）。夫民愚，不怀知而问；世知，无余力而服。故以知王天下者并（屏）刑，力征诸侯者退德（民众愚昧，心中没有知识就要向别人请教；世人聪明，当用尽力量时就会屈服。所以靠智慧称王天下的就会抛弃刑罚，用实力来征服诸侯的人就不用德政教化民众）。"①总之，商鞅从历史发展的角度论证当时不再适宜以德治国，必须用刑罚之治。

四、民性之引导

（一）君主的导向是关键

民众有的是力量，有的是智慧，但是国家却治理不好，谁的过错？错在君主。民众干什么关键看君主。民性好利恶害，但这民性就如同水一样，"决诸东方则东流，决诸西方则西流"，看你往哪个方向引导。引导得好对君主有利，引导得不

①《商君书·开塞》，石磊译注，中华书局2011年版，第70页。

好对君主有害。

商鞅说："夫民之不治者，君道卑也；法之不明者，君长乱也。故明君不道卑、不长乱也。"①民众没有治理好的原因是君主的治道太次。法制不昌明是君主带头扰乱法制。只要君主的治道上了档次，就不会助长动乱。"秉权而立，垂法而治，以得奸于上，而官无不；赏罚断，而器用有度。若此，则国制明而民力竭，上爵尊而伦徒举。"君主掌权主持朝政，颁布法律治理国家，在上洞察奸人，官员不作恶。赏罚分明，做事有规矩，制度如明镜，民众竭力做事。君主设置的爵位受到重视，民众愿意被任用。接着，商鞅批评当今君主："今世主皆欲治民，而助之以乱……而不明世俗之变，不察治民之情。"当今君主想治好民，却反而导致民乱。原因是不懂得世俗已经变化，不明白治理民众要使用适合民情的新方法。"故多赏以致刑，轻刑以去赏，夫上设刑而民不服，赏匮而奸益多。"②造成的结果是，滥用赏而招致刑罚多，刑罚轻而赏又无用，君主设刑罚民众不服从，赏用尽了奸邪更多。

比如，将民性引导向投机取巧。商鞅说："今境内之民皆曰：'农战可避，而官爵可得也（今国内的民众都说农耕和作战可以逃避，官职爵位可以得到）。'是故豪杰皆可变业，务学《诗》《书》，随从外权，上可以得显，下可以求官爵（有

①《商君书·壹言》，石磊译注，中华书局2011年版，第79页。
②《商君书·壹言》，石磊译注，中华书局2011年版，第79页。

才华的豪杰都要改变自己的职业，而专研学习《诗》《书》，追随其他国家的权势，好的话可得高官厚禄，次一点也能得个官职爵位）；要靡事商贾，为技艺，皆以避农战（平庸百姓便去经商，干手工业，凭借这种方式来逃避农耕和作战）。具备，国之危也。民以此为教者，其国必削（上述情况出现，国家就要危险了，用这些来教育民众，国家的实力必削弱）。"①当时各国民众不从事耕战照样升官发财。于是各色人都去学习《诗》《书》，到国外拉关系，经商，学习制作奇珍异物的技巧。总之，就是想避开耕战。另外，君主、贵族们多提倡道德文化，看中诗书文人，给予很高待遇，结果大量民众都去学习诗书，谋取升官发财。韩非说："故中章、胥己仕，而中牟之民弃田圃而随文学者邑之半（中章、胥已做了官，中牟县的民众就放弃农田而追随私学人士，人数占到当地一半）。"②"今修文学，习言谈，则无耕之劳而有富之实，无战之危而有贵之尊，则人孰不为也？"③同样是得到富贵，人都想尽力降低成本。道德文化只需要嘴皮子，比耕战轻松得多，而且没有风险，升官发财来得快，而且机会多。商鞅说："臣闻道民之门，在上所先。故民，可令农战，可令游宦，可令学问，在上

① 《商君书·农战》，石磊译注，中华书局2011年版，第25页。
② 《韩非子·外储说左上》，高华平、王齐洲、张三夕译注，中华书局2010年版，第417页。
③ 《韩非子·五蠹》，高华平、王齐洲、张三夕译注，中华书局2010年版，第714页。

所与。上以功劳与，则民战；上以《诗》、《书》与，则民学问，民之于利也，若水之于下也，四旁无择也。民徒可以得利而为之者，上与之也。"① 君主引导民众的走向，导民众种地民众就种地，导民众游走求官民众就游走求官，导民众做学问民众就做学问。民众求利是本性，但去哪里求利，得看君主的导向。

（二）将民性引导于农业和战争

首先是调动民众上战场的积极性。"民之外事，莫难于战，故轻法不可以使之。奚谓轻法？其赏少而威薄，淫道不塞之谓也（民众的境外之事，最危险的是战争。用轻法不足以驱使他们去作战。什么叫轻法？奖赏不多刑罚不重，歪门邪道没有阻塞住）。奚谓淫道？为辩知者贵，游宦者任，文学私名显之谓也。三者不塞，则民不战而事失矣（什么是歪门邪道？能说会道的人得到尊贵，不务本业、游荡求官的人得到任用，个人思想学说扬名于世。这三途不阻塞，人民就不愿意出战，国家就会战败）。故其赏少，则听者无利也；威薄，则犯者无害也。故开淫道以诱之，而以轻法战之，是谓设鼠而饵以狸也，亦不几乎（国家赏赐少，听从法令者不获利；刑罚轻，于违反法令的人无害。所以搞歪门邪道引诱民众，用轻法叫民众参战，就如同用猫诱捕老鼠一样，岂能成功）？故欲战其民者，必以重法。赏则必多，威则必严，淫道必塞。为辩知者不贵，

---

① 《商君书·君臣》，石磊译注，中华书局2011年版，第163页。

游宦者不任，文学私名不显。赏多威严，民见战赏之多则忘死，见不战之辱则苦生。赏使之忘死，而威使之苦生，而淫道又塞，以此遇敌，是以百石之弩射飘叶也，何不陷之有哉（要想让民众出战，必须用重法。赏赐必多，刑罚必严，歪门邪道必须阻塞。让能说会道者得不到尊贵，投机钻营者得不到任用，各家私学得不到显扬。赏赐多而刑罚严，人民见到赏赐多就忘记死的危险；见到不参加战争而受到的侮辱苦不堪生。重赏使他们忘记死的危险，严刑使他们害怕被侮辱的活着，歪门邪道又被阻塞，用这样的方法对付敌人，好比用百石的强弩射飘摇的树叶，焉能射不透）？"①以上讲的都是如何调动民众的积极性上战场杀敌立功。

"民之内事，莫苦于农，故轻治不可以使之。奚谓轻治？其农贫而商富，故其食贱者钱重，食贱则农贫，钱重则商富；末事不禁，则技巧之人利，而游食者众之谓也。故农之用力最苦，而赢利少，不如商贾、技巧之人（民众在国内的事，没有比务农更苦。所以轻治便不能使之务农。何谓轻治？即农民穷而商人富。所以粮食贱而钱就值钱。粮食贱农民就穷，钱值钱商人就富。不约束工商业，那么耍手艺和蒙事儿的人获利，游荡求食的人也增多。因此，农民用力最为辛苦，而获利最少，不如商业和手工业者）。苟能令商贾、技巧之人无繁，则欲国

---

① 《商君书·外内》，石磊译注，中华书局2011年版，第157页。

之无富，不可得也。故曰：欲农富其国者，境内之食必贵，而不农之征必多，市利之租必重。则民不得无田，无田不得不易其食。食贵则田者利，田者利则事者众。食贵，籴食不利，而又加重征，则民不得无去其商贾、技巧，而事地利矣。故民之力尽在于地利矣（如果能使商人和手工业者不众多，而国家想要不富都是不可能的。所以，想发展农业来富国，国内的粮价必贵，而对从事非农业生产的税赋必须增多，市场交易税必须加重。那么，百姓不得不去种田，不种田就不得不买粮从而推高粮价，粮价高则务农就获利。务农获利务农者就会增多。粮食贵，买粮就不合适，交易税又加重，那么，民众就不得不放弃经商、手工业而务农。于是民众的力量都集中到农业上了）。"[①]国家用行政手段减少从事工商业的人数，提高工商业的税赋，使民众唯务农才能够获利多。

商鞅还说："治国者贵民壹，民壹则朴，朴则农，农则易勤，勤则富（治国贵在使民众行事专一，专一就淳朴，淳朴就会务农，务农就会变得勤劳，勤劳就会富裕）。富者废之以爵，不淫；淫者废之以刑，而务农（让富人用钱买官爵，消耗其财产，富人就不会搞歪门邪道；用刑罚制止富人搞歪门邪道，就会去务农）。故能抟力而不能用者必乱，能杀力而不能抟者必亡（能聚集民力而不能使用民力，国家一定会乱；只能

———————
① 《商君书·外内》，石磊译注，中华书局2011年版，第158—159页。

使用民力而不能聚集民力，国家定会灭亡）。故明君知齐二者，其国强；不知齐二者，其国削（君主懂得调剂聚集和使用民众力量这两者，国家就强大；不懂得，国家就会削弱）。"[1]治国无非就是凝聚民力和消耗民力两者。凝聚民力发展农业，消耗民力是民众把财富拿出来用于国家需要。

耕战两者是君主治理国家必须紧紧抓住的两个基本点。所以要把民力聚集在这两个基本点。商鞅反复强调这一点：

"国务壹，则民应用；事本抟，则民喜农而乐战。夫圣人之立法化俗，而使民朝夕从事于农战，不可不知也。"[2]"国务壹"就是举国体制，"事本抟"就是举国力量集中于耕战。君主的治理立法、改造风俗，就是要使民众致力于耕战。"夫圣人之治国也，能抟力，能杀力。制度察则民力抟，抟而不化则不行，行而无富则生乱。故治国者，其抟力也，以富国强兵也；其杀力也，以事敌劝民也。"[3]治理国家要能够集中民众的力量，也要能够消耗民众的力量。制度明白周全，民众知道该做什么，怎么做，力量就能够集中。集中了力量不发挥出来不行，发挥出来不让民众致富就会出现动乱。治理国家的人，君主聚集民众的力量是为了富国强兵；消耗民众的力量，是为了励民众上战场杀敌立功。

---

[1]《商君书·壹言》，石磊译注，中华书局2011年版，第78页。
[2]《商君书·壹言》，石磊译注，中华书局2011年版，第76页。
[3]《商君书·壹言》，石磊译注，中华书局2011年版，第78页。

"且先王能令其民蹈白刃，被矢石。其民之欲为之，非好学之，所以避害（先王能让他的臣民上刀山，迎着飞箭和飞石。他的民众想这样做，不是他们愿意这样，而是为了免于刑罚）。故吾教令：民之欲利者，非耕不得；避害者，非战不免（所以君主的教令：百姓想追求利益，不耕田，就得不到；想避免刑罚，不去作战，就不能免除）。境内之民莫不先务耕战，而后得其所乐。故地少粟多，民少兵强。能行二者于境内，则霸王之道毕矣（国内民众没有不先致力于耕战然后才得遂其所愿。所以田地少而粮食多，人民少而兵力强。能在国内做到这两点，就能够成就王道霸业了）。"[1] 让民众非耕无所得利，非战无所避害。民众就会专心耕战。

法家一再强调，民众并非愿意耕战，司马迁说："夫用贫求富，农不如工，工不如商，刺绣文不如倚市门，此言末业，贫者之资也（要从贫穷达到富有，务农不如做工，做工不如经商，刺绣织锦不如倚门卖笑，这里所说的经商末业，是穷人致富凭借的手段）。"[2] 发财致富的行业，农业排列最下，当兵根本就无足挂齿。治理民众要想办法使得民众愿意种田，甘心上战场赴死。法家在这方面做了许多探讨："夫民之情，朴则生劳而易力，穷则生知而权利。"[3] 民众的本性是朴实就愿意劳作

---

[1] 《商君书·慎法》，石磊译注，中华书局2011年版，第172页。

[2] 司马迁：《史记卷129·货殖列传》，中华书局标点本。

[3] 《商君书·算地》，石磊译注，中华书局2011年版，第58页。

而不吝惜出力，贫穷则心眼多而好权衡利弊。"易力则轻死而乐用，权利则畏罚而易苦。易苦则地力尽，乐用则兵力尽。"①不惜力则不怕死而乐为君主所用，好权衡利弊则畏惧刑罚而不怕吃苦。不怕吃苦就能够好好种田，愿为君主所用则勇于上战场拼命。"夫治国者，能尽地力而致民死者，名与利交至。"②治国者能够让民众好好种地，拼命打仗，名利便可得到。

"国无怨民曰强国。兴兵而伐，则武爵武任，必胜。按兵而农，粟爵粟任，则国富。兵起而胜敌、按兵而国富者王。"③国内没有对君主有怨言的民众叫强国，如果发兵去攻打别国，那么就要按军功的多少授予他们官职和爵位，就一定会取胜。如果按兵不动，从事农耕，那么就按生产缴纳粮食的多少，授予官职和爵位，国家就一定富裕。发兵打仗就能战胜敌人，按兵不动就富足的国家就能称王天下。

韩非也说："故民尽死力以从其上。夫耕之用力也劳，而民为之者，曰：可得以富也。战之为事也危，而民为之者，曰：可得以富也。战之为事也危，而民为之者，曰：可得以贵也。"④民众也知道耕地吃苦，上战场危险，之所以不惧艰苦，不怕危险，是因为此为唯一能够得到富贵的途径。

---

① 《商君书·算地》，石磊译注，中华书局2011年版，第58页。
② 《商君书·算地》，石磊译注，中华书局2011年版，第58页。
③ 《商君书·去强》，石磊译注，中华书局2011年版，第46页。
④ 《韩非子·五蠹》，高华平、王齐洲、张三夕译注，中华书局2010年版，第714页。

五、民性之弹压

法家强调治民要弱民，切忌强民。"民弱国强；民强国弱。故有道之国，务在弱民。"[1]治理民众一定要注意，不能让民众的家族、集团、帮派以及各种群体强大起来。否则会威胁君主统治。所以君主一定要保证自己的势力对民众占绝对优势。

商鞅说：民众与君主的势力也有一个相互高低起伏问题。商鞅说："政作民之所恶，民弱；政作民之所乐，民强。民弱国强。民强国弱（政策建立民众所憎恶的东西，民众就弱；政策建立民众所喜欢的东西，民众就强。民众弱，国家就强；民众强，国家就弱）。故民之所乐民强，民强而强之，兵重弱（民众所喜欢的是民众强；如果民众强了，而政策又使他们更强，结果，兵力就弱而又弱了）。民之所乐民强，民强而弱之，兵重强（民众所喜欢的是民众强；如果民众强了，而政策又使他们转弱，结果，兵力就强而又强了）。故以强重弱，削；以弱重强，王（所以实行强民的政策，以致兵力弱而又弱，国家就减弱；实行弱民的政策，以致兵力强而又强，就能成就王业）。以强攻强弱，强存；以弱政弱强，强去（用强民的政策攻治强民和弱民，强民是仍然存在；用弱民的政策攻治弱民和强民，强民就会消灭）。强存则弱；强去则王。故以强攻弱，削；以弱攻强，王也（强民存在，国家就弱；强民消

① 《商君书·弱民》，石磊译注，中华书局2011年版，第148页。

灭，就能成就王业。可见，用强民政策统治强民，国家就会削弱；用弱民政策统治强民，就能成就王业）。"总之，治理国家一定着眼于使民众弱于君主，一旦民众强大于君主，就敢于与政权叫板。比如在西汉末年，强宗豪族就开始建筑坞堡，"时赵、魏豪右往往屯聚，清河大姓赵纲遂于县界起坞壁，缮甲兵。"① 东汉末年的战乱和基层组织的破坏，导致一些以血缘关系为基础的地方性武装自卫集团的出现，强宗豪族率领宗族据险守隘，因而坞堡有了很大发展。西晋末年战乱和社会基层组织的破坏更为严重，坞堡壁垒更是遍布于北方地区，在十六国时期达到它的高峰，成为战乱时代一种特殊的聚居方式，史称"永嘉之乱，百姓流亡，所在屯聚"。"于时豪杰所在屯聚。"②《汉书·酷吏列传》记载了西汉的地方豪强如何厉害，敢与官府叫板：

"济南瞷氏宗人三百余家，豪猾，二千石莫能制"③，二千石是郡守，相当于今日地市级领导，就连三百家的宗族都控制不住。

"大姓西高氏、东高氏，自郡吏以下皆畏避之，莫敢与忤，咸曰：'宁负二千石，无负豪大家。'宾客放为盗贼，发，辄入高氏，吏不敢追。浸浸日多，道路张弓拔刃，然后敢

---

① 范晔：《后汉书卷77·酷吏列传·李章传》，中华书局标点本。
② 房玄龄：《晋书卷70·苏峻传》，中华书局标点本。
③ 班固：《汉书卷90·酷吏列传·郅都传》，中华书局标点本。

行，其乱如此。"①地方大姓横行不法，百姓宁得罪二千石也不敢得罪大姓。

汉代对土地、财产的兼并现象虽然也曾经采取过调整措施，但是在大部分的时间里基本上处于一种放任的状态，为地方豪强的崛起奠定了基础。西汉末年，地方豪强势力强大，汉光武帝刘秀就是依靠他们的势力登上帝位的。刘秀一统天下之后，曾采取过"度田"等试图抑制豪强势力的努力，但都以失败而告终。地方豪强势力遂一发而不可收拾，日益坐大。他们控制百姓，操纵地方政府，影响中央决策，势力十分强大。河东大豪强范先滥杀官员事件即反映了这种状况。曹操派杜畿为河东太守。杜畿一到河东，范先便动杀机。"范先欲杀畿以威众。且观畿去就，於门下斩杀主簿已下三十余人，畿举动自若。于是，固曰：'杀之无损，徒有恶名；且制之在我。'遂奉之。"②范先想用杀掉杜畿来威吓众人，又想观察杜畿的去向，就在门下处死主簿以下官吏三十多人。杜畿神态自若，举止如常。范先感到杜畿易于控制，就奉他为太守。范先、卫固的势力相当大，为了震下朝廷派的地方大员杜畿，敢擅杀杜畿的部下，一杀就是三十多人。

不光是地方豪强横行威胁国家统治，还有一些游侠，其声望、其感召力连官府都难望其项背。《史记·游侠列传》载：

① 班固：《汉书卷90·酷吏列传》，中华书局标点本。
② 陈寿：《三国志卷16·魏志·任苏杜郑仓传》，中华书局标点本。

"剧孟者，洛阳人也。周人以商贾为资，剧孟以侠显。吴、楚反时，条侯（周亚夫）为太尉，乘传东，将至河南，得剧孟，喜曰：'吴、楚举大事而不求剧孟，吾知其无能为已。'天下骚动，大将军得之若一敌国云。……然孟母死，自远方送丧盖千乘。"①西汉居孟不过一介平民，只因行侠仗义，其社会影响竟然大到能够决定当时吴、楚藩王叛乱和周亚夫平叛之成败的关键要素之一。

"郭解，河内轵人也，温善相人许负外孙也。解父任侠，孝文时诛死。解为人静悍，不饮酒。少时阴贼感慨，不快意，所杀甚众。以躯借友报仇，臧命作奸剽攻，休乃铸钱掘冢，不可胜数。适有天幸，窘急常得脱，若遇赦。"郭解是个杀人越货、掘坟盗墓的恶棍，但很有心计，为人阴滑，在地痞流氓中很讲义气，肯为别人舍命。所以在民间有相当的感召力。"及徙豪茂陵也，解贫，不中訾。吏恐，不敢不徙。卫将军为言：'郭解家贫，不中徙。'上曰：'解布衣，权至使将军，此其家不贫！'解徙，诸公送者出千余万。解入关，关中贤豪知与不和，闻其声，争交欢解。"②郭解社会影响极大，以致汉武帝命令迁关东富豪入关时，大将军卫青都为郭解求情。郭解出发时送行的人们送他千万钱。郭解迁移到关中，关中的贤人豪杰无论从前是否知道郭解，如今听到他的名声，都争着与郭解结

① 司马迁：《史记卷124·游侠列传》，中华书局标点本。
② 司马迁：《史记卷92·游侠列传》，中华书局标点本。

为好朋友。

为了对付强大的臣下势力，商鞅十分注重君主实力强大："虽桀为主，不肯诎半辞以下其敌。外不能战，内不能守，虽尧为主，不能以不臣谐所谓不若之国。自此观之，国之所以重，主之所以尊者，力也。"[1]只要有实力，夏桀这样的暴君也不肯说半句软话向敌人示弱。如果没有实力，虽尧这样的贤君也不得不向不如人家的国家求和。所以，国家受到重视，君主受到天下的尊重，全靠实力。

当然，商鞅与韩非还是有所不同。韩非只讲实力，商鞅是实力与使用实力的方法都讲："凡知道者，势、数（方法）也。故先王不恃其强，而恃其势；不恃其信，而恃其数。"先王不依仗强硬而依仗实力；不靠忠信而靠统治方法。"今夫飞蓬遇飘风，而行千里，乘风之势也。探渊者知千仞之深，县绳之数也。故托其势者，虽远必至。守其数者，虽深必得。"[2]一根断了根的干草能够飘行千里，是乘着风的势力；千仞之深渊，用绳尺也能够测量出深度，这是有一套正确的测量方法。"今夫幽夜，山陵之大，而离娄不见；清朝日韺（一音团，意明)，则上别飞鸟，下察秋毫，故目之见也，托日之势也。"[3]漆黑深夜，再好的眼神也看不见山陵；朝阳明日之下，飞鸟毫

---

[1]《商君书·慎法》，石磊译注，中华书局2011年版，第172页。

[2]《商君书·禁使》，石磊译注，中华书局2011年版，第165页。

[3]《商君书·禁使》，石磊译注，中华书局2011年版，第165页。

毛都能够看清楚。"得势之至，不参官而洁，陈数而物当。"①
有了正确利用势的方法，不用多设官员而有廉洁的效果，使用
合适的方法，各种事情都能够得到恰当的处理。"今恃多官众
吏，官立丞、监。夫置丞立监者，且以禁人之为利也。而丞监
亦欲为利，则何以相禁？故恃丞监而治者，仅存之治也。通数
者不然也。别其势，难其道，故曰：其势难匿者，虽跖不为非
焉。故先王贵势。"②但依靠机构完备、官员众多，不足杜绝以
手下人谋取私利。靠机构完备官员众多，君主统治只能勉强存
在。要是有了正确使用实力的方法，就能够阻塞手下人谋取私
利的通道，使官员不敢为非。

使用势的方法正确，硬实力再小也能够强大起来。商鞅
说："苟有道，里地足容身，士民可致也。苟容市井，财货可
众也。"③方法正确，里许土地就能容身，大量人才可以被吸
引来。只要能够被市井接纳，很快就能得到很多财富。关键是
治道正确否。"有土者不可以言贫。有民者不可以言弱。地诚
任，不患无财。民诚用，不畏强暴。德明教行，则能以民之有
为己用矣。故明主者用非其有，使非其民。明王之所贵，惟爵
其实，爵其实而荣显之。不荣则民不急列位；不显则民不事
爵；爵易得也，则民不贵上爵；列爵禄赏不道其门，则民不以

---

① 《商君书·禁使》，石磊译注，中华书局2011年版，第165页。
② 《商君书·禁使》，石磊译注，中华书局2011年版，第165页。
③ 《商君书·错法》，石磊译注，中华书局2011年版，第83页。

死争位矣。"① 怎么样使民众为己所用？因功予爵。得到爵位的人尊显。爵位不尊显则民众不重视。爵位赏赐不按公平的制度民众就不会为之拼死而获取。为什么强调爵位赏赐公平获取呢？因为这符合人性趋利避害的本性。"人生而有好恶，故民可治也。人君不可以不审好恶。好恶者，赏罚之本也。夫人情好爵禄而恶刑罚，人君设二者以御民之志，而立所欲焉。夫民力尽而爵随之，功立而赏随之，人君能使其民信于此如明日月，则兵无敌矣。"② 只要不偏离趋利避害的人性赏罚制度一定能够激发出民众的积极性。"是以明君之使其民也，使必尽力以规其功，功立而富贵随之，无私德也，故教流成。如此，则臣忠君明，治著而兵强矣。"③ 所以君主使用民众要让他们尽全力来谋求立功，功立了，而富贵便随之而来。除此之外没有私下的奖赏。

---

① 《商君书·错法》，石磊译注 中华书局2011年版，第83页。
② 《商君书·错法》，石磊译注 中华书局2011年版，第83页。
③ 《商君书·错法》，石磊译注 中华书局2011年版，第84页。

第四讲
法家论君臣

法家强调君主集权，可是君主不可能事事自己一人去干，离不开群臣去贯彻落实君主的意志。可是，群臣能够实心实意地贯彻落实君主的意志吗？

法家不是傻瓜，对君臣关系看得很透，知道臣子不会真心诚意地为君主所用。不仅如此，如果能够获取个人利益，甚至会做不利于君主的事情。这就看君主如何驾驭臣子，如果驾驭得好，应该能够防范得住。秦国这方面就比较成功。

一、君臣之利益博弈

韩非认为，君主绝对不能相信手下的人，因为人际之间的关系是利益博弈关系。"人主之患在于信人。信人，则制于人（君主的祸患在于太相信手下的人，相信手下的人就受制于手下的人）。人臣之于其君，非有骨肉之亲也，缚于势而不得不事也。故为人臣者，窥觇其君心也无须臾之休，而人主怠傲处上，此世所以有劫君弑主也（臣子与君主无骨肉之亲，畏于君主权势不得不侍奉君主。臣子随时窥测君主，君主却怠慢倨傲高居于上，所以世上常有劫君弑主者）。为人主而大信其子，则奸臣得乘于子以成其私，故李兑傅赵王而饿主父。为人主而大信其妻，则奸臣得乘于妻以成其私，故优施傅丽姬杀申生而立奚齐。夫以妻之近与子之亲而犹不可信，则其余无可信者矣（君主爱其子，奸臣就利用其子达到自己的目的。李兑通过辅助赵惠文王饿死了赵武灵王。君主太信其妻妾，优施帮助骊姬害死申生而立奚齐）。"①

"且万乘之主，千乘之君，后妃、夫人适子为太子者，或有欲其君之蚤死者。何以知其然（大大小小国家的君主，他们的原妻正配所生嫡子做了太子的，还有盼着自己的父君早死的。怎么知道会是这样的呢）？夫妻者，非有骨肉之恩也，爱则亲，不爱则疏。语曰：'其母好者其子抱。'然则其为之反也，其母恶者其子释。丈夫年五十而好色未解也，妇人年三十而美色衰矣。以衰美之妇人事好色之丈夫，则身见疏贱，而子

_____

① 《韩非子·备内》，高华平、王齐洲、张三夕译注，中华书局2010年版，第161页。

疑不为后，此后妃、夫人之所以冀其君之死者也(夫与妻没有骨肉的恩情，丈夫宠爱就亲近，不宠爱就疏远。俗话说：母亲美的，其子就受宠爱。母亲丑的，其子就被疏远。男子五十岁而好色之心不减，妇女三十岁美貌就衰减了。用色衰的妇女侍奉好色的男子，自己就会被疏远卑视，而担心儿子不能成为继承人，这正是妻子们盼望君主早死的原因)。唯母为后而子为主，则令无不行，禁无不止，男女之乐不减于先君，而擅万乘不疑，此鸩毒扼昧之所以用也。故《桃左春秋》曰：'人主之疾死者不能处半。'人主弗知，则乱多资。故曰：利君死者众，则人主危（只有当母亲做了太后而儿子做了君主以后，那时就会令无不行，禁无不止，男女乐事不减于先君在时，而独掌国家大权无疑，这正是用毒酒、用绞杀事件产生的原因。所以《桃左春秋》上说：君主因病而死的不到半数。君主不懂得这个道理，奸臣作乱就有了更多的凭借。所以说，认为君主死亡对自己有利的人多，君主就危险）。故王良爱马，越王勾践爱人，为战与驰。医善吮人之伤，含人之血，非骨肉之亲也，利所加也。故舆人成舆，则欲人之富贵；匠人成棺，则欲人之夭死也。非舆人仁而匠人贼也，人不贵，则舆不售；人不死，则棺不买。情非憎人也，利在人之死也。故后妃、夫人太子之党成而欲君之死也，君不死，则势不重。情非憎君也，利在君之死也。故人主不可以不加心于利己死者（所以王良爱马，越王勾践爱民，就是为了打仗和奔驰。医生善于吸吮病人的伤口，口含病人的污血，不是因为有骨肉之亲，而是因为利益所在。所以车匠造好车子，就希望别人富贵；棺材匠做好棺材，就希望别人早死。并不是车匠仁慈而棺材匠狠毒：别人不富贵，车子就卖不掉；别人不死，棺材就没人买。本意并非憎恨别人，而是利益就在别人的死亡上。所以后妃夫人、太子的私党结成了就会希望君主早死；如果君主不死，自己权势就不大。本意并非憎恨君主，而是利益就在君主的死亡上。所以君主不能不留心那些利在自己死亡的人）。"①

韩非认为，君臣之间利益对立，所求相反："臣主之利相与异者也。何以明之哉？曰：主利在有能而任官，臣利在无能而得事；主利在有劳而爵禄，臣利在无功而富贵；主利在豪杰使能，臣利在朋党用私。"②臣子与君主的利益是相互对立的。君主的利益在于量才授官，臣子的利益在于无能仍得任用；君主的利益在于有功劳而授予爵禄，臣子的利益在于没有功劳也得富贵；君主的利益在于让豪杰发挥才能，臣子的利益在于结党谋私。

"故君臣异心，君以计畜臣，臣以计事君，君臣之交，计也。害身而利国，臣弗为也；害国而利臣，君不行也。臣

---

① 《韩非子·备内》，高华平、王齐洲、张三夕译注，中华书局2010年版，第161页。

② 《韩非子·孤愤》，高华平、王齐洲、张三夕译注，中华书局2010年版，第111页。

之情，害身无利；君之情，害国无亲。君臣也者，以计合者也。"① 君臣之间心愿不同。君主用算计之心蓄养臣子，臣子用算计之心事奉君主。君至之间的交往是靠算计。害于自己利于国家，臣子是不干的；害于国利于臣，君主是不干的。臣子的本心是，害于自己就谈不上利，君主的本心是害于国家就谈不上亲近。君臣是使用算计相互结合的。

"君臣之利异，故人臣莫忠。故臣利立而主利灭。是以奸臣者，召敌兵以内除，举外事以眩主，苟成其私利，不顾国患。"② 君主和臣下的利益不同，所以臣下没有人忠于君主。臣下得到利益，君主就失去利益。所以奸臣经常召外敌入内消灭自己的私敌，利用外交迷惑自己的君主。只要能够满足私利，不顾及国家的忧患。

"凡群臣之言事秦者，皆奸臣，非忠臣也。夫为人臣，割其主之地以求外交，偷取一旦之功而不顾其后，破公家而成私门，外挟强秦之势以内劫其主，以求割地。愿大王之熟察之也。"③ 苏秦告诫魏国君主，臣子讲与秦国连横，讨好秦国，并不是为了魏国，而是为了自己个人的私利，损害君主利益。

《战国策》中记载孟尝君的故事："谓薛公曰：'周最于

<hr/>

① 《韩非子·饰邪》，高华平、王齐洲、张三夕译注，中华书局2010年版，第184页。

② 《韩非子·内储说下六微》，高华平、王齐洲、张三夕译注，中华书局2010年版，第362页。

③ 《战国策·魏策一·苏秦为赵合纵》，缪文远、缪伟、罗永莲译注，中华书局2012年版，第678页。

齐至厚也，而逐之（有人对田文说，周最与齐国关系最深，可却被齐王罢了官）。听祝弗，相吕礼者，欲取秦也（齐王听了祝弗的话，任用吕礼为相，想与秦结盟）。秦、齐合，弗与礼重矣（齐秦结盟，祝弗和吕礼就会被重用）。有用齐者，秦必轻君（他们被齐国重用，你田文必被秦国轻视）。君弗如急北兵趋赵以和秦、魏，收周最以厚行（你田文不如加强北方的军事力量，促使赵与秦、魏结盟，并联络周最以加强自己的实力），且反齐王之信，又禁天下之变（既可以使齐王违反与秦的盟约，又防止诸侯攻齐的态度有变）。齐无秦，天下集齐（齐国没有了秦国，天下又攻击齐国），弗必走，齐王谁与为其国（祝弗就呆不下去了，齐王和谁治国呢）？’”①有人对薛公田文说，周最与齐王关系很深，还是被罢了官。你不要指望与齐王关系铁就不会被齐王疏远。你要想不被疏远，只能利用齐、秦之间的矛盾抬高自己的地位。齐王现在听信祝弗的话，任吕礼为相，为的是与秦结盟。到时祝弗和吕礼都会被重用，身在秦国的你就不会受到秦国的重视。你不如北面促使赵与秦、魏联合，并联合周最，以加强自己的势力。这样既可以使齐疏秦，违反与秦的盟约，又使诸侯坚持攻齐不变。祝弗必定在齐待不下去了。齐王只能依靠你薛公来治理国家。这个主意是让臣子不顾及自己的国家和君主的利益。

①《战国策东·周策·谓薛公曰》，缪文远、缪伟、罗永莲译注，中华书局2012年版，第21页。

　　韩非也列举了很多事例：秦武王令甘茂择所欲为于仆（管理君主车马）与行事（负责外交事务的官员）。孟卯曰："公不如为仆。公所长者，使也。公虽为仆，王犹使之于公也。公佩仆玺而为行事，是兼官也。"[1]秦武王让甘茂选择是为君主管理车马还是从事外交工作。甘茂擅长外交工作，孟卯教他选择管理君主的车马工作，而君主的外交工作也离不开甘茂，这样甘茂实际上两项权力都掌握在自己手里。这是臣子不顾国家利益追求自己个人利益最大化。

　　"子圉见孔子于商太宰。孔子出，子圉入，请问客。太宰曰：'吾已见孔子，则视子犹蚤虱之细者也。吾今见之于君。'子圉恐孔子贵于君也，因谓太宰曰：'君已见孔子，亦将视子犹蚤虱也。'太宰因弗复见也。"[2]宋国子圉引荐孔子给宋国宰相。宰相对孔子非常欣赏，说见了孔子再比较子圉，子圉简直就是只微不足道的跳蚤。他准备马上将孔子引荐给宋君。子圉怕孔子受到君主重视自己就没价值了，就提醒宰相，如果你把孔子引荐给君主，在君主眼里你也是只跳蚤。于是宰相也为了自己的利益没有将孔子引荐给君主。

　　"张谴相韩，病将死。公乘无正怀三十金而问其疾。居一日，君问张谴，曰：'若子死，将谁使代子？'答曰：'无正

<hr />

[1]《韩非子·说林上》，高华平、王齐洲、张三夕译注，中华书局2010年版，第244页。

[2]《韩非子·说林上》，高华平、王齐洲、张三夕译注，中华书局2010年版，第244页。

重法而畏上，虽然，不如公子食我之得民也。’张谴死，因相公乘无正。"① 韩国宰相张谴病重将死。公乘无正带三十金厚礼前去探视。过了一天，韩君探视张谴时问，若你死了谁接任宰相合适？张谴说，公乘无正重视法制敬畏君主，也就是说公乘无正守规矩、顺服君主，愿当奴才。而公子食我得民心会弱化对君主的顺服。在这里，张谴拿了公乘无正的好处，所以为公乘无正说话。

二、臣子如何侵害君主？

（一）八奸

"八奸"都是活动于君主身边紧贴君主的人。有一个辩士提醒赵孝成王当心被周围的人所包围、欺蒙、利用："客曰：‘燕郭（郭偃）之法，有所谓柔痈（脓包）者，王知之乎？’王曰：‘未之闻也。’‘所谓柔痈者，便辟左右之近者，及夫人、优爱孺子也。此皆能乘王之醉昏，而求所欲于王者也。是能得之乎内，则大臣为之枉法于外矣（国王身边的各类近幸趁国王溺于酒色，处于脑残状态，提出非法要求，令其无不应允）。故日月晖于外（日月被蚀，周围虽仍有光辉），其贼在于内（毛病却深藏在里面）。谨备其所憎，而祸在于所爱

---

① 《韩非子·说林上》，高华平、王齐洲、张三夕译注，中华书局2010年版，第255页。

（虽然谨慎防备其所憎恶的人，但祸患就可能出现在所爱的人）'"①这个辩士提醒赵孝成王警惕周围的宠幸和近习。

"凡人臣之所道成奸者有八术：一曰在同床，二曰在旁，三曰父兄，四曰养殃，五曰民萌，六曰流行，七曰威强，八曰四方。"②君主周围有这八类奸人，这八类奸人谋私，损害君主。

韩非详解这八类奸人："何谓同床？曰：贵夫人，爱孺子，便僻好色，此人主之所惑也。托于燕处之虞，乘醉饱之时，而求其所欲，此必听之术也。为人臣者内事之以金玉，使惑其主，此之谓'同床'（'同床'就是君主身边的大小老婆，整天迷惑君主，其祈求君主无不应允。所以臣子就收买君主身边的这些美女，通过她们达到自己的目的）。""二曰在旁。何谓在旁？曰：优笑侏儒，左右近习，此人主未命而唯唯，未使而诺诺，先意承旨，观貌察色以先主心者也。此皆俱进俱退，皆应皆对，一辞同轨以移主心者也。为人臣者内事之以金玉玩好，外为之行不法，使之化其主，此之谓'在旁'（'在旁'是指平日供君主消遣的俳优、侏儒，还有君主身边的侍从、亲信。这些人君主还没有下命令就开始点头哈腰，还没有指派任务就应承顺从，君主的意图还没有表达出来他们就已经按照君主将要表达的意思办了，察言观色先猜测出君

---

① 《战国策·赵策四·客见赵王曰》，缪文远、缪伟、罗永莲译注，中华书局2012年版，第650页。

② 《韩非子·八奸》，高华平、王齐洲、张三夕译注，中华书局2010年版，第70页。

主的意思。这些人与君主一同进出、一同应对事物，只要他们统一口径统一行动，就能够改变君主的想法）。""三曰父兄。何谓父兄？曰：侧室公子，人主之所亲爱也；大臣廷吏，人主之所与度计也。此皆尽力毕议，人主之所必听也。为人臣者事公子侧室以音声子女，收大臣廷吏以辞言，处约言事，事成则进爵益禄，以劝其心，使犯其主，此之谓'父兄'（'父兄'是指嫡出之外的叔伯和兄弟，他们是君主所亲近宠爱的人，都担任了大臣和朝廷的官员，与君主一起谋划国事。这些人竭力为君主谋划，君主一定会听从的。底下的臣子竭力用音乐美女花言巧语来收买'父兄'，让他们干扰君主，为自己加官进爵谋利）。""四曰养殃。何谓养殃？曰：人主乐美宫室台池，好饰子女狗马以娱其心，此人主之殃也。为人臣者尽民力以美宫室台池，重赋敛以饰子女狗马，以娱其主而乱其心，从其所欲，而树私利其间，此谓'养殃'（'养殃'是指君主喜欢修饰宫室楼台池沼，喜欢打扮女子狗马，以供自己欢娱）。""五曰民萌。何谓民萌？曰：为人臣者散公财以说民人（散公财取悦人民），行小惠以取百姓（行小恩小惠收买百姓），使朝廷市井皆劝誉己（使朝廷和百姓都称誉自己），以塞其主而成其所欲（蒙蔽君主，逞其所欲），此之谓'民萌'。""六曰流行。何谓流行？曰：人主者，固壅其言谈，希于听论议，易移以辩说（君主本来就锢塞了与别人交流的通道，很少听到不同的议论，容易被各种辩说所左右）。为人臣者求诸侯之辩士，养国中之能说者，使之以语其私。为巧文之言、流行之辞，示之以利势，惧之以患害，施属虚辞以坏其主（臣子豢养一批辩说之士、能说会道之人，对君主诱导、施压、恐吓，用假话危害君主），此之谓'流行'。""七曰威强。何谓威强？曰：君人者，以群臣百姓为威强者也。群臣百姓之所善之，则君善之；非群臣百姓之所善，则君不善之（君主视百姓为统治基础，故善百姓之所善，不善百姓之所不善）。为人臣者，聚带剑之客，养必死之士，以彰其威，明为己者必利，不为己者必死，以恐其群臣百姓而行其私（臣子豢养亡命之徒显示自己的威风，明示顺从自己者活，不顺从自己者死，裹挟群臣百姓为自己的私利服务，以此挖君主的墙角），此之谓'威强'。""八曰四方。何谓四方？曰：君人者，国小则事大国，兵弱则畏强兵。大国之所索，小国必听；强兵之所加，弱兵必服。为人臣者，重赋敛，尽府库，虚其国以事大国，而用其威求诱其君；甚者举兵以聚边境而制敛于内，薄者数内大使以震其君，使之恐惧（弱国臣子加重百姓负担侍奉强国，给本国君主施加压力），此之谓'四方'。""凡此八者，人臣之所以道成奸，世主所以壅劫，失其所有也，不可不察焉。"[1]以上八条是君主身边的亲信奸人当

① 《韩非子·八奸》，高华平、王齐洲、张三夕译注，中华书局2010年版，第70页。

道，使君主被迷惑挟持失去权力的原因。今日在我们的领导身边也有不少这类人，所以习近平总书记特别叮嘱广大干部要管好身边的人。"对领导干部来说，在抓好自身修行的同时，还要管好家属和下属等'身边人'。"

（二）谋私的权臣排斥欲效忠君主的法术之士

权臣利用权力破坏法度，更排斥陷害守法之臣。"智术之士，必远见而明察，不明察，不能烛私（通晓治术的人，必然识见高远而明察；不明察，就不能洞察隐私）；能法之士，必强毅而劲直，不劲直，不能矫奸（能够推行法治的人，必须坚决果断并刚强正直；不刚强正直，就不能矫正邪恶）。人臣循令而从事，案法而治官，非谓重人也。重人也者，无令而擅为，亏法以利私，耗国以便家，力能得其君，此所为重人为（臣子遵循法令办事，依法履职，这不叫'重人'。所谓'重人'，就是无视法令独断专行，为私家牟利，损公肥私，个人势力能控制君主，这才叫做'重人'）。智术之士明察，听用，且烛重人之阴情；能法之士劲直，听用，且矫重人之奸行（懂得统治术的人明察秋毫，其主张若被采纳，自身若被任用，将会洞察'重人'的阴私；他们若被任用，将会矫正'重人'的邪恶行为）。故智术能法之士用，则贵重之臣必在绳之外矣。是智法之士与当涂之人，不可两存之仇也（因此，懂得治术和善用法治的人若被任用，那么位尊权重之臣必定为法度所不容。如此，明法守法的人与当权的重臣，是不可并存的仇敌）。"[①]"智术之士"、"能法之士"能够洞察奸臣阻止违法，所以与危害君主的"重人"势不两立。

"当涂之人擅事要，则外内为之用矣（当权的重臣独揽大权，那么外交和内政就要被他利用了）。是以诸侯不因，则事不应，故敌国为之讼；百官不因，则业不进，故群臣为之用；郎中不因，则不得近主，故左右为之匿；学士不因，则养禄薄礼卑，故学士为之谈也（由此，外国诸侯不依凭他，其在我国的利益就得不到照应，所以实力相当的国家会为他说好话；各级官吏不依靠他，业绩就不能上达，所以官吏们纷纷为他出力；君主的侍从官不依靠他，就不能接近君主，所以帮他隐瞒罪行；学士不依靠他，就会俸禄薄而礼遇卑，所以学士为他说好话）。此四助者，邪臣之所以自饰也。重人不能忠主而进其仇，人主不能越四助而烛察其臣，故人主愈弊而大臣愈重（这四种帮凶被奸邪之臣用来掩饰自己。'重人'不能忠于君主而推荐与自己相仇的法术之士，君主不能越过'重人'的四种帮凶来洞察他的臣下，所以君主越来越受蒙蔽，而'重人'的权势越来越大）。"[②]朝廷中的当道者垄断君主的视听，诸侯、

---

① 《韩非子·孤愤》，高华平、王齐洲、张三夕译注，中华书局2010年版，第106—107页。

② 《韩非子·孤愤》，高华平、王齐洲、张三夕译注，中华书局2010年版，第107页。

百官、郎中、学士不通过他就不能够从君主那里得其所愿，所以他们不得不在君主面前为当道者说话。结果是君主日益被蒙蔽，当道者日益控制国家大权。

"凡当涂者之于人主也，希不信爱也，又且习故（当道掌权者为君主所信任和宠爱，为君主亲昵和熟悉）。若夫即主心、同乎好恶，固其所自进也（投合君主心意，迎合君主好恶是其得到进用的手段）。官爵贵重，朋党又众，而一国为之讼（当道者官高位重，朋党多，一国上下都为他说话）。则法术之士欲干上者，非有所信爱之亲，习故之泽也，又将以法术之言矫人主阿辟之心，是与人主相反也（法术之士不受君主信爱，没有受过君主的恩泽，还想纠正君主，这是与君主心意相反的）。处势卑贱，无党孤特。夫以疏远与近爱信争，其数不胜也；以新旅与习故争，其数不胜也；以反主意与同好恶争，其数不胜也；以轻贱与贵重争，其数不胜也；以一口与一国争，其数不胜也。法术之士操五不胜之势，以岁数而又不得见；当涂之人乘五胜之资，而旦暮独说于前。故法术之士奚道得进，而人主奚时得悟乎？故资必不胜而势不两存，法术之士焉得不危（法术之士与当道者相比在五个方面处于劣势：一是与君主疏远的和与君主亲近的人争，二是外来旅客与君主亲密熟悉的人争，三是与君主心意相违反和与迎合君主好恶的人争，四是以低微低贱的地位与官爵尊贵的人争，用一张嘴与附和当道者的许多张嘴争。法术之士岂能有胜算）！其可以罪过诬者，以公法而诛之；其不可被以罪过者，以私剑而穷之。是明法术而逆主上者，不戮于吏诛，必死于私剑矣（当道者对法术之士可以罗织罪名的，就借公法诛杀之，不可以罗织罪名的，就派剑客刺杀之）。"①当道者和法术之士与君主的关系不一样。法术之士与君主的关系是制度范围之内的例行公事，干巴巴、冷冰冰。当道者与君主的关系是制度之外的喜好、情感、习性、美感、荣辱感这些非制度的联系。后者对君主的影响远远大于前者。

"凡奸臣皆欲顺人主之心以取亲幸之势者也。是以主有所善，臣从而誉之；主有所憎，臣因而毁之（凡奸臣都想顺从君主的心意来取得君主亲幸的权势。君有所喜欢，奸臣从而赞誉之，君主有所憎恶，奸臣就从而毁谤之）。凡人之大体，取舍同者则相是也，取舍异者则相非也。今人臣之所誉者，人主之所是也，此之谓同取；人臣之所毁者，人主之所非也，此之谓同舍。夫取舍合而柜与逆者，未尝闻也。此人臣之所以信幸之道也（君主喜欢臣子说的和他的想法一致。臣子就用这个博取君主宠信）。夫奸臣得乘信幸之势以毁誉进退群臣者，人主非有术数以御之也，非参验以审之也，必将以曩之合己信今之言，此幸臣之所以得欺主成私者也（奸臣能够凭借宠幸的地位

①《韩非子·孤愤》，高华平、王齐洲、张三夕译注，中华书局2010年版，第107页。

来诋毁或夸奖、提升或罢免群臣，如果君主没有法术来驾驭他，不用检验的方法来考察他，必会因为他过去与自己意见相同而轻信他现在的话，这是宠臣所以能够欺骗君主成就私意的原因）。故主必欺于上而臣必重于下矣，此之谓擅主之臣（所以君主在上面必受蒙蔽，而奸臣必在下握重权，这就叫做控制君主的臣子）。"①权臣好恶顺应君主，与君主取舍相一致，从而得到君主的信任和宠幸，权臣由此得以横行。

"夫为人主而身察百官，则日不足，力不给。且上用目，则下饰观；上用耳，则下饰声；上用虑，则下繁辞（君主亲自考察百官，就会时间不够，精力不足。而且君主用眼睛看，臣子就修饰外表；君主用耳朵听，臣子就修饰言辞；君主用脑子想，臣子就夸夸其谈）。"②君主不用法制，靠自己的耳目感官和思维，臣子就会在耳目感官方面的表象上作假，让君主在耳目感官上感受到自己英明、自己正确，有此特别自信，感觉不到自己在受骗。当道者往往善于迎合君主。

韩非还指出，当道者广受朋党的支持。"朋党比周以弊主，言曲以便私者，必信于重人矣（党羽勾结串通一气来蒙蔽君主，巧言歪曲事实来便利私家者，必会受到重臣信任）。故其可以攻伐借者，以官爵贵之；其不可借以美名者，以外权重

①《韩非子·奸劫弑臣》，高华平、王齐洲、张三夕译注，中华书局2010年版，第129—130页。

②《韩非子·有度》，高华平、王齐洲、张三夕译注，中华书局2010年版，第48页。

之（所以对那些可用功劳做借口的，就封官赐爵使他们显贵；对那些不可用好名声做借口的，就用外交职权重用他们）。是以弊主上而趋于私门者，不显于官爵，必重于外权矣（蒙蔽君主并投向当道者私门的人，不在官爵上显赫，就一定会借助外国诸侯势力显贵）。今人主不合参验而行诛，不待见功而爵禄，故法术之士安能蒙死亡而进其说？奸邪之臣安肯乘利而退其身？故主上愈卑，私门益尊（今君主不验证核查就实行诛戮，不等建立功劳就授予爵禄，因此法术之士怎能冒死去向上陈述自己的主张？奸邪之臣又怎能趁着有利时机而自动引退？所以君主地位就越来越低，重臣权势就越来越大）。"[1] 由于有当道者的支持，其朋党占据绝对优势，朋党反过来又支持当道者。所以在君主面前法术之士为何打不过求取私利的当道者，君主为什么不断被削弱，私门势力为什么日益壮大，这就是原因。韩非通过讲故事比喻君主周围坏人相互支持："州侯相荆，贵而主断。荆王疑之，因问左右，左右对曰：'无有。'如出一口也。"[2] 楚顷襄王的宠臣州侯做楚国的令尹，地位尊贵而独断专行。楚王怀疑他有不轨的企图，询问身边的近臣，身边的近臣都回答说没有，如同一张嘴说出的。韩非还讲了一个故事："燕人，其妻有私通于士，其夫早自外而来，士适出。

---

[1]《韩非子·孤愤》，高华平、王齐洲、张三夕译注，中华书局2010年版，第107—108页。

[2]《韩非子·内储说下·六微》，高华平、王齐洲、张三夕译注，中华书局2010年版，第360页。

夫曰：'何客也？'其妻曰：'无客。'问左右，左右言'无有'，如出一口。其妻曰：'公惑易也。'因浴之以狗矢。"①有一个燕国人，其妻与一个士人通奸，她的丈夫早晨从外面回来，这个士人正好从他的家里出来。丈夫问妻子，哪来的客人？妻子说没有客人。问身边的仆人，仆人们都说没有客人，如出一口。他的妻子说老公你的神志惑乱了，就用狗屎给他浴身。"一曰：燕人李季好远出，其妻私有通于士，季突至，士在内中，妻患之。其室妇曰：'令公子裸而解发，直出门，吾属偾不见也。'于是公子从其计，疾走出门。季曰：'是何人也？'家室皆曰：'无有。'季曰：'吾见鬼乎？'妇人曰：'然。''为之奈何？'曰：'取五牲之矢浴之。'季曰：'诺。'乃浴以矢。一曰浴以兰汤。"②另一种说法是，燕人李季外出回家，他妻子正和一个士人私通。妻子担心败露，女仆出主意，让这位士人赤身裸体披头散发冲出门去。李季问这是什么人，妻子和女仆们都说没有。李季说我见到鬼了吗？妻子说是的。李季问怎么办，妻子说用五种牲畜的屎洗身。李季答应了。也有说是用兰草煮的热水洗身。这个故事讲的是平民，其实是比喻君主被周围臣子所包围、所左右的处境。

---

① 《韩非子·内储说下·六微》，高华平、王齐洲、张三夕译注，中华书局2010年版，第361页。
② 《韩非子·内储说下·六微》，高华平、王齐洲、张三夕译注，中华书局2010年版，第361页。

（三）欺蒙君主，排斥良臣

韩非讲了很多故事，或者直接叙述史实，或者讲故事打比喻，说明奸臣之阴险狡诈，君主被奸臣玩弄于股掌。

"叔孙相鲁，贵而主断。其所爱者曰竖牛，亦擅用叔孙之令（叔孙豹做鲁相，地位尊贵而专权独断。他所宠爱的是竖牛，竖牛独揽了叔孙豹的号令）。叔孙有子曰壬，竖牛妒而欲杀之，因与壬游于鲁君所（叔孙豹有个儿子叫仲壬，竖牛嫉妒他，想杀了他，因而和仲壬一起到鲁君住处去游玩）。鲁君赐之玉环，壬拜受之而不敢佩，使竖牛请之叔孙。竖牛欺之曰：'吾已为尔请之矣，俾尔佩之。'壬因佩之（鲁君赐给仲壬玉环，仲壬接受了，但不敢佩戴，就让竖牛向叔孙豹请示。竖牛骗他说：我已替你请示过了，他叫你佩戴玉环。仲壬就佩戴了）。竖牛因谓叔孙：'何不见壬于君乎？'叔孙曰：'孺子何足见也。''壬固己数见于君矣。君赐之玉环，壬已佩之矣。'叔孙召壬见之，而果佩之，叔孙怒而杀壬（竖牛趁机对叔孙豹说：为什么不带仲壬去见见君主呢？叔孙豹说：小孩子哪能见君主。竖牛说：仲壬本来就多次见过君主了。君主赐给他玉环，他已佩戴上了。叔孙豹就召见仲壬，仲壬果然佩戴着玉环，叔孙豹愤怒地杀了他）。壬兄曰丙，竖牛又妒而欲杀之。叔孙为丙铸钟，钟成，丙不敢击，使竖牛请之叔孙。竖牛不为请，又欺之曰：'吾已为尔请之矣，使尔击之。'丙因击之。叔孙闻之曰：'丙不请而擅击钟。'怒而逐之。丙出走齐（仲壬的哥哥叫孟丙，竖牛又嫉妒他想杀死他。叔孙给孟丙铸了口钟，钟铸成后，孟丙不敢擅自敲钟，让竖牛向叔孙请示。竖牛不帮他请示，又骗他说：我已帮你请示过了，他让你敲钟。孟丙就敲了钟。叔孙豹听见钟声后说：孟丙不请示就擅自敲钟，就愤怒地把他赶走了。孟丙出逃到了齐国）。居一年，竖牛为谢叔孙，叔孙使竖牛召之，又不召而报之曰：'吾已召之矣，丙怒甚，不肯来。'叔孙大怒，使人杀之（一年后，竖牛假装替孟丙向叔孙豹谢罪，叔孙豹就让竖牛召回孟丙，竖牛没有去召，却报告叔孙豹说：我已召过他了，孟丙很恼怒，不肯来。叔孙十分愤怒，派人杀了孟丙）。二子已死，叔孙有病，竖牛因独养之而去左右，不内人，曰：'叔孙不欲闻人声。'不食而饿杀（两个儿子已死，叔孙豹患病，竖牛就独自侍养他，把左右近侍支走，不让人进入，说：叔孙不想听见人声。竖牛不给叔孙豹东西吃，活活把他饿死了）。叔孙已死，竖牛因不发丧也，徙其府库重宝，空之而奔齐（叔孙豹已死，而竖牛秘不发丧，把叔孙豹仓库里的宝物搬空，然后逃往齐国）。夫听所信之言而子父为人僇，此不参之患也（听了自己所偏信的人的话，结果父子都被人杀了，这就是不加验证的祸患）。"①鲁国的宰相叔孙豹虽然位高权重，却被自己的侍者竖牛给算计了。竖牛利用垄断叔孙豹与周围人包括两个儿子联系的通道，给叔孙豹的两个儿子使坏，使两个儿子被叔孙豹误杀，最后在叔孙豹病重时切断叔孙豹与周围的一切联系，饿死了叔孙豹，盗走了他的财产。韩非是要提醒君主们，君主的周围就有竖牛这样的臣子，垄断了君主对外联系的信息通道，陷害忠良，危害君主。

"庞恭与太子质于邯郸，谓魏王曰：'今一人言市有虎，王信之乎？'曰：'不信。''二人言市有虎，王信之乎？'曰：'不信。''三人言市有虎，王信之乎？'王曰：'寡人信之。'庞恭曰：'夫市之无虎也明矣，然而三人言而成虎。今邯郸之去魏也远于市，议臣者过于三人，愿王察之。'庞恭从邯郸反，竟不得见。"②三人言街市上有虎，即使没虎君主也相信有虎。君主身边人的舆论影响力大，能够左右君主对人的判断。庞恭的遭遇就是明证。

"魏王臣二人不善济阳君，济阳君因伪令人矫王命而谋攻己（魏王有两个臣子与济阳君关系不好，济阳君就令人假传王命密谋攻打自己）。王使人问济阳君曰：'谁与恨？'对曰：'无敢与恨。虽然，尝与二人不善，不足以至于此（魏王问济

---

① 《韩非子·内储说上·七术》，高华平、王齐洲、张三夕译注，中华书局2010年版，第322页。
② 《韩非子·内储说上·七术》，高华平、王齐洲、张三夕译注，中华书局2010年版，第325—326页。

阳君：谁和你有仇？济阳君说：不敢和别人有仇，但曾与两个人关系不好）。'王问左右，左右曰：'固然。'王因诛二人者（魏王左右的人也都证明是这样。魏王就杀了此二人）。"①济阳君巧借魏王之手杀掉政敌。

"季辛与爰骞相怨。司马喜新与季辛恶，因微令人杀爰骞，中山之君以为季辛也，因诛之。"②司马喜利用季辛与爰骞的矛盾，设诡计让君主杀掉了与自己交恶的季辛。

"荆王所爱妾有郑袖者。荆王新得美女，郑袖因教之曰：'王甚喜人之掩口也，为近王，必掩口。'美女入见，近王，因掩口。王问其故，郑袖曰：'此固言恶王之臭。'及王与郑袖、美女三人坐，袖因先诫御者曰：'王适有言，必亟听从王言。'美女前近王甚，数掩口。王悖然怒曰：'劓之。'御因揄刀而劓美人。"③害怕自己失宠的郑袖利用楚怀王对她的信任和新进的美人的幼稚，陷害了这个美人。韩非是用这个故事比喻奸臣陷害忠良的阴险。

"费无极，荆令尹之近者也（楚国令尹的亲信）。郤宛新事令尹，令尹甚爱之（新来的郤宛也受令尹喜欢）。无极因谓令尹曰：'君爱宛甚，何不一为酒其家（你喜欢郤宛，为什么

①《韩非子·内储说下·六微》，高华平、王齐洲、张三夕译注，中华书局2010年版，第369页。
②《韩非子·内储说下·六微》，高华平、王齐洲、张三夕译注，中华书局2010年版，第369页。
③《韩非子·内储说下·六微》，高华平、王齐洲、张三夕译注，中华书局2010年版，第370页。

不去他家办一桌酒席）？'令尹曰：'善。'因令之为具于郤宛之家（令尹让费无极在郤宛家办酒席）。无极教宛曰：'令尹甚傲而好兵，子必谨敬，先亟陈兵堂下及门庭。'宛因为之（费无极对郤宛说令尹喜欢兵器，郤宛堂下和院子门前陈列了兵器）。令尹往而大惊，曰：'此何也？'无极曰：'君殆，去之！事未可知也（令尹到了大惊，问这是怎么回事？费无极说，危险，快离开，事未可知）。'令尹大怒，举兵而诛郤宛，遂杀之（令尹举兵杀了郤宛）。"[1] 费无极编瞎话制造假象，借助楚令尹的手杀掉与自己争宠的郤宛。

"犀首与张寿为怨。陈需新入，不善犀首，因使人微杀（暗杀了）张寿。魏王以为犀首也，乃诛之。"新来的陈需借魏王杀掉了魏相犀首。就是社会地位非常低贱的人，也可以纵横捭阖，制造矛盾，借助君主谋害自己暗中憎恨的贵族。

"中山有贱公子，马甚瘦，车甚弊。左右有私不善者（其仆人有一个人与他关系不好），乃为之请王曰：'公子甚贫，马甚瘦，王何不益之马食？'王不许。左右因微令夜烧刍厩（暗中令人烧掉马料库）。王以为贱公子也，乃诛之。"[2] 伺候公子的仆人如果对主人不满意，都可以借助君主之手杀之。

"齐中大夫有夷射者，御饮于王，醉甚而出，倚于郎门

① 《韩非子·内储说下·六微》，高华平、王齐洲、张三夕译注，中华书局2010年版，第372页。
② 《韩非子·内储说下·六微》，高华平、王齐洲、张三夕译注，中华书局2010年版，第372页。

（中大夫夷射陪齐王喝酒，喝高了，倚靠在廊门上）。门者刖
跪请曰：'足下无意赐之余沥乎？'夷射曰：'叱！去！刑余
之人，何事乃敢乞饮长者！'刖跪走退（一个被砍了脚的看门
人请求夷射赏点剩酒。夷射拒绝，叱骂、羞辱之。看门人逃开
了）。及夷射去，刖跪因捐水郎门霤下，类溺者之状（夷射离
开后，看门人就在廊门的屋檐下滴水处泼了一些水，好像有人
撒过尿的样子）。明日，王出而呵之，曰：'谁溺于是？'刖
跪对曰：'臣不见也。虽然，昨日中大夫夷射立于此。'王因
诛夷射而杀之（第二天齐王出门大声呵斥：谁在这撒尿了？看
门人说：我没有看见，但是昨天我看见夷射曾站立在这）。"[1]
一个受过刑的看门人就能够使用阴招，借助君主之手杀掉一个
重要大臣，可见君主判断力之脆弱。

　　君主日常生活中也时常有类似的事情："昭僖侯之时，宰
人上食而羹中有生肝焉，昭侯召宰人之次而诮之曰：'若何为
置生肝寡人羹中（韩昭侯时，厨师上饭，肉汁中却有生肝。昭
侯召来厨师的助手，责骂他说：你为什么把生肝放到我的肉汁
中）？'宰人顿首服死罪，曰：'窃欲去尚宰人也（厨师助手
叩头承认死罪：我私下想除掉主管大王膳食的人）。'"[2]下级
想利用君主除掉自己的上级，就制造严重事故。

①《韩非子·内储说下·六微》，高华平、王齐洲、张三夕译注，中华书局
2010年版，第369页。
②《韩非子·内储说下·六微》，高华平、王齐洲、张三夕译注，中华书局
2010年版，第375页。

"僖侯浴，汤中有砾。僖侯曰：'尚浴免，则有当代者乎？'左右对曰：'有。'僖侯曰：'召而来（韩昭侯洗澡，热水中有石子。昭侯说：主管洗澡的尚浴被免职，有继任者吗？左右近侍回答说：有。昭侯说：叫他来）。'谯之曰：'何为置砾汤中？'对曰：'尚浴免，则臣得代之，是以置砾汤中（昭侯怒责继任者说：为什么在热水里放石子？他回答说：尚浴免职，我便可代替他，所以往热水中放了石子）。'"①"文公之时，宰臣上炙而发绕之。文公召宰人而谯之曰：'女欲寡人之哽耶？奚为以发绕炙（晋文公时，厨师端上烤肉，然而有头发缠在肉上。文公召厨师而怒责：你想让我噎死啊，为什么用头发缠肉）？'宰人顿首再拜请曰：'臣有死罪三：援砺砥刀，利犹干将也，切肉肉断而发不断，臣之罪一也；援木贯脔而不见发，臣之罪二也；奉炽炉，炭火尽赤红，而炙熟而发不烧，臣之罪三也。堂下得无微有疾臣者乎（厨师叩头拜了两拜请罪：我有三条死罪。第一条罪，用磨刀石把刀磨得像宝剑干将一样锋利，肉能切断，头发却切不断；第二条罪，用木签穿透肉片却没有看见头发；第三条罪，烧得很旺的炉子炭火烧得通红，肉都熟了，头发却没有烧掉。低等的侍从中该没有暗中嫉恨我的人吧）？'公曰：'善。'乃召其堂下而谯之，果然，乃诛之（文公就召来下等侍从，果真有

---

①《韩非子·内储说下·六微》，高华平、王齐洲、张三夕译注，中华书局2010年版，第375页。

嫉恨厨师的人，于是加以处罚）。"[1] 以上都是一个仆人借助君主整治另一个仆人。

奸臣之恶，君主之昏庸，造成国家加速灭亡。《战国策》载："司空马去赵，渡平原（津渡名，平原县西南）。平原津令郭遗劳而问：'秦兵下赵，上客从赵来，赵事何如？'司空马言其为赵王计而弗用，赵必亡（司空马离开邯郸，经过平原津。平原津令郭遗热情地接待他，向他打听战事：郭遗问，秦兵正在攻打赵国，您从邯郸来，请问战况如何？司空马说他为赵王设谋图存之计而赵王不采纳，赵国肯定灭亡）。平原令曰：'以上客（贵客）料之，赵何时亡？'司空马曰：'赵将武安君（李牧），期年而亡；若杀武安君不过半年（郭遗说：您估计赵国能支撑多久？司空马说：赵王若能坚持以武安君李牧为将，可支撑一年；如果错杀武安君，灭亡之期，则不出半年）。赵王之臣有韩仓者，以曲合于赵王（对赵王阿谀奉承），其交甚亲，其为人疾贤妒功臣。今国危亡，王必用其言，武安君必死（赵王臣子之中有个叫韩仓的，善于阿谀奉承，甚得赵王欢心。这个人妒贤嫉能，谗害有功之臣。如今赵国正值危亡，赵王非亲勿用必听其言，武安君必死）。'韩仓果恶之，王使人代。武安君至，使韩仓数之曰：'将军战胜，王觞将军。将军为寿于前而捍匕首，当死（韩仓果然向赵王大

---

[1]《韩非子·内储说下·六微》，高华平、王齐洲、张三夕译注，中华书局2010年版，第377页。

进李牧的谗言，赵王使人取代李牧统帅之位，令其速返邯郸。然后派韩仓找茬指责李牧：将军得胜归来，大王向你敬酒贺功，可将军回敬大王时，手紧握匕首，其心叵测，当死）。'武安君曰：'縓（zuo李牧名）病钩，身大臂短，不能及地，起居不敬，恐获死罪于前，故使工人为木杖以接手，上若不信，縓请以出示。'出之袖中，以示韩仓，状如振梱（门轴—木杖），缠之以布。'愿公入明之（武安君急忙分辩说：臣胳膊臂患了曲挛之疾，伸不直，而我的身躯高大，跪拜之时不能双手够地，臣深恐对大王不敬而触犯死罪，便叫木工做了一个假臂，大王若是不信，臣可示之于王。于是从袖中取出假肢给韩仓看。那假肢状如木橛，缠以布条。李牧恳求韩仓向赵王加以解释）。'韩仓曰：'受命于王，赐将军死不赦。臣不敢言（韩仓道："我只是受命于王赐将军死，绝不容恕，我不敢为你多言）。'武安君北百再拜赐死。缩剑将自诛，乃曰：'人臣不得自杀宫中。'过司马门，趣其疾，出棘门（司马门外的官门）也。右举剑将自诛，臂短不能及，衔剑征之于柱以自刺（口衔剑尖对着柱子自杀）。武安君死，五月赵亡（李牧朝北向赵王遥感知遇之恩，抽出宝剑准备自杀，又自语，臣子不能自杀于宫中。于是他快步走出司马门。走出司马门外的官门，李牧把剑柄抵在柱子上自杀。李牧死后才五个月，赵国就灭亡了）。"①韩仓在赵王面前给李牧使坏，使李牧枉死，加速了赵国的灭亡。

（四）暗通外国，增权固位

"陈需，魏王之臣也，善于荆王，而令荆攻魏。荆攻魏，陈需因请为魏王行解之，因以荆势相魏。"②陈需本是魏臣，却与楚王关系很好。他唆使楚攻魏，然后前往楚国为魏说和解除楚患，借助楚国势力巩固在魏国的相位。

"司马喜，中山君之臣也，而善于赵，尝以中山之谋微告赵王。"③司马喜是中山国的臣子，可他却向强大的敌国赵国暗输款诚，为自己日后留下出路。

"吕仓，魏王之臣也，而善于秦、荆。微讽秦、荆，令之攻魏，因请行和以自重也。"④吕仓是魏臣，暗中劝说秦、楚攻魏，自己前去讲和以提高自己的地位。

"公叔相韩而有攻齐，公仲甚重于王，公叔恐王之相公仲也，使齐、韩约而攻魏。公叔因内齐军于郑，以劫其君，以固其位，而信两国之约（公叔伯婴担任韩相，又要拼命和齐国交好。

---

① 《战国策·秦策五·文信侯出走》，缪文远、缪伟、罗永莲译注，中华书局2012年版，第226—227页。
② 《韩非子·内储说下六微》，高华平、王齐洲、张三夕译注，中华书局2010年版，第375页。
③ 《韩非子·内储说下六微》，高华平、王齐洲、张三夕译注，中华书局2010年版，第366页。
④ 《韩非子·内储说下六微》，高华平、王齐洲、张三夕译注，中华书局2010年版，第366—367页。

公仲朋很受韩王器重。公叔伯婴担心韩王让公仲朋担任韩相，就让齐、韩结约去攻打魏国。公叔伯婴乘机把齐军引入韩国国都，用来威胁他的君主，巩固他的相位，并重申两国的协约）。"①

"翟璜，魏王之臣也，而善于韩。乃召韩兵令之攻魏，因请为魏王构之以自重也（翟璜是魏王臣子，却又和韩国交好。他竟要召来韩国军队攻打魏国，接着自己请求替魏王去讲和，以抬高自己的位置）。"②

"宋石，魏将也；卫君，荆将也。两国构难，二子皆将。宋石遗卫君书曰：'二军相当，两旗相望，唯毋一战，战必不两存。此乃两主之事也，与子无有私怨，善者相避也。'"③宋石是魏将，卫君是楚将。两国冲突，两将将兵对峙。宋石写信对卫君说，咱俩无怨，不必为了两国君主之间的矛盾互相伤害，咱俩可以互相回避。

"白圭相魏，暴谴相韩。白圭谓暴谴曰：'子以韩辅我于魏，我以魏待子于韩，臣长用魏，子长用韩。'"④白圭任魏相，暴谴任韩相，白圭对暴谴说，你利用韩国帮助我在魏国任职，我利用魏国帮助你在韩国任职。我长期在魏国掌权，你长

---

① 《韩非子·内储说下六微》，高华平、王齐洲、张三夕译注，中华书局2010年版，第365页。

② 《韩非子·内储说下六微》，高华平、王齐洲、张三夕译注，中华书局2010年版，第365页。

③ 《韩非子·内储说下六微》，高华平、王齐洲、张三夕译注，中华书局2010年版，第367页。

④ 《韩非子·内储说下六微》，高华平、王齐洲、张三夕译注，中华书局2010年版，第367页。

期在韩国掌权。

"大成牛从赵谓申不害于韩曰：'以韩重我于赵，请以赵重子于韩。是子有两韩，我有两赵。'"①赵国宰相大成牛从赵国到韩国，对韩国宰相申不害说，你用韩国使我在赵国位重，我用赵国使你在韩国位重，这样你有两个韩国，我有两个赵国。大成牛是要利用公职身份勾结外国，为他本人谋利。

《战国策》里也记载了这类勾结外国，抬高自己在本国地位的史实："支期（魏人）说于长信侯（魏相）曰：'王命召相国。'长信侯曰：'王何以臣为？'支期曰：'臣不知也。王急召君。'长信侯曰：'吾内王于秦者，宁以为秦邪？吾以为魏也（支期对长信侯说：魏王命令召见你。长信侯问：魏王召见我做什么？支期说：我不知道，魏王急着要见你。长信侯说：我让魏王去秦国，难道是为了秦国吗？我就是为了魏国）。'支期曰：'君无为魏计，君其自为计。且安死乎？安生乎？安穷乎？安贵乎？君其先自为计，后为魏计。'长信侯曰：'楼公（秦相楼缓）将入矣，臣今从。'支期曰：'王急召君，君不行，血溅君襟矣（支期说：你不要为魏国打算了，还是先为自己想想吧。你是想死还是想活？想贫困还是想富贵？你还是先为自己考虑，再替魏国考虑吧。长信侯说：楼缓将要来了，请让我跟他同去。支期说：大王紧急召见你，你如

① 《韩非子·内储说下六微》，高华平、王齐洲、张三夕译注，中华书局2010年版，第365页。

果不去，恐怕鲜血就要溅在你衣襟上了）！’”①长信侯忽悠魏王朝见秦国，知道这会对魏王不利，心虚，不敢见魏王。

"长信侯行，支期殿其后。且见王，支期先入谓王曰：'伪病者乎而见之，臣已恐之矣（长信侯这才去见魏王，支期跟在他后面。将要见到魏王时，支期先走进去对魏王说：你装成有病的样子来接见长信侯，我已经吓唬他了）。'长信侯入见王，王曰：'病甚奈何？吾始已诺于应侯矣，意虽道死，行乎？'长信侯曰：'王毋行矣！臣能得之于应侯，愿王无忧（长信侯进来拜见魏王，魏王说：我病得这么重，怎么办呢？我当初已经答应应侯了，所以我即使死在路上也还是要去秦国。长信侯说：大王不要去了！我能让应侯免召您入秦，请君王不必担忧）。'"②魏相长信侯，与秦相应侯关系特别铁，能够让秦相应侯原谅魏王，让魏王不必入秦朝见。显然，长信侯勾结了外国势力，抬高自己在本国的地位。

"华阳（韩邑，新郑东南）之战，魏不胜秦。明年，将使段干崇（魏臣）割地而讲。孙臣（魏臣）谓魏王（魏安釐王）曰：'魏不以败之上割，可谓善用不胜矣（魏不在战败时割地，可以说是善于运用不胜的条件）；而秦不以胜之上割，可谓不能用胜矣（而秦不在战胜时要地，可以说不善于运用战胜

---

① 《战国策·魏策三·秦败魏于华》，缪文远、缪伟、罗永莲译注，中华书局2012年版，第750页。
② 《战国策·魏策三·秦败魏于华》，缪文远、缪伟、罗永莲译注，中华书局2012年版，第750—751页。

的时机）。今处期年乃欲割（如今过了一整年才打算割地），是群臣之私而王不知也（这是群臣的私心而大王不知道）。且夫欲玺（授权）者，段干子也，王因使之割地；欲地者，秦也，而王因使之受玺（想得到玺的是段干崇，大王让他去割地；想得到地的是秦，大王以地授权）。夫欲玺者制地，而欲地者制玺（想被授权的可以执行割地，想执行割地的得到了授权），其势必无魏矣（魏国的利益不被考虑）。且夫奸臣固皆欲以地事秦（奸臣都想用割地来讨好秦国）。'"[1]孙臣揭露段干崇与秦国勾结，出卖魏国利益，给自己揽权。

以下这件事讲述了魏太子为谋取个人私利如何不惜损害本国利益："魏太子在楚（当人质）。（派人）谓楼子（魏臣楼鼻）于鄢陵（河南鄢陵西北）曰：'公必且待齐、楚之合也，以救皮氏（山西河津西）。今齐、楚之理必不合矣（齐、楚的趋势必不会结盟）。彼翟子之所恶于国者，无公若矣（翟强在魏国最恨的人就是你楼鼻）。其人皆欲合齐、秦（秦昭王）外楚以轻公（翟强一定会想让齐、秦联合，疏远楚国，降低你楼鼻的地位），必谓齐王（齐宣王）曰：魏之受兵，非秦实首伐之也，楚恶魏之事（齐）王也，故劝秦攻魏（魏国被秦国攻击并非是秦国首先要攻击魏国，而是楚国恨魏国讨好齐国，所以劝秦攻魏）。齐王故欲伐楚，而又怒其不己善也，必令魏以地

①《战国策·魏策三·华阳之战》，缪文远、缪伟、罗永莲译注，中华书局2012年版，第752页。

听秦而为和（齐国想伐楚，恨楚不亲善自己，会让魏向秦割地求和）。以张子之强，有秦、韩之重（张仪有秦、韩为依托，想任魏相），齐王恶之，而魏王（魏襄王）不敢据也（齐国厌恶张仪，魏国也不敢用他）。今以齐、秦之重，外楚以轻公（现在翟强凭借齐、秦两国，疏远你所依赖的楚国，降低你楼鼻的地位），臣为公患之。钧之出地以为和于秦也，岂若由楚乎（都是割地与秦求和，何不让楚去做）？秦疾攻楚，楚还兵，魏王必惧（秦加紧进攻楚国，楚如果与秦和，共击魏国，魏国必惧），公因寄汾北以予秦而为和（你楼鼻就把汾北之地割给秦国），合亲以孤齐（秦、楚、魏联合，孤立齐国）。秦、楚重公，公必为相矣（秦、楚重视你楼鼻，你一定会当魏相）。臣意（猜测）秦王与樗里疾之欲之也（都愿意如此），臣请为公说之（我帮你楼鼻去秦游说）。'"[1]魏太子派出的游说者是通过为楼鼻谋划进而为魏太子谋划，而不是为魏国谋划，不考虑魏国的利益。

"（帮魏太子游说楼鼻的那个人又去游说樗里子，鼓励秦国占领魏国的皮氏使魏与秦楚联合）乃谓樗里子曰：'攻皮氏，此王之首事也，而不能拔，天下且以此轻秦。且有皮氏，于以攻韩、魏，利也（对樗里疾说：攻下皮氏，这是秦王要做的第一要事，若不能攻下，天下诸侯将因此轻视秦国。况且占

---

[1]《战国策·魏策三·魏太子在楚》，缪文远、缪伟、罗永莲译注，中华书局2012年版，第768—769页。

据皮氏，从那里来进攻韩国、魏国，是非常便利的）。'樗里子曰：'吾已合魏矣，无所用之（樗里疾说，我已同魏国讲和，没有借用皮氏的必要了）。'对曰：'臣愿以鄙心意公，公无以为罪（那个人说，臣下愿意用自己心理来揣度一下先生，先生不要因此怪罪）。有皮氏，国之大利也，而以与魏（占领皮氏，是你秦国的大利，可你却把皮氏给了魏国）；公终自以为不能守也，故以与魏（你认为守不住皮氏，所以把皮氏给了魏国）。今公之力有余守之，何故而弗有也（现在守皮氏你力量有余，为什么不占有呢）？'樗里子曰：'奈何？'（游说的人说）曰：'魏王之所恃者，齐、楚也，所用者，楼鼻、翟强也。今齐王谓魏王曰：欲讲攻于齐王兵之辞也。是弗救矣（那个说，现在齐王对魏王说，魏国想要同齐国交战，这是魏王兵士所说的。这样齐国是不会救援魏国的）。'楚王怒于魏之不用楼子，而使翟强为和也，怨颜已绝之矣（楚王怒魏王不用楼鼻而让翟强与齐、秦联合，其准备与魏国断交的想法已经表面化了）。（游说的人继续对樗里子说）魏王之惧也见亡（魏王惧怕灭亡），翟强欲合齐、秦外(排斥)楚，以轻（削弱）楼鼻；楼鼻欲合秦、楚外齐，以轻翟强。公不如按魏之和（你不如掌握与魏媾和的主动权），使人谓楼子曰（游说樗里子派人对楼鼻说）：子能以汾北与我乎？请合于楚外齐，以重公也。此吾事也（派人对楼鼻说，您能把汾水之北送给我吗？

就请同楚国联合疏远齐国，使先生受到重用，是我的事）。楼子与楚王必疾矣（楼鼻和楚王一定会做出迅速反应）。又谓翟子：子能以汾北与我乎？必为合于齐，外于楚，以重公也（再派人对翟强说。您能把汾水之北送给我吗？一定同齐国联合，疏远楚国，来使先生受到重用）。翟强与齐王必疾矣。是公外得齐、楚以为用，内得楼鼻、翟强以为佐，何故不能有地于河东乎（翟强同齐王一定急于这样做。这样先生外得齐国、楚国可以驱使，内得楼鼻、翟强作为辅佐，有什么原因不能在河东拥有土地呢）？'"[1]楼鼻是魏臣，主张魏国与秦楚相联合。翟强是现任魏相，主张魏与齐秦相联合。如果魏国与秦楚联合，楼鼻的地位就提高了；如果魏国与齐秦相联合，翟强的地位就提高了。在楚国当人质的魏太子为了自己的利益想削弱现任宰相翟强，派出游说者诱惑楼鼻，想办法与秦楚联合，孤立齐国，从而提高楼鼻的地位，削弱翟强。魏太子还派那个游说者游说秦国宰相樗里疾，让秦国占领魏国的皮氏，促使畏惧亡国的魏王与秦楚交好，提高楼鼻地位，以利于在楚国当人质的魏太子。

（五）积累势力推翻君主

"势"对君主来说异常重要。《慎子》曰："飞龙乘云，腾蛇游雾，云罢雾霁，而龙、蛇与蚓蚁同矣，则失其所乘也

---

[1]《战国策·魏策三·魏太子在楚》，缪文远、缪伟、罗永莲译注，中华书局2012年版，第770—771页。

（龙、蛇失去云雾就失去了其所腾空的势，落在地上与蚯蚓、蚂蚁无异）。贤人而诎于不肖者，则权轻位卑也；不肖而能服于贤者，则权重位尊也。尧为匹夫，不能治三人；而桀为天子，能乱天下；吾以此知势位之足恃而贤智之不足慕也。夫弩弱而矢高者，激于风也；身不肖而令行者，得助于众也。尧教于隶属而民不听，至于南面而王天下，令则行，禁则止。由此观之，贤智未足以服众，而势位足以诎贤者也。"[1]贤能屈服于不肖者是因为没有"势"；不肖者驱使贤能为己用是因为有"势"。好的君主没有"势"，也治不了天下；坏的君主有了"势"才能祸乱天下。

韩非列举了许多可以导致亡国的征兆，其中相当多的都是君主丢失了"势"："凡人主之国小而家大，权轻而臣重者，可亡也（国力小，家族势力大）。简法禁而务谋虑，荒封内而恃交援者，可亡也（轻视法令而好用计谋，荒废内政而依赖外援的）。群臣为学，门子好辩，商贾外积，小民右仗者（下面的人突出自我逐渐滑出君主的控制，如臣子好私学、贵族子弟好辩说，商人囤积货财于国外，民众好勇斗狠），可亡也。好宫室台榭陂池，事车服器玩，好罢露百姓，煎靡货财者，可亡也（嗜好宫殿楼阁池塘，爱好车马服饰玩物，喜欢让百姓疲劳困顿，压榨挥霍钱财的）。用时日，事鬼神，信卜筮而好祭祀

---

[1]《韩非子·难势》，高华平、王齐洲、张三夕译注，中华书局2010年版，第603页。

者（不强化自己的势力，而匍匐于鬼神迷信，削弱自己的影响力），可亡也。听以爵不待参验，用一人为门户者（君主听取意见只凭爵位的高低，而不去验证意见是否正确，只通过一个人来通报情况的），可亡也。官职可以重求，爵禄可以货得者（官职可以靠权势求得，爵禄可以用钱财买到），可亡也。缓心而无成，柔茹而寡断，好恶无决而无所定立者（办事迟疑而没有成效，软弱怯懦而优柔寡断，好坏不分而无一定原则的），可亡也。饕贪而无厌，近利而好得者（极度贪心而没有满足，追求财利而爱占便宜），可亡也。喜淫辞而不周于法，好辩说而不求其用，滥于文丽而不顾其功者（喜欢浮夸言辞而不合于法，爱好夸夸其谈而不求实用，迷恋华丽文采而不顾功效的），可亡也。浅薄而易见，漏泄而无藏，不能周密而通群臣之语者（君主浅薄而轻易表露感情，泄露机密而不加隐藏，不能严密戒备而通报群臣言论的），可亡也。很刚而不和，愎谏而好胜，不顾社稷而轻为自信者（凶狠暴戾而不随和，拒绝劝谏而自认高强，不顾国家安危而自以为是的），可亡也。恃交援而简近邻，怙强大之救而侮所迫之国者（依仗盟国援助而怠慢邻国，倚仗强国支持而轻侮邻近小国的），可亡也。羁旅侨士，重帑在外，上间谋计，下与民事者（外来的侨居游士，把大量钱财存放在国外，上能参与国家机密，下能干预民众事务的），可亡也。民信其相，下不能其上，主爱信之而弗能废者（民众只相信亲自看见的东西，以致下不服从上，君主又宠信奸邪小人，不能罢官究责），可亡也。境内之杰不事，而求封外之士，不以功伐课试，而好以名问举错，羁旅起贵以陵故常者（国内的杰出人才不用，反而去搜罗国外的人士，不按照功劳考核政绩，而喜欢凭借名望任免官员，侨居游士升为高官而凌驾于本国原有大臣之上的），可亡也。轻其适正，庶子称衡，太子未定而主即世者（轻视正妻嫡子，庶子和嫡子并重，太子还未确定而君主就去世了的），可亡也。大心而无悔，国乱而自多，不料境内之资而易其邻敌者（君主狂妄自大而不思悔改，国家混乱还自我夸耀，不估计本国实力而轻视邻近敌国的），可亡也。国小而不处卑，力少而不畏强，无礼而侮大邻，贪愎而拙交者（国小而不处卑位，力弱而不畏强势，没有礼仪而侮辱邻近大国，贪婪固执而不懂外交的），可亡也。太子已置，而娶于强敌以为后妻，则太子危，如是，则群臣易虑；则群臣易虑者（立太子后给太子娶强大敌国女子为妻，使外国势力强大，太子危险，群臣变心），可亡也。怯慑而弱守，蚤见而心柔懦，知有谓可，断而弗敢行者（胆小怕事而不敢坚持己见，问题早已发现而没有决心去解决，知道可以怎样做，但决定了又不敢去做的），可亡也。出君在外而国更置，质太子未反而君易子，如是则国携；国携者（君主出国在外而国内另立君主，做人质的太子没有回国而君主又另立太子，这样国人就有二心：国人有二心的），可亡也。挫辱大臣而狎其身，刑戮小民而逆其使，怀怒思耻而专习，则贼生；贼生者（折磨污辱了大臣而又亲昵他，惩罚了小民而又反常地使用他，这些人心怀不满，不忘耻辱，而君主又和他们特别亲近，那么劫杀事件就会产生，劫杀事件产生的），可亡也。大臣两重，父兄众强，内党外援以争事势者（两个大臣同时被重用，君主的叔、伯、兄弟众多，国内结成朋党，国外寻求强大势力支持，君主被削弱了），可亡也。婢妾之言听，爱玩之智用，外内悲惋而数行不法者（听信婢妾的逸言，使用近臣的计谋，内外悲愤而一再干违法之事的），可亡也。简侮大臣，无礼父兄，劳苦百姓，杀戮不辜者（简慢凌侮大臣，不知尊敬亲戚，劳累百姓，杀戮无辜的），可亡也。好以智矫法，时以行杂公，法禁变易，号令数下者（君主好用智巧改变法制，常用私行扰乱公事，法令不断改变，号令前后矛盾的），可亡也。无地固，城郭恶，无畜积，财物寡，无守战之备而轻攻伐者（地形不险要，城墙不坚固，国家无积蓄，财物贫乏，没有防守和打仗的准备却轻易云进攻别国的），可亡也。种类不寿，主数即世，婴儿为君，大臣专制，树羁旅以为党，数割地以待交者（君主频繁死亡，婴儿为君，大臣专权，树立死党，勾结外国），可亡也。太子尊显，徒属众强，多大国之交，而威势蚤具者（太子过于尊贵显要，手下人多势众，与许多大国有交情，威势早已形成），可亡也。变褊而心急，轻疾而易动发，心惛怨而不辔前后者（性情偏激而急躁，轻率而容易冲动，积怨易怒而不思前顾后的），可亡也。主多怒而好用兵，简本教而轻战攻者，可亡也。贵臣相妒，大臣隆盛，外藉敌国、内困百姓以攻怨雠，而人主弗诛者（权臣互相嫉妒，大臣权势强大并勾结外国势力，在内困扰百姓，以便攻击冤家对头，而君主不诛戮他们的），可亡也。君不肖而侧室贤，太子轻而庶子伉，官吏弱而人民桀（君主无才德，叔、伯、兄弟德才高，太子权势轻，庶子权势大，官吏软弱，人民不服管教），如此，则国躁（动荡）；国躁者，可亡也。藏怨而弗发，悬罪而弗诛，使群臣阴憎而愈忧惧，而久未可知者（君主怀恨而不发作，搁置罪犯而迟迟不动刑，使群臣暗中憎恨而更加忧惧，因而长期不知结果如何的），可亡也。出军命将太重，边地任守太尊，专制擅命，径为而无所请者，可亡也（带兵在外的统帅权势太大，驻守边疆的长官地位太高，独断专行，直接处事而不请示报告的，可能灭亡）。后妻淫乱，主母畜秽，外内混通，男女无别，是谓两主；两主者，可亡也（妻子淫乱，太后养奸，内外混杂串通，男女没有分别，这样就形成了两个权力中心；形成两个权力中心的，可能灭亡）。后妻贱而婢妾贵，太子卑而庶子尊，相室轻而典谒重，如此则内外乖；内外乖者（正妻贱而婢妾贵，太子卑而庶子尊，执政大臣轻而通报官吏重，这样就会内外乖戾），可亡也。大臣甚贵，偏党众强，壅塞主断而重擅国者（大臣特别尊贵，私人党羽人多势众，封锁君主，独揽大权），可亡也。私门之官用，马府之世缩，乡曲之善举者，官职之劳废，贵私行而贱公功者（豪门贵族的家臣被任用，历代从军的功臣却被排斥，偏僻乡村里有善名的人得到选拔，在职官员的功劳反被抹杀，推崇私行而轻视公功的），可亡也。公家虚而大臣实，正户贫而寄寓富，耕战之士困，末作之民利者（国家空虚而大臣殷实，常住户贫穷而客居者富裕，农民战士困顿，而工商业者得利的），可亡也。见大利而不趋，闻祸端而不备，浅薄于争守之事，而务以仁义自饰者（看到根本利益不去追求，知道祸乱的苗头不加戒备，带兵打仗的事懂得很少，而致力于用仁义粉饰自己的），可亡也。不为人主之孝，而慕匹夫之孝，不顾社稷之利，而听主母之令，女子用国，刑余用事者（不遵行君主的孝道，而仰慕一般人的孝道，不顾国家利益，而听从母后命令，女人当国，宦官掌权的），可亡也。辞辩而不法，心智而无术，主多能而不以法度从事者（夸夸其谈而不合法令，头脑聪明而缺乏策略，君主多才多艺而不按法度办事的），可亡也。亲臣进而故人退，不肖用事而贤良伏，无功贵而劳苦贱，如是，则下怨；下怨者（近臣得到进用而故臣却被辞退，无能得以重用而贤良却被埋没，无功的人地位显贵而劳苦的人地位卑下，这样臣民就要怨恨；臣民怨恨的），可亡也。父兄大臣禄秩过功，章服侵等，宫室供养大侈，而人主弗禁，则臣心无穷，臣心无穷者（父兄大臣的俸禄等级超过他们的功劳，旗帜车服超过规定的等级，宫室的供养太奢侈，而君主不加禁止，臣下的欲望就没有止境，臣下欲望没有止境的），可亡也。公婿公孙与民同门，暴傲其邻者，（王亲国戚和普通百姓同里居住，横行霸道欺压邻居的）可亡也。"①

　　以上共四十七个"可亡也"，即四十七个"亡征"，其中有十三个从不同的角度包含着君主之"势"弱于他人。第一，"凡人主之国小而家大，权轻而臣重者，可亡也（国力小，家族势力大，君主权轻臣子权重）"；第二，"群臣为学，门子好辩，商贾外积，小民右仗者，可亡也（下面的人突出自我逐渐滑出君主的控制，如臣子好私学、贵族子弟好辩说，商人囤积货财于国外，民众好勇斗狠）"；第三，"太子已置，而娶于强敌以为后妻，则太子危，如是，则群臣易虑；则群臣易虑者（立太子后，给太子娶强大敌国女子为妻，使外国势力强大，太子危险，群臣变心），可亡也"；第四，"大臣两重，父兄众强，内党外援以争事势者（两个大臣同时被重用，君主的叔、伯、兄弟众多，国内结成朋党，国外寻求强大势力支持，君主被削弱了），可亡也"；第五，"种类不寿，主数即

①《韩非子·亡征》，高华平、王齐洲、张三夕译注，中华书局2010年版，第147页。

世，婴儿为君，大臣专制，树羁旅以为党，数割地以待交者（君主频繁死亡，婴儿为君，大臣专权，树立死党，勾结外国），可亡也"；第六，"太子尊显，徒属众强，多大国之交，而威势蚤具者（太子过于尊贵显要，手下人多势众，与许多大国有交情，威势早已形成），可亡也"；第七，贵臣相妒，大臣隆盛，外藉敌国、内困百姓以攻怨雠，而人主弗诛者（权臣互相嫉妒，大臣权势强大并勾结外国势力），可亡也；第八，君不肖而侧室贤，太子轻而庶子伉，官吏弱而人民桀（君主无才德，叔、伯、兄弟德才高，太子权势轻，庶子权势大，官吏软弱，人民不服管教），如此，则国躁；国躁者，可亡也；第九，"出军命将太重，边地任守太尊，专制擅命，径为而无所请者，可亡也（带兵在外的统帅权势太大，驻守边疆的长官地位太高，独断专行，直接处事而不请示报告的，可能灭亡）"；第十，"后妻淫乱，主母畜秽，外内混通，男女无别，是谓两主；两主者，可亡也"；第十一，"后妻贱而婢妾贵，太子卑而庶子尊，相室轻而典谒重，如此则内外乖；内外乖者，可亡也（妻子淫乱，太后养奸，内外混杂串通，男女没有分别，这样就形成了两个权力中心；形成两个权力中心的，可能灭亡）"；第十二，"大臣甚贵，偏党众强，壅塞主断而重擅国者（大臣特别尊贵，私人党羽人多势众，封锁君主，独揽大权），可亡也"；第十三，"公家虚而大臣实，正户贫而寄寓富，耕战之士困，末作之民利者，可亡也（国家空虚而大臣殷实，常住户贫穷而客居者富裕，农民战士困顿，而工商业者得利的，可能灭亡）"。

君主之所以危亡，是因为失势于左右大臣。"人主之所以身危国亡者，大臣太贵、左右太威也（君主之所以会遭遇到危死绝境，是因为大臣太尊贵，近侍过分逞威）。所谓贵者，无法而擅行，操国柄而便私者也。所谓威者，擅权势而轻重者也。此二者，不可不察也（所谓贵，就是无视法令而独断专行，掌握国家大权来谋取私利。所谓逞威，就是专权势而任意妄为。对这两种人，不能不加以明察）。夫马之所以能任重引车致远道者，以筋力也。万乘之主、千乘之君所以制天下而征诸侯者，以其威势也。威势者，人主之筋力也（马之所以能负重拉车达到远方，凭的是筋骨力量。大型、中型国家的君主之所以能够治理天下征讨诸侯，以其有威势。威势就是君主的筋骨力量）。今大臣得威，左右擅势，是人主失力；人主失力而能有国者，千无一人（如今大臣逞威，亲信专权，君主丢失了势力；君主丢失了势力而仍能保有国家的，千不得一）。虎豹之所以能胜人执百兽者，以其爪牙也，当使虎豹失其爪牙，则人必制之矣。今势重者，人主之爪牙也，君人而失其爪牙，虎豹之类也（虎豹之所以能胜人及擒拿其他野兽，凭其尖爪利牙。失去尖爪利牙，必为人所反制。现在，权势正是君主的尖爪利牙，要是君主丢失权势，便同虎豹去掉尖爪利牙一样）。"[1]实力就是势，势对于君主来说，犹如拉车之马的筋力，虎豹之爪牙，是自己立足于世、有压倒对手的根本。韩非举例："宋君失其爪牙于子罕，简公失其爪牙于田常，而不蚤夺之，故身死国亡。今无术之主皆明知宋、简之过也，而不悟其失，不察其事类者也。"[2]战国初期，齐国田常推翻齐简公篡齐。战国中期，宋国的权臣、司城子罕废掉宋桓侯而自立。他们是如何做到的？

《左传·昭公三年》载：齐侯派晏婴去晋国请求继续送女子给晋国。晋国大夫叔向与晏婴交谈：叔向问齐国情况怎么样？晏婴回答："此季世也，吾弗知。齐其为陈氏矣！公弃其民，而归于陈氏。齐旧四量，豆、区、釜、钟。四升为豆，各自其四，以登于釜。釜十则钟。陈氏三量，皆登一焉，钟乃大矣。以家量贷，而以公量收之。山木如市，弗加于山。鱼盐蜃蛤，弗加于海。民参其力，二入于公，而衣食其一。公聚朽蠹，而三老冻馁。国之诸市，屦贱踊贵。民人痛疾，而或燠休之，其爱之如父母，而归之如流水，欲无获民，将焉辟之？箕伯、直柄、虞遂、伯戏，其相胡公、大姬，已在齐矣。"[3]文中

---

[1]《韩非子·人主》，高华平、王齐洲、张三夕译注，中华书局2010年版，第749页。

[2]《韩非子·人主》，高华平、王齐洲、张三夕译注，中华书局2010年版，第749—750页。

[3]《左传·昭公三年》，冀昀主编：《左传》，线装书局2007年版，第475—476页。

所说陈氏即是田氏，田常。他在齐国大肆收买民心，大斗借出小斗收回，木材和海产品价格不高于生产成本，老百姓有了痛苦给予温暖慰问。所以民心大都归向陈氏。

"司城子罕"这个名字见之于《韩非子》《吕氏春秋》《册府元龟》《左传》《史记》《淮南子》《说苑》《竹书纪年》《墨子年表》等书籍。由于上述史书在对人物叙述的时间上比较模糊，致使后世对"司城子罕"的姓名的解释出现歧义。笔者查阅各种资料推测，"司城子罕"应该就是乐喜，子姓，乐氏，字子罕。

《左传·襄公二十九年》载："襄公二十九年，郑子展卒，子皮即位。于是郑饥，而未及麦，民病。子皮以子展之命，饩国人粟，户一钟，是以得郑国之民。故罕氏常掌国政，以为上卿。宋司城子罕闻之，曰：'邻于善，民之望也。'宋亦饥，请于平公，出公粟以贷；使大夫皆贷。司城氏贷而不书，为大夫之无者贷。宋无饥人。叔向闻之，曰：'郑之罕，宋之乐，其后亡者也。二者其皆得国乎！民之归也。施而不德，乐氏加焉，其以宋升降乎！'"①郑国子皮在灾荒时拿出国家粮食救济百姓，深得人心。宋国发生饥荒，司城子罕向宋平公请求拿出公家的粮食借给百姓。他还让大夫们借粮食给百姓。他借给百姓粮食不打借条，还帮助其他大夫借给百姓粮

①《左传·襄公二十九年》，冀昀主编：《左传》，线装书局2007年版，第425页。

食。叔向推测，司城子罕将来会掌握宋国国政。

刘向《说苑》："司城子罕相宋，谓宋君曰：'国家之危定，百姓之治乱，在君行之赏罚也；赏当则贤人劝，罚得则奸人止；赏罚不当，则贤人不劝，奸人不止，奸邪比周，欺上蔽主，以争爵禄，不可不慎也。夫赏赐让与者，人之所好也，君自行之；刑罚杀戮者，人之所恶也，臣请当之。'君曰：'善，子主其恶，寡人行其善，吾知不为诸侯笑矣。'于是宋君行赏赐而与子罕刑罚。国人知刑戮之威，专在子罕也，大臣亲也，百姓附之，居期年，子罕逐其君而专其政。故曰'无弱君而强大夫'。"①赏罚二柄都很重要。可是司城子罕却忽悠宋君只掌握赏，让他掌握罚。结果国人都畏惧司城子罕之威，举国听命之。一年后司城子罕篡夺宋国。

韩非警示君主防范臣子蚕食君主的实力坐大夺权："田常上请爵禄而行之群臣，下大斗斛而施于百姓，此简公失德而田常用之也，故简公见弑（田常向君主请求爵禄而赐给群臣，对下用大斗出小斗进的办法把粮食施舍给百姓，这就是齐简公失去奖赏大权而由田常掌握，简公因而遭到杀害）。子罕谓宋君曰：'夫庆赏赐予者，民之所喜也，君自行之；杀戮刑罚者，民之所恶也，臣请当之。'于是宋君失刑而子罕用之，故宋君见劫（子罕告诉宋桓侯说：奖赏恩赐是百姓喜欢的，君王自己

---

① 刘向：《说苑·卷一　君道·四十六》，赵善诒疏证，华东师范大学出版社1985年版，第35页。

施行；杀戮刑罚是百姓憎恶的，请让我来掌管。于是宋桓侯失去刑罚大权而由于罕掌握，宋桓侯因而遭到挟制）。田常徒用德而简公弑，子罕徒用刑而宋君劫。故今世为人臣者兼刑德而用之，则是世主之危甚于简公、宋君也（田常仅仅掌握了奖赏大权，齐简公就遭到了杀害；子罕仅仅掌握了刑赏大权，宋桓侯就遭到了挟制。所以当代做臣下的如果统摄了刑赏大权，那么君主将会遭受到比齐简公、宋桓侯更大的危险）。故劫杀拥蔽之。主非失刑德而使臣用之，而不危亡者，则未尝有也（所以被劫杀被蒙蔽的君主，一旦同时失去刑赏大权而由臣下执掌，这样还不导致危亡的情况是从来没有过的）。"①

韩非还列举了臣子推翻君主的例子，说很多君主连麻风病人都不如。"谚曰：'厉怜王。'此不恭之言也。虽然，古无虚谚，不可不察也（谚语说：麻风病人怜悯君主。这虽然是对君主不恭敬的话，但古代没有虚传的谚语，不能不详察）。此谓劫杀死亡之主言也。人主无法术以御其臣，虽长年而美材，大臣犹将得势擅事主断，而各为其私急（这句话是针对被劫杀死亡的君主说的。君主不用法术来驾驭他的臣下，即使年龄高而资质好，大臣也还要得势擅自处理和决断事情，而各为各的私人要事忙碌）。而恐父兄豪杰之士，借人主之力，以禁诛于己也，故弑贤长而立幼弱，废正的（嫡）而立不义（害怕君主

————
① 《韩非子·二柄》，高华平、王齐洲、张三夕译注，中华书局2010年版，第53页。

亲戚和豪杰之士借助于君主的力量来约束和诛罚自己，所以杀掉贤良成年的君主而拥立幼小懦弱的君主，废掉正宗嫡子而立不该继位的人）。故《春秋》记之曰：'楚王子围将聘于郑，未出境，闻王病而反。因入问病，以其冠缨绞王而杀之，遂自立也。齐崔杼，其妻美，而庄公通之，数如崔氏之室。及公往，崔子之徒贾举率崔子之徒而攻公。公入室，请与之分国，崔子不许；公请自刃于庙，崔子又不听；公乃走，逾于北墙。贾举射公，中其股，公坠，崔子之徒以戈斫公而死之，而立其弟景公。'近之所见：李兑之用赵也，饿主父百日而死；卓齿之用齐也，擢湣王之筋，悬之庙梁，宿昔而死（楚王的儿子围将访问郑国，还没出境，听说楚王病重就返回朝廷。借着进去探病，用他系帽的带子勒死了楚王，于是自立为楚王。齐国崔杼的妻子长得美丽，齐庄王与她通奸，多次进入崔抒的屋里。等到庄公又一次到来时，崔杼的家臣贾举就率领崔杼的手下人攻打庄公。庄公逃到屋为，请求和崔抒平分国家，崔杼不答应；庄公请求在宗庙里自杀，崔杼仍不答应；于是庄公就逃跑，翻过北墙。贾举射击庄公，射中了大腿，庄公掉下墙来，崔杼的手下人用戈把庄公砍死了，然后崔杼拥立庄公的弟弟景公做君主。近期所见：李兑在赵国掌权，将赵武灵王困百天而饿死；卓齿在齐国掌权，抽了齐湣王的筋，吊在宗庙的梁上，过了一夜死去）。故厉虽痈肿疕疡，上比于《春秋》，未至于绞颈射股也；下比于近世，未至饥死擢筋也。故劫杀死亡之君，此其心之忧惧，形之苦痛也，必甚于厉矣。由此观之，虽'厉怜王'可也（虽然麻风病痛肿疮烂，上比于春秋时代，还不至于勒颈射腿；下比于近世，还不至于饿死抽筋。所以被劫杀而死亡的君主，他们内心的忧惧，肉体的痛苦，一定超过了麻风病患者。由此看来，即使是说"麻风病患者哀怜君主"，也未尝不可）。"①总之，许多君主的结局惨到麻风病人都觉得可怜。

韩非总结道："臣闻千乘之君无备，必有百乘之臣在其侧，以徙其民而倾其国；万乘之君无备，必有千乘之家在其侧，以徙其威而倾其国。是以奸臣蓄息，主道衰亡（千乘小国的国君没有防备，必定有拥有百乘兵车的臣子窥视在侧，准备夺取他的百姓，颠覆他的国家；万乘大国的国君没有防备，必定有千乘之国的大夫窥视在侧，准备夺取他的权势，颠覆他的国家。因此奸臣势力扩张，君主权势就会消亡）。是故诸侯之博大，天子之害也；群臣之太富，君主之败也。将相之管主而隆家，此君人者所外也（因此诸侯强大是天子的祸害；群臣太富是君主的失败。将相控制君主使私家兴盛，这是君主应排斥的）。万物莫如身之至贵也，位之至尊也，主威之重，主势之隆也。此四美者，不求诸外，不请于人，议（宜）之而得之矣（万事万物中，没有比君身更高贵、比君位更尊崇、比君威更

---

①《韩非子·奸劫弑臣》，高华平、王齐洲、张三夕译注，中华书局2010年版，第144—145页。

强大、比君权更隆盛的。这四种美好的东西，不借助于外界，不求助于别人，处理恰当就都得到了）。故曰：人主不能用其富，则终于外也。此君人者之所识也（君主不能使用他的财富，最终将会被排斥在外，这是统治者要牢记的）。"①君主要谨记，保持君主地位至尊，实力最强大，绝对不能让臣子实力强大压倒自己。

三、君主如何防范和驯服臣子？

《韩非子》中有《八经》，②是驾驭臣子的八种方法。可能是时间太久远了，《八经》中的小标题排列错乱，很多文字字义不明，但总的说来意思还是能够缕出个头绪——君主要防范和驯服臣子，使之服服帖帖为自己服务。《八经》内容如下：

一是"因情"。"凡治天下，必因人情。人情者，有好恶，故赏罚可用；赏罚可用，则禁令可立而治道具矣（君主治理臣子必须因顺人的好利恶害本性。如此，赏罚制度才可以发挥作用，制度能够立住，治国的方法能够完备）。君执柄以处势，故令行禁止（君主扶掌权力坐拥势位所以能令行禁止）。柄者，杀生之制也；势者，胜众之资也（权柄是决定生杀的关键，势位是君主一人战胜众人的资本）。废置无度，则权渎

①《韩非子·爱臣》，高华平、王齐洲、张三夕译注，中华书局2010年版，第30页。
②《韩非子·八经》，高华平、王齐洲、张三夕译注，中华书局2010年版，第680—696页。

（取消和设置不讲章法，权柄就会被轻慢）；赏罚下共，则威分（赏罚与臣子共同决定，君主的权威就被分散了）。是以明主不怀爱而听，不留说而计（明主不带着个人的喜爱而听取意见，不带着成见而谋划）。故听言不参，则权分乎奸（君主听言不经过多方验证，权力就会分散于群奸）；智力不用，则君穷乎臣（处理事情不用智慧，君主就会陷入臣子的圈套）。故明主之行制也天，其用人也鬼。天则不非，鬼则不困（君主行法制要像天一样公正无私，但用人时要诡诈。公正无私就不会受到非议，诡诈就不会受困于人）。势行教严，逆而不违，毁誉一行而不议（君主运用权势教诲严厉，臣子虽然不愿意但也不敢违反）。故赏贤罚暴，举善之至者也；赏暴罚贤，举恶之至者也：是谓赏同罚异（赏善罚恶，是鼓励善者的最好方法。赏恶罚善是鼓励恶的最好方法。奖赏和自己意见相同的，惩罚和自己意见不同的）。赏莫如厚，使民利之；誉莫如美，使民荣之(要重赏，使臣子感到有利，要重誉，使臣子感到荣耀)；诛莫如重，使民畏之；毁莫如恶，使民耻之(惩罚要狠，使臣子害怕，批评要击中要害，使臣子没脸见人)。然后一行其法，禁诛于私家，不害功罪。赏罚必知之，知之，道尽矣(一切依法，惩罚针对每个人，不论你过去有功有罪，赏罚让他们知道是为什么，君主的治道就能彻底推行)。"赏罚之制是建立在因顺好利恶害的人情的基础上。赏罚大权君主独自掌握。赏罚之制要符合自然规律，赏罚之术可以诡诈。赏罚程度必须到位，别不疼不痒。赏罚要让臣子知道为什么。

二是"主道"。"力不敌众，智不尽物。与其用一人，不如用一国，故智力敌而群物胜(君主一人的力量敌不过群臣，君主一人的智慧不可能什么都掌握。君主发挥自己一个人不如发挥举国之力智力相当，人多者胜)。揣中则私劳，不中则有过(君主对臣子虽然猜测准确，但个人也非常劳累，猜测不准确对付臣子就会发生过错)。下君尽己之能，中君尽人之力，上君尽人之智。是以事至而结智，一听而公会(下等君主尽己之能，中等君主尽人之力，上等君主尽人之智。事情发生了就集中众人智慧，一一听取众人意见，大家畅所欲言。)。听不一则后悖于前，后悖于前则愚智不分；不公会则犹豫而不断，不断则事留(不一一听取大家意见，大家发言会前后互相参照，造成愚智无法区分。不让大家畅所欲言君主就会犹豫不决不能做出决断，不能做出决断事情就耽误了)。自取一，则毋堕壑之累（君主有自己一定的主见，就不会陷入臣子设的陷阱）。故使之讽，讽定而怒（君主要让臣子发表意见，然后威严地责令臣子完成）。是以言陈之曰，必有筴籍（群臣发表意见一定要有记录）。结智者事发而验，结能者功见而谋成败（对出谋划策的人等事情发生后来验证他的计谋是否正确。对贡献能力的人等功效出来后再判断他所示的事情的成败）。成败有征，赏罚随之。事成则君收其功，规败则臣任其罪（事情办成了君主收其功劳，失败了臣子承担责任）。君人者合符犹不亲，何况于力乎（君主对合符这样容易的事情都不亲为，何况对用力做的事情呢）？事智犹不亲，何况于悬乎（君主用智的事都不亲为，何况对于那些虚悬的事情）？故其用人也不取同，同则君怒（君主用人不取意见彼此相同的人，相同则君主怒）。使人相用则君神，君神则下尽（使臣子争相为君主所用，君主就神秘莫测。君主神秘莫测臣子就会尽力）。下尽，则臣上不因君，而主道毕矣（臣子尽力就不会钻君主的空子，君主驾驭臣子的方法就完备了）。"君主面对人多智足的臣子，怎么样使之为己所用。让每个人充分发挥自己的特点，不许推责。让每个人话要有实，话要符实，言要出业绩。

三是"起乱"。"知臣主之异利者王，以为同者劫，与共事者杀（懂得君臣之间的利益是不同的才能成为王者，认为是相同的会被挟制，与之共同治国就会被杀）。故明主审公私之分，审利害之地，奸乃无所乘（明主要审视公私的区别，利害之所在，使奸臣无空子可钻）。乱之所生六也：主母，后姬，子姓，弟兄，大臣，显贤（产生乱的根源有六种：太后、姬妾、子孙、兄弟、大臣、名贤）。任吏责臣，主母不放（依法按律任用督责官臣，太后不敢放肆）；礼施异等，后姬不疑，分势不贰，庶嫡不争（区分不同的礼仪等级，妻妾就不混淆界线，权势不平均分给后代，庶子就不敢与嫡子相争）；权籍不失，兄弟不侵（权位不失，君主的兄弟就不会来侵害）；下不一门，大臣不拥（臣民不为权臣私门所控制，权臣就不能蒙蔽君主）；禁赏必行，显贤不乱（赏罚必行，名贤就不会添乱）。臣有二因，谓外刃也（臣子有两种力量可以利用，国内国外的）。外曰畏，内曰爱（国外的诸侯是君主所畏惧的，国内亲信是君主所宠幸的）。所畏之求得，所爱之言听，此乱臣之所因也（对所畏惧者的要求予以满足，对所宠幸者的话言听计从。这就是奸臣所依凭的抓手）。外国之置诸吏者（对外国暗中安插的官吏），结诛亲昵、重帑，则外不籍矣（追查惩罚与外国关系密切并接受贿赂的人，臣子就不敢借助外国作乱了）；爵禄循功，请者俱罪，则内不因矣（爵位俸禄要根据功劳给与，将无功而求爵禄的人和替他求情的人一起办罪。君主身旁的人就不会成为臣子算计君主的凭借了）。外不籍，内不因，则奸宄塞矣（外国诸侯不能借助，内部亲信不能凭借，内奸外奸干坏事的通道全被堵塞了）。官袭节而进，以至大任，智也（官吏逐级升迁，一直到担当重任）。其位至而任大者，以三节持之：曰质，曰镇，曰固（对于位高任重者，用三种方法控制：质、镇、固）。亲戚妻子，质也；爵禄厚而必，镇也；参伍责怒，固也（亲戚朋友加以监控是质押。爵禄优厚必然兑现是陶醉。多方检验、严责功效是固定其职责）。贤者止于质，贪饕化于镇，奸邪穷于固（贤者受迫于质押，贪婪的人陶醉于优厚的待遇，奸邪的人不敢逾越固定的职责）。忍不制则下上，小不除则大诛，而名实当则径之（容忍而不制裁臣下就会侵犯君上，小的奸邪不除就会导致大的危害，罪名和罪行相符合就杀掉他）。生害事，死伤名，则行饮食；不然，而与其仇：此谓除阴奸也（有的人活着碍君主的事，杀死他又坏君主的名声，干脆就用饮食毒死他。要不然就交给他的仇敌杀死他。这就是除掉暗中的奸人）。翳曰诡，诡曰易。见功而赏，见罪而罚，而诡乃止（蒙蔽君主叫诡诈，诡诈就是变化无常。对臣子见功就赏，见罪就罚，诡诈就没有了）。是非不泄，说谏不通，而易乃不用（君主对是非的判断不泄露，不透露臣下的游说和进谏，变色龙就不会受到重用）。父兄贤良播出曰游祸，其患邻敌多资（君主的父兄和贤良逃亡出国叫游祸，祸患是邻近的敌国得到资助）。僇辱之人近习曰狃贼，其患发忿疑辱之心生（君主与受过刑罚的人亲近叫无原则的亲近贼，祸患是对君主的愤恨、猜疑、耻辱的情绪随时出现）。藏怒持罪而不发曰增乱，其患微幸妄举之人起（隐藏自己的愤怒、掌握了臣下的罪行而不揭露叫做增加混乱，其祸患是怀有侥幸心理想轻举妄动的人妄为）。大臣两重提衡而不踦曰卷祸，其患家隆劫杀之难作（君主同时重用两个大臣，二者权力相当叫做卷祸，祸患是私家势力大，劫杀君主的灾难会出现）。脱易不自神曰弹威，其患贼夫酖毒之乱起（君主马虎随便不表现出神秘莫测叫做弹威，其祸患是后妃用毒酒酖杀君主）。此五患者，人主之不知，则有劫杀之事（这五种祸患君主如果不知道，就会发生被劫杀之事）。废置之事，生于内则治，生于外则乱（任免官吏大事决定于君主则国治，决定于国外则国乱）。是以明主以功论之内，而以利资之外，故其国治而敌乱（所以英明的君主在国内讲求事功，从国外取得利益）。即乱之道（导致国家混乱的途径）：臣憎，则起外若眩；臣爱，则起内若药（臣子被憎恨就会借助外国力量做坏事，令君主目眩。臣子被宠幸就会依仗君主左右而胡作非为，使君主像吃了毒药一样危险）。"君主与周围的人永远是利益相悖的，一定要防范和压倒他们，包括家里人、臣子、贤人、国外势力，他们无一不是动乱的制造者。

四是"立道"。"参伍（多方面的检验考察）之道：行参以谋多，揆伍以责失（运用多方面的情况来谋取更多的功效，运用多方面的情况来追究过失）。行参必拆，揆伍必怒（多方面的检验，对臣子的言行细细分析。多方面的衡量，对臣下的过错严加斥责）。不拆则渎上，不怒则相和（不分析臣下的言行，臣子就会轻慢君主。不怒责臣子的过失，臣子就会相互勾结）。拆之征足以知多寡，怒之前不及其众（分析臣子的言行所得之征象足以知道臣子事功多少，怒责之前不要让臣子知道君主的意图）。观听之势，其征在比周而赏异也，诛毋谒而罪同（观察臣子的行为、听取臣子的言论的一般情况是，臣子有相互勾结的迹象，就奖赏那些不跟他合作的人。知情不举者同罚）。言会众端，必揆之以地，谋之以天，验之以物，参之以人。四征者符，乃可以观矣（对于臣子的言论要会和各方面的情况：地利、天时、物情、人事，四个方面的验证都符合了，才能够看清臣子的言行是非了）。参言以知其诚，易视以改其泽，执见以得非常（用事实验证臣下的言论是否对君主真诚，从不同的角度考察臣下以深入其表象背后，掌握已经了解的情况得知臣下的反常行为）。一用以务近习，重言以惧远使。举往以悉其前，即迩以知其内，疏置以知其外（对近臣要专一任用，使之尽心尽职。君主反复重复禁令，使出使远方的臣子畏惧。列举臣子过去的事情以了解他过去的情况。接近臣子了解他内心的想法，安排臣子到远处做事以了解他在外面远离君主时的表现）。握明以问所暗，诡使以绝黩泄。倒言以尝所疑，论反以得阴奸。设谏以纲独为，举错以观奸动（掌握已经明了的情况探寻所不了解的情况。使用诡诈的方法来杜绝臣子对君主的轻慢。用说反话来试探君主所疑惑的事，从反面考察发现隐蔽的奸邪活动。设置谏官以阻止臣子的专断独行。举出错误来观察奸臣的动静）。明说以诱避过，卑适以观直谄。宣闻以通未见，作斗以散朋党。深一以警众心，泄异以易其虑（规矩明说出来引导臣子避免犯错。谦卑地对待臣子观察他们是正直还是奉承。宣讲已经了解了的事情来通晓不知道的事情。制造内部冲突来拆散朋党。深入追究一个事物的真相使众臣心中有所警戒。故意泄露不同的意见使奸臣改变其想法）。似类则合其参，陈过则明其固。知罪辟罪以止威，阴使时循以省衰。渐更以离通比（遇到类似的事情用检验的方法去比照分析。列举臣子的过失指明他的根本毛病。知道臣子的罪过对之用刑以阻止其威权。暗中派使者巡查各地官吏弄清他们内心的想法。逐步更换官吏来离散勾结在一起的奸党）。下约以侵其上：相室，约其廷臣；廷臣，约其官属；军吏，约其兵士；遣使，约其行介；县令，约其庳吏；郎中，约其左右；后姬，约其宫媛。此之谓条达之道。言通事泄，则术不行（君主和有权势的人的手下暗中约定，揭发他们的上级：朝臣揭发宰相，下属官吏揭发朝臣，士兵揭发军吏，随从揭发派遣的使者，属吏揭发县令，侍从揭发郎中，宫女揭发后妃。这些就是上通下达的方法。如果把下级的告密和要办的事情泄露出去，这些暗中约定就没有用了）”。以上“立道”之“道”其实不是道，而是具体的方法。驾驭臣子和臣子周围的亲幸，使之不敢算计君主，只能一心为君主服务。

五是“类柄”。“明主，其务在周密（明主做事要做到严密周到）。是以喜见则德偿，怒见则威分（君主喜欢谁显示出来，臣子就会利用这个喜欢奖赏那个人，从而窃取君主的恩德。君主厌恶谁显示出来，臣子就会利用这个厌恶而惩罚这个人，从而分走君主的权威）。故明主之言隔塞而不通，周密而不见（明主说的话要隔绝封闭不泄露，周到严密不露出踪迹）。故以一得十者，下道也；以十得一者，上道也（用一个人察得十个人的阴谋活动，是揭露下面阴谋活动的方法；用十个人察得一个人的阴谋活动，是揭露上面阴谋活动的方法）。明主兼行上下，故奸无所失（明主兼用上下两种方法，所以奸人无所遗漏）。伍、闾、连、县而邻，谒过赏、失过诛。上之于下，下之于上，亦然（伍、闾、连、县各个层级居民相邻互相监督，告发坏人者赏，放过坏人者罚。上级对下级，下级对上级也是如此）。是故上下贵贱相畏以法，相诲以利（所以上级下级高低贵贱相互畏惧就怕违法，相互教诲怎么样对自己真正的有利）。民之性，有生之实，有生之名。为君者有贤知之名，有赏罚之实。名实俱至，故福善必闻矣（民众的本性既想得到实惠，又想得到好的名声。君主既想有贤智之名，又想有赏罚之权。名实都有，福善必显）。"君主一定要防范臣子和民众，说话要注意对臣子保密，对周围人的好恶不能表露出来，否则会被别人利用。普通民众、大臣横向纵向都互相监督，保证君主大权在握。

六是"参言"。"听不参，则无以责下；言不督乎用，则邪说当上（君主听到言论不检验就不能责求臣子。不督查言论的实用性迎合君主的邪说就会扑面而来）。言之为物也，以多信，不然之物，十人云疑，百人然乎，千人不可解也。呐者言之疑，辩者言之信（言论这个东西说的人多了大家就信了。不真实的事情十个人说有，大家就半信半疑；一百个人说有，大家都认为可能是这样的；一千个人说有，就不容置疑了。不善言辞的人说话令人怀疑，善辩者说话令人相信）。奸之食上也，取资乎众，籍信乎辩，而以类饰其私（奸人侵蚀君主靠的是人多、能言善辩、用表面类似的事情来掩饰自己的私心）。人主不餍忿而待合参，其势资下也（君主不愤怒斥责而要等待逻辑上说得通，这等于帮助了臣下）。有道之主听言，督其用，课其功，功课而赏罚生焉，故无用之辩不留朝（掌握了道的君主听取臣下的言论要察看其用处，考核其功效，功效考核之后确定赏罚。无用的诤辩不允许留在朝廷）。任事者知不足以治职，则官收（任职的人智慧不称职就撤职，收回官职）。说大而夸则穷端，故奸得而怒（对说大话而浮夸的人要追究到底。察得奸邪的人要怒斥）。无故而不当为诬，诬而罪臣（无故而言行不一就是欺骗，欺骗就要治臣下的罪）。言必有报，说必责用也，故朋党之言不上闻（对臣下的言论要核实，对其说法要督责效用，有关朋党的话不敢对君主说）。凡听之道，人臣忠论以闻奸，博论以内一，人主不智则奸得资（君主听取言论的方法是，通过忠诚的言论来了解奸邪的情况，让臣下广泛地发表意见君主选取其中之一，君主如果不明智，奸邪的人就有机可乘）。明主之道，己喜，则求其所内；己怒，则察其所构；论于己变之后，以得毁誉公私之征（明主听言之道，对于使自己高兴的话就探求话中包含的意思，对于使自己发怒的话就弄清话中的是非。在自己的情绪平复下来之后，再看臣子的话是诋毁还是赞誉、为公还是为私）。众谏以效智故，使君自取一以避罪，故众之谏也败（臣子进言玩花样向君主提供好几种说法，让君主自己选其中一种，是君主自己选的，这样自己就没有责任了。所以同时提出几种说法是不许可的）。君之取也，无副言于上以设将然，令符言于后以知谩诚语（君主听言，不能让臣子提出一种意见又附加另一种意见。而又说这种附加的意见也有实现的可能性，臣子要使结果与自己说的话相符，臣子以此来左右君主对真假的判断）。明主之道，臣不得两谏，必任其一语；不行擅行，必合其参，故奸无道进矣（明主听臣子意见的方法是，臣子不能有两种进说，不许擅为，进说与检验的结果必须相符合，奸臣就无法钻空子）。"君主处在臣子的包围中，周围是臣子各色言论的汪洋大海，所以君主鉴别臣子语言的真假利弊负担很重。如何鉴别呢？一是必须对君主有用，能够取得功效；二是听取不同意见；三是每个臣子要有明确的主张，不许臣子说话含混，模棱两可。

七是"听法"（一切依法）。"官之重也，毋法也；法之息也，上暗也（官吏权力过大是因为没有法制。法制不起作用是因为君主昏庸）。上暗无度，则官擅为；官擅为，故奉重无前；奉重无前，则征多；征多故富。官之富重也，乱功之所生也（君主没有法制，则官吏胡作非为；官吏胡作非为，则俸禄多而无节制；俸禄多而无节制，则向百姓征敛多，征敛多则官吏富有。官吏富有、权力大，是由政事混乱造成的）。明主之道取于任，贤于官，赏于功。言程，主喜，俱必利；不当，主怒，俱必害；则人不私父兄而进其仇雠（明主治国的原则是，选拔能办事的人，赞扬能够忠于职守的人，奖赏有功劳的人。臣子进言符合标准，君主就高兴，君臣都有利；臣子进言不符合标准，君主就发怒，君臣都有害。这样臣子就不会偏私自己的父兄而能够推荐与自己有仇的人）。势足以行法，奉足以给事，而私无所生，故民劳苦而轻官（君主给臣子的权势足以执行法，俸禄足以保证臣子办好公事，谋私的行不通，民众虽然劳苦但不觉得官府加的负担重）。任事者毋重，使其宠必在爵；处官者毋私，使其利必在禄；故民尊爵而重禄（委以重任的人权力不能太大，使其受到的恩宠只表现在爵位上。当官的人不能谋取私利，他们得到的利益只表现在俸禄上。所以民众重视爵位和俸禄）。爵禄，所以赏也；民重所以赏也，则国治。刑之烦也，名之缪也。赏誉不当则民疑，民之重名与其重赏也均（爵禄是君主用来奖赏臣子的，臣子重视君主的爵禄，国家就能够治理好了。刑罚繁乱，名称错谬，奖赏表扬不当民众就会疑惑，因为民众既重视名又重视赏）。赏者有诽焉，不足以劝；罚者有誉焉，不足以禁（对受赏者加以非议，就不能鼓励为君主做事。对受罚者加以赞誉，就不足以禁止做坏事）。明主之道，赏必出乎公利，名必在乎为上。赏誉同轨，非诛俱行。然则民无荣于赏之内（明主治国之道奖赏给予为国家做事的人，荣誉加给为君主效劳的人。奖赏和赞誉是统一原则，贬斥和惩罚同步进行。可是现在民众受赏也没有觉得光荣）。有重罚者必有恶名，故民畏。罚，所以禁也；民畏所以禁，则国治矣（受到重罚的人一定有坏的名声，所以民众畏惧。惩罚是为了禁止作恶，民众害怕惩罚，国家就能够治理了）。"君主依法赏罚，用奖赏调动民众为君主做事的积极性，用惩罚震慑作恶者。

八是"主威"。"行义示则主威分，慈仁听则法制毁（个人的品德得到表彰，君主的威势就会削弱。仁慈说教被听信，法制就会破坏）。民以制畏上，而上以势卑下，故下肆很触而荣于轻君之俗，则主威分（民众由于法制而畏惧君主，君主却谦卑地对待民众。所以敢于放肆的触犯法令，形成以轻视君主为荣的习俗。君主的威势遭到削弱）。民以法难犯上，而上以法挠慈仁，故下明爱施而务赇纳之政，是以法令隳（民众由于法制而难以侵犯君主，可是君主却任凭法受仁慈道德扰乱，所以臣子公开施恩惠大搞行贿受贿。于是法令遭到破坏）。尊私行以贰主威，行赇纳以疑法，听之则乱治，不听则谤主，故君轻乎位而法乱乎官，此之谓无常之国（尊崇臣民的私人品德削弱君主的威势，行贿赂使人们怀疑法制。君主若放任之就会扰乱国家治理，君主如果制止之就会受到诽谤。因而君主地位被人看轻，法制被官员搞乱，这就是无常规之国）。明主之道，臣不得以行义成荣，不得以家利为功，功名所生，必出于官法。法之所外，虽有难行，不以显焉，故民无以私名（明主之道臣子不能因个人的品德而荣耀，不能以获取私家利益为有功，功名的获取必须来自法制。在法制之外，虽然有难以做到的品行也不能让其显名。所以民众不能以超越国家法制之上为价值标准的显名）。设法度以齐民，信赏罚以尽民能，明诽誉以劝沮。名号、赏罚、法令三隅。故大臣有行则尊君，百姓有功则利上，此之谓有道之国也（设立法度来规范民众，必赏罚来发挥民众的才能，明示批评和表扬来鼓励和阻止。名号、赏罚、法令三者相结合，大臣有作为就尊君，百姓有功劳都对君主有利，这就是有章法的国家）。"是让君主的权威至上，还是让居于臣子地位的知识分子道德精神至上？法家非常明确地强调，必须让君主的权威压倒道德精神。

《八经》只是一小部分，综合《八经》再加上其他相关资料，法家关于君主压倒臣子的方法可以概括出以下几点。

（一）造压倒臣子之势

第一，强君弱臣。

防范臣子恃宠、扩权坐大：

"欲治其内，置而勿亲（想治好宫廷之内，设置臣子而又不亲近他们）；欲治其外，宫置一人；不使自恣，安得移并（想治好宫廷之外，每个官职设置一人；不许他胡来，怎么会出现侵职越权的事）？"[1] 对内廷，使用臣子而又不亲近他，别使臣子自认为君主可以无条件袒护他，让他可以任意妄为。对外廷，一职一人，责任落实到个人，谁也不能越权。臣子无法干超出职权的事情，就不能扩大自己的势力。

防止臣子聚众坐大：

"大臣之门，唯恐多人。凡治之极，下不能得（大臣门下就怕聚集多人。治理的最高水平是臣子不能结党营私）。周合刑名，民乃守职；去此更求，是谓大惑（规定臣子的承诺和事功必须切合，臣子才会守职；放弃这个方法就是糊涂）。猾民愈众，奸邪满侧（奸猾的民众越多，君主周围的邪臣越多）。故曰：毋富人而贷焉，毋贵人而逼焉，毋专信一人而失其都国焉。腓大于股，难以趣走（不要使别人富了而向他借钱，不要使别人尊贵而使自己受人逼迫，不要专门信任一个人而失去自

---

[1]《韩非子·扬权》，高华平、王齐洲、张三夕译注，中华书局2010年版，第65页。

己的都城和国家。小腿粗于大腿就不能快走）。主失其神，虎随其后（君主失去神秘莫测，虎就会随后产生）。主上不知，虎将为狗（君主不知情，这些老虎会装成狗）。主不蚤止，狗益无已（君主不加制止，狗的数量不断增加）。虎成其群，以弒其母。为主而无臣，奚国之有（奸臣成群就会杀掉君主。君主没有服从自己的臣子，国家就不在自己的手里了）？主施其法，大虎将怯；主施其刑，大虎自宁。法刑苟信，虎化为人，复反其真（君主坚持以法治国，臣子自然驯服）。"[1]防止臣子坐大就得注意：不能让臣子人多势众，不能让臣子财厚，驾驭臣子不能偏离刑罚。

赏赐有节制：

"欲为其国，必伐其聚；不伐其聚，彼将聚众。欲为其地，必适其赐；不适其赐，乱人求益。彼求我予，假仇人斧；假之不可，彼将用之以伐我。"[2]要减少臣子的财力。君主赏赐若不节制，臣子会欲求无度。臣子要，君主就给，这是增益臣子篡夺君主的实力。

紧握规范标准：

君主手里握有尺度标准。"黄帝有言曰：'上下一日百战。'下匿其私，用试其上（臣子隐匿其私情，试探君主）；

①《韩非子·扬权》，高华平、王齐洲、张三夕译注，中华书局2010年版，第65页。

②《韩非子·扬权》，高华平、王齐洲、张三夕译注，中华书局2010年版，第65页。

上操度量，以割其下（君主操持法度，用来制裁臣下）。故度量之立，主之宝也（设立法度乃君主之宝）；党与之具，臣之宝也（搞朋党是臣子的法宝）。臣之所不弑其君者，党与不具也（臣子不敢弑君是因为党羽还没有形成）。故上失扶寸，下得寻常（君主手握的尺度稍有偏差，臣子就得到巨大收益）。有国之君，不大其都；有道之臣，不贵其家（君主把握住尺度，不让臣子的封邑大起来；守法的臣子不让私家尊贵）。有道之君，不贵其臣；贵之富之，彼将代之（使臣子在尺度之外富之贵之，臣子将篡夺君主）。备危恐殆，急置太子，祸乃无从起（君主防止篡夺祸患的方法是赶紧立太子，保证尺度标准的延续性）。"[1] 如果没有提供有价值的操作系统，臣子作为硬件设施就全都变成了没用的废物。

君主应对臣子尺度必须拿捏得当：

"内索出圉，必身自执其度量（内索奸邪外御篡臣，君主必须亲自掌握法度）。厚者亏之，薄者靡之（势大者抑，势小者扶）。亏靡有量，毋使民比周，同欺其上（抑和扶要有分寸，不让臣下相互勾结一起欺骗君主）。亏之若月，靡之若热（抑之使之如月渐渐亏，扶之使之如天气逐渐转暖）。简令谨诛，必尽其罚（法令简明，惩罚谨慎，该罚者必罚）。"[2] 为了

---

[1] 《韩非子·扬权》，高华平、王齐洲、张三夕译注，中华书局2010年版，第65页。

[2] 《韩非子·扬权》，高华平、王齐洲、张三夕译注，中华书局2010年版，第65页。

防止臣子暗中相互勾结，隐匿恶行，君主操作尺度规范切忌简单仓促。必须内心平静，冷眼旁观，蹑足隐踪，行事渐进柔缓。

第二，以虚无之态驾驭臣子。

君主压倒臣子首先要占据到哲学的高度。虚无是一种哲学。韩非所讲的虚无，内涵丰富。

虚无是自然。虚无的含义首先是不偏离自然："天有大命，人有大命（天和人都有最高的法则，不能违反）。夫香美脆味，厚酒肥肉，甘口而疾形；曼理皓齿，说情而捐精（食色虽好，沉溺则伤身）。故去甚去泰，身乃无害（养生不能偏离自然）。"[①]这是通过必须节制食色的享受来比喻天和人的最大法则是顺应养生之自然。

虚无是君主无形。自然是看不见的。对自然的使用表现为虚而无形："权不欲见，素无为也（权力的运行不表现出来，似乎无所作为）。事在四方，要在中央。圣人执要，四方来效（君主静居于大的要害，臣子匆忙于具体事情）。虚而待之，彼自以之（君主待臣子不露声色，臣子依据职责该怎么做就怎么做）。四海既藏，道阴见阳（体现宇宙的最普遍的道藏于君主胸中，具体事物阴阳交互自然显现）。左右既立，开门而当（左右循环法则确立，应对事物无不恰当）。勿变勿易，与二俱行。行之不已，是谓履理也（阴阳左右随事变易，让臣子把

---

① 《韩非子·扬权》，高华平、王齐洲、张三夕译注，中华书局2010年版，第59页。

握不住乃是不变之理）。"①君主治理群臣抓大放小。大是无，无不是什么都没有，而是表现出不确定性，让臣子得不到算计君主的抓手。

虚无就是君主无用其长而用臣子之所长。君主使用臣子应该顺应自然。"夫物者有所宜，材者有所施，各处其宜，故上下无为（每个人都有适合的岗位，每个人才能的发挥都有适合的对象）。使鸡司夜，令狸执鼠，皆用其能，上乃无事（每一类人各自从事适合自己的工作发挥自己的长处，君主就不受臣子之间的纠纷缠绕了）。上有所长，事乃不方（君主在某一方面表现出有所长，国家的事情就不可能周全）。矜而好能，下之所欺（君主自我拔高好逞能，臣下就知道欺骗君主从哪下手）；辩惠好生，下因其材（君主喜欢卖弄口才智慧，臣下顺此达到自己的目的）。上下易用，国故不治（君臣地位颠倒了，国家就治理不好）。"②君主的职责是合理地使用臣子，而不是突出自己。君主如果突出自己的才干就是有为，就等于把自己降低到做具体工作的臣子的地位。君主无为而无不为，臣子忙于自己所应为、所宜为。

虚无是君主无所表露，只看臣子之名与实是否符合。名就是臣子对君主的承诺。"用一之道，以名为首。名正物定，名

---

① 《韩非子·扬权》，高华平、王齐洲、张三夕译注，中华书局2010年版，第59页。

② 《韩非子·扬权》，高华平、王齐洲、张三夕译注，中华书局2010年版，第60页。

倚物徙（用道来治理国家的方法是，首先注重工作中使用的名称。名称正确地反映臣子所做的工作内容，从而臣子工作的性质就明确了。名称有偏差，臣子工作的性质就不明确）。故圣人执一以静，使名自命，令事自定（圣人抓住道不偏离，让名称确定臣子工作的内容，使臣子该做的事都确定了）。不见其采，下故素正（君主不表现才能，臣下方露出本色）。因而任之，使自事之；因而予之，彼将自举之；正与处之，使皆自定之（依据臣子本色任用之，使之自然履职。依据臣子的本色布置工作，使之自然把工作做好。正确地安排臣子，使臣子自己确定自己该干什么）。上以名举之，不知其名，复修其形（君主依据臣子说的话来布置工作。不知道臣子的话合适否，那就看臣子的工作效果）。形名参同，用其所生（臣子的话和效果一致，就给予应该的赏罚）。二者诚信，下乃贡情（赏罚都兑现了，臣子才真正卖力气干）。"[1]道要体现在术上，通过术来落实。君主驾驭臣子之术是抓住名——臣子的承诺，要求臣子做事与承诺相一致。

虚无是说君主的职责不是比臣子能干，而是使臣子能干。如何使臣子能干？不要总想在智巧上自炫。"谨修所事，待命于天，毋失其要，乃为圣人（谨慎地干好自己的事，顺从自然，不要失去根本，才是圣人）。圣人之道，去智与巧，智巧

---

①《韩非子·扬权》，高华平、王齐洲、张三夕译注，中华书局2010年版，第60页。

不去，难以为常（圣人治国之道是去掉个人的智巧，否则就难以形成常规）。民人用之，其身多殃；主上用之，其国危亡。因天之道，反形之理，督参鞠之，终则有始（顺应自然法则，用之于具体事物的道理，穷根究底，始终如此）。虚以静后，未尝用己（虚静地观照事物，不用自己的臆断）。凡上之患，必同其端；信而勿同，万民一从（君主的祸患是赞同某一端的意见，君主真诚而不只是赞同某一端的意见，民众就都服从于他）。"[①] 君主治国切忌张扬自己，显示自己能干，也切忌表露自己的意愿，否则会使臣子得到算计自己的抓手。

虚无就是抽象，具有最大的概括性。君主手里的尺度越抽象，能够判断所做事情的范围越广。

道、德与具体事物之间的关系是由抽象到具体，由普遍到特殊。"夫道者，弘大而无形；德者，核理而普至（道宏大而无形，德包含着特殊的道理而到处都是）。至于群生，斟酌用之，万物皆盛，而不与其宁（具体的事物根据不同情况普遍与特殊的组合不同，各自繁盛，永不停息）。道者，下周于事，因稽而命，与时生死。参名异事，通一同情（道普遍存在于事物当中，根据不同的事物给予不同名称，顺时而生死。不同的名称表达不同的事物，但也贯穿着普遍性）。故曰：道不同于万物，德不同于阴阳（道是宏观，不同于特殊的万物。德是中

①《韩非子·扬权》，高华平、王齐洲、张三夕译注，中华书局2010年版，第60页。

观，不同于微观的阴阳），衡不同于轻重，绳不同于出入，和不同于燥湿，君不同于群臣。一凡此六者，道之出也。道无双，故曰一（道是一切事物的标准。君是臣子做事的标准）。是故明君贵独道之容。君臣不同道，下以名祷。君操其名，臣效其形，形名参同，上下和调也（君主手持标准，臣子做事。君主按照标准衡量臣子做的事情，两者一致，上下就协调了）。"[1]君主是抽象、普遍，臣子是具体、特殊。君主握住标准，衡量臣子做的事情。

如何具体操作虚无之道？韩非有一些具体说法：只根据臣子说的话的内容来判断臣子，主观没有任何先验观念。

"凡听之道，以其所出，反以为之入（君主判断臣子的话，按他所说出的，反过来检验他的实际贡献）。故审名以定位，明分以辨类（君主审核言论来确定臣子的职位，弄清是非界线来辨别臣子的类别）。听言之道，溶若甚醉（考察臣子的言论就像喝醉了酒）。唇乎齿乎，吾不为始乎；齿乎唇乎，愈惛惛乎（臣子摇唇鼓舌，我却不表态。臣子摇唇鼓舌，我却装糊涂）。彼自离之，吾因以知之（臣子细细述说，君主由此知道他的意图）。"[2]紧抓判断标准不放，不额外产生任何情感和意图，不介入臣子之间的矛盾，客观判断臣子。

---

[1]《韩非子·扬权》，高华平、王齐洲、张三夕译注，中华书局2010年版，第62页。

[2]《韩非子·扬权》，高华平、王齐洲、张三夕译注，中华书局2010年版，第62页。

"是非辐凑，上不与构（是非标准在君主手里，君主不介入臣子的矛盾）。虚静无为，道之情也（虚静无为是道之本然）；参伍比物，事之形也（相异又相联系是事物的形态）。参之以比物，伍之以合虚（不同的事物区分清楚，背后的联系排列出来）。根干不革，则动泄不失矣（君主死抓根本不动摇，臣子怎么动君主都不会失误）。动之溶也。无为而攻之（尽管臣子动摇和扰乱君主，君主仍然要无为以待之）。喜之，则多事；恶之，则生怨。故去喜去恶，虚心以为道舍（君主喜欢什么，臣子就会生事投其所好。君主厌恶什么，臣子就会刻意表现出厌恶那些事情。君主不表现出好恶，内心虚，存住道）。上不与共之，民乃宠之；上不与义之，使独为之（君主不介入臣子的工作，臣子就喜欢君主。君主不插手臣子的工作，让臣子独立去做）。上固闭内扃，从室视庭，咫尺已具，皆之其处（君主紧闭门闩，从内室窥视庭院的动静。咫尺间微细的事物皆纳入君主眼帘）。"① 君主就像电脑一样，臣子所得都是由你输入信息决定的，与君主个人的品格无关。

"以赏者赏，以刑者刑；因其所为，各以自成（该赏则赏，该罚则罚，受赏受罚都是臣子自己造成的）。善恶必及，孰敢不信（做好事坏事一定会得到相应的赏罚，谁还敢不老

---

① 《韩非子·扬权》，高华平、王齐洲、张三夕译注，中华书局2010年版，第62—63页。

实）？规矩既设，三隅乃列（一隅的规矩已立，其他三隅就明确了）。"①以上的一切都是无为的具体含义。无为无形是最高的驾驭臣子的哲学。无为无形的含义总的来说就是君主不让臣子知道自己的情况，不让臣子把精力放在怎样应付君主，而是放在怎样履行好自己的职责。

"主上不神，下将有因（君主不神秘莫测，臣子对付君主就有了抓手）；其事不当，下考其常（君主做事不当，臣子却抓住他作为常规）。若天若地，是谓累解；若地若天，孰疏孰亲？能像天地，是谓圣人（天地是公平的，是无亲疏的，能像天地那样对待臣子就是圣人）。"②君主应该像天地一样公正，无所亲疏。

君主偏离道就是偏离价值标准。君主偏离价值标准，臣子就会形式上迎合君主，实质上干偏离价值标准的事情。

（二）君必须用法驾驭臣子，使臣子不能作弊，不能不顺服

君主对待臣子的基本原则是严格执行法度。商鞅说："凡赏者，文也。刑者，武也。文武者，法之约也。故明主任法。明主不蔽之谓明。不欺之谓察。故赏厚而信，刑重而必，不失疏远，不违亲近，故臣不蔽主，而下不欺上。"③赏是文治，罚是武治，赏罚是法制的关键。明主信赏必罚，臣子就不会欺蒙

①《韩非子·扬权》，高华平、王齐洲、张三夕译注，中华书局2010年版，第62页。
②《韩非子·扬权》，高华平、王齐洲、张三夕译注，中华书局2010年版，第65页。
③《商君书·修权》，石磊译注，中华书局2011年版，第105页。

君主。

"是故先王知自议誉私之不可任也，故立法明分，中程者赏之，毁公者诛之。赏诛之法，不失其议，故民不争。授官予爵不以其劳，则忠臣不进；行赏赋禄不称其功，则战士不用。"① 如果立法分明，赏罚一准于法，则民不争，臣子尽力。反过来说，法度不明，赏罚不依法，臣子就不愿意效力。

"故君子操权一正以立术，立官贵爵以称之，论荣举功以任之，则是上下之称平。上下之称平，则臣得尽其力，而主得专其柄。"② 君主要掌握大权统一政策来确立统治方法，根据能力授官予爵，按照功劳加以任用。这样上下都认为公平。上下都认为公平，则臣子能够尽力效劳，君主能够掌握统治权。

"百县之治一形，则徙迁者不饰，代者不敢更其制，过而废者不能匿其举。过举不匿，则官无邪人。"③ 各郡县的制度和治理措施标准划一，到期或离任的官员就无法美化自己的政绩，接任的官员不能改变已有的制度，犯了错误被废黜的官员不能掩盖自己的错误。官员就没有了心术不端的人。

"治法明，则官无邪。"④ 法制严明，官员就不能做邪恶之事。

"故明君不道卑，不长乱也。秉权而立，垂法而治，以得

① 《商君书·修权》，石磊译注，中华书局2011年版，第107页。
② 《商君书·算地》，石磊译注，中华书局2011年版，第66页。
③ 《商君书·垦令》，石磊译注，中华书局2011年版，第20页。
④ 《商君书·壹言》，石磊译注，中华书局2011年版，第76页。

奸于上，而官无不；赏罚断，而器用有度。"①聪明的君主不使用平庸的治道，不助长动乱，掌握大权主持朝政，贯彻法制治理天下。君虽在上，对下面的奸人也能够洞悉，所以官员就没有邪恶的行为。君主赏罚决断有据，器物使用均有度数。

"明主不滥富贵其臣（不在法外富贵人）。所谓富者，非粟米珠玉也？所谓贵者，非爵位官职也？废法作私，爵禄之，富贵之，滥也（不按照法来富贵人就是'滥'）。凡人主德行非出人也，知非出人也，勇力非过人也。然民虽有圣知，弗敢我谋；勇力弗敢我杀；虽众，不敢胜其主。虽民至亿万之数，县重赏而民不敢争，行罚而民不敢怨者，法也（君主'德'、'智'、'勇'非超越他人，但是名分不敢侵犯君主。民众不敢争赏，不敢怨罚，都是因为君主实行法制）。国乱者，民多私义；兵弱者，民多私勇。则削国之所以取爵禄者多涂（一切道德评价都要统一于上）。亡国之俗，贱爵轻禄，不作而食，不战而荣，无爵而尊，无禄而富，无官而长，此之谓奸民（不通过君主规定的途径富贵是奸民）。所谓'治主无忠臣，慈父无孝子'（不需要人的自觉性，不要道德），欲无善言，皆以法相司也，命相正也。不能独为非，而莫与人为非（对任何人不用好言相劝，都以法来监控，命令他们互相纠正。不能独自为非，也不能与他人共同为非）。"②总之，上行法制，下必顺

①《商君书·壹言》，石磊译注，中华书局2011年版，第79页。
②《商君书·画策》，石磊译注，中华书局2011年版，第135—136页。

上，道德无用。

"所谓明者，无所不见，则群臣不敢为奸，百姓不敢为非。是以人主处匡床之上，听丝竹之声，而天下治。所谓明者，使众不得不为。所谓强者，天下胜。天下胜，是故合力。是以勇强不敢为暴，圣知不敢为诈，而虑用。兼天下之众，莫敢不为其所好，而辟其所恶。所谓强者，使勇力不得不为己用。其志足，天下益之；不足，天下说之。"①所谓君主的圣明，就是大臣不敢耍奸，民众不敢为非，大家都不得不为君主做事。所谓君主的强大，就是天下人不敢对君主使诈、使暴，都愿意为君主所用。君主如何做到这些呢？"圣人知必然之理，必为之时势，故为必治之政，战必勇之民，行必听之令。是以兵出而无敌，令行而天下服从。黄鹄之飞，一举千里，有必飞之备也。丽丽巨巨，日走千里，有必走之势也。虎豹熊罴，鸷而无敌，有必胜之理也。圣人见本然之政，知必然之理，故其制民也，如以高下制水，如以燥湿制火。故曰：仁者能仁于人，而不能使人仁。义者能爱于人，而不能使人爱。是以知仁义之不足以治天下也。圣人有必信之性，又有使天下不得不信之法。所谓义者，为人臣忠；为人子孝；少长有礼；男女有别；非其义也，饿不苟食，死不苟生。此乃有法之常也。圣王者不贵义而贵法，法必明，令必行，则已矣。"②道德能够

①《商君书·画策》，石磊译注，中华书局2011年版，第137页。
②《商君书·画策》，石磊译注，中华书局2011年版，第137—139页。

仁爱别人却不能使人仁爱。法制则能够让君主逍遥无为，如同大雁有必飞的翅膀，如同猛兽有必搏的爪牙，令臣子不能不遵守"忠"、"孝"、"礼"、"别"等道德规范。

韩非也如是说："从是观之，则圣人之治国也，固有使人不得不爱我之道，而不恃人之以爱为我也。恃人之以爱为我者危矣，恃吾不可不为者安矣（要让臣子不得不爱我，不要指望臣子有爱我的私情。让臣子意识到以私情爱君主是危险的。让臣子感到不得不为我做事才平安）。夫君臣非有骨肉之亲，正直之道可以得利，则臣尽力以事主；正直之道不可以得安，则臣行私以干上（臣子靠正常途径得利，就会尽力侍奉君主。不能靠正常途径得利，臣子就会对君主要奸）。"①君主以法制遇臣，臣子必然为君主效力，不敢要奸。道德不可靠这在当时是很多人的看法："晋文公出亡，箕郑挈壶餐而从，迷而失道，与公相失，饥而道泣，寝饿而不敢食（跟随晋文公流亡的箕郑宁可饿死也不动主人的饮料和食品）。及文公反国，举兵攻原，克而拔之。文公曰：'夫轻忍饥馁之患而必全壶餐，是将不以原叛。'乃举以为原令（晋文公因为箕郑对自己的忠诚而把'原'这个战略要地交给他治理）。大夫浑轩闻而非之曰：'以不动壶餐之故，怙其不以原叛也，不亦无术乎？'故明主者，不恃其不我叛也，恃吾不可叛也；不恃其不我欺也，恃吾

---

① 《韩非子·奸劫弑臣》，高华平、王齐洲、张三夕译注，中华书局2010年版，第133页。

不可欺也。"① 浑轩认为，因为箕郑的道德行为就完全信赖他，对之委以重任，这不是好的统治方法。作为明主，不要指望手下人不背叛我、不欺骗我，要让他想背叛也背叛不了我，想欺骗也欺骗不了我。韩非打了个比喻："夫驯鸟者断其下翎焉。断其下翎，则必恃人而食，焉得不驯乎？夫明主畜臣亦然，令臣不得不利君之禄，不得无服上之名。夫利君之禄，服上之名，焉得不服？"② 驯鸟时不要指望鸟不会逃跑，只要把鸟的翎毛掐断，鸟想跑也跑不了。对付臣子也是一样，要让臣子不能不服从君主的统治，做到这一点只有使用法制。

（三）君主严格依法责臣，使之无法乱政

"道不同于万物，德不同于阴阳，衡不同于轻重，绳不同于出入，和不同于燥湿，君不同于群臣。一凡此六者，道之出也。道无双，故曰一。是故明君贵独道之容。君臣不同道，下以名祷，君操其名，臣效其形，形名参同，上下和调也。"③ 道相当于秤，万物是轻重；道相当于定音器，万物相当于成因；道是标准。万物被衡量。君主是道，臣子是万物。君主提出标准，臣子按照标准去做事。

①《韩非子·外储说左下》，高华平、王齐洲、张三夕译注，中华书局2010年版，第441页。
②《韩非子·外储说右上》，高华平、王齐洲、张三夕译注，中华书局2010年版，第475页。
③《韩非子·扬权》，高华平、王齐洲、张三夕译注，中华书局2010年版，第62页。

"夫有术者之为人臣也，得效度数之言，上明主法，下困奸臣，以尊主安国者也。是以度数之言得效于前，则赏罚必用于后矣（君主要奖赏能够进法度之言的臣子）。人主诚明于圣人之术而不苟于世俗之言，循名实而定是非，因参验而审言辞（君主明法度，不受制于世俗之言，按照法度定是非，按照实际来判断言辞）。是以左右近习之臣，知伪诈之不可以得安也，必曰：'我不去奸私之行、尽力竭智以事主，而乃以相与比周、妄毁誉以求安，是犹负千钧之重，陷于不测之渊而求生也，必不几矣。'百官之吏亦知为奸利之不可以得安也，必曰：'我不以清廉方正奉法，乃以贪污之心枉法以取私利，是犹上高陵之颠堕峻谿谷之下而求生，必不几矣。'安危之道若此其明也，左右安能以虚言惑主？而百官安敢以贪渔下？是以臣得陈其忠而不弊，下得守其职而不怨。此管仲之所以治齐而商君之所以强秦也。"①君主奖赏能够进法度之言的臣子，明法度，不受制于世俗之言，按照法度定是非，按照实际来判断言辞。臣子若不按照君主的要求处事和进言就没有出路。管仲、商鞅辅助君主做到这些，所以国家能够强大。

"夫人臣之侵其主也，如地形焉，即渐以往，使人主失端，东西易面而不自知。故先王立司南以端朝夕。"②臣 子经

---

① 《韩非子·奸劫弑臣》，高华平、王齐洲、张三夕译注，中华书局2010年版，第132—133页。
② 《韩非子·有度》，高华平、王齐洲、张三夕译注，中华书局2010年版，第49页。

常在君主不知不觉中使之偏离正确方向，就像地形一样，是逐步改变的。所以君主必须随时手握司南，指引方向，坚持正确方向。"故明主使其群臣不游意于法之外，不为惠于法之内，动无非法。法，所以凌过游外私也；严刑，所以遂令惩下也。威不贷错，制不共门。威、制共，则众邪彰矣；法不信，则君行危矣；刑不断，则邪不胜矣。故曰：巧匠目意中绳，然必先以规矩为度；上智捷举中事，必以先王之法为比。故绳直而枉木斲，准夷而高科削（用准来测量是否平，凸出的部分会被削掉），权衡县而重益轻，斗石设而多益少。故以法治国，举措而已矣。法不阿贵，绳不挠曲。法之所加，智者弗能辞，勇者弗敢争。刑过不辟大臣，赏善不遗匹夫。故矫上之失，诘下之邪，治乱决缪，绌羡齐非，一民之轨，莫如法。属官威名，退淫殆，止诈伪，莫如刑。刑重，则不敢以贵易贱；法审，则上尊而不侵。上尊而不侵，则主强而守要，故先王贵之而传之。人主释法用私，则上下不别矣。"①君主树立的正确指针就是法。必须坚决依法处事，无论亲疏，不留情面，不用私意。对于欺骗君主的臣子惩罚要狠，君臣上下就界线分明，臣子不能犯上。

如何使臣子按照君主的要求发言。"主道者，使人臣必有言之责，又有不言之责。言无端末、辩无所验者，此言之责

①《韩非子·有度》，高华平、王齐洲、张三夕译注，中华书局2010年版，第49—50页。

也；以不言避责、持重位者，此不言之责也。人主使人臣，言者必知其端以责其实，不言者必问其取舍以为之责，则人臣莫敢妄言矣，又不敢默然矣，言、默则皆有责也。"①君主对臣子说话的要求是，该说的必须说。不说就要负不说的责任。说出的话要有来龙去脉，要有头有尾，要能够验证。

《战国策》中记载了秦国内部存在君臣之间、臣子之间的矛盾，可是这些却没有能够危害到秦国，因为秦国有严格的法制。

（在华阳——河南修武北击败魏军后，秦军进入北宅，围攻大梁）"穰侯攻大梁，入北宅（魏邑，郑州北），魏且从（魏安釐王打算屈服）。（有人提醒）谓穰侯曰：'君攻楚，得宛（南阳）、穰（邓州）以广陶（定陶西北）；攻齐，得刚（齐邑，山东宁阳东北）、寿（齐邑，山东寿张）以广陶；得许（许昌东）、鄢陵（今鄢陵西北）以广陶，秦王（秦昭王）不问者，何也？以大梁之未亡也。今日大梁亡，许、鄢陵必议（一定有人议论你不该再得到许、鄢陵），议则君必穷（你会处于窘状）。为君计者，勿攻便。'"②来人利用秦国君臣之间的矛盾来劝止穰侯攻大梁。这透露出穰侯魏冉与秦昭王和其他大臣之间有隔阂。

"秦自四境之内，执法（执政。注意：执法与执政通

①《韩非子·南面》，高华平、王齐洲、张三夕译注，中华书局2010年版，第167页。
②《战国策·魏四·穰侯攻大梁》，缪文远、缪伟、罗永莲译注，中华书局2012年版，第779页。

称。）以下至于长挽者（普通百姓），故毕曰（全都会问）：'与嫪氏乎？与吕氏乎（支持嫪毐呢，还是支持吕不韦呢）？'虽至于门间之下，廊庙之上，犹之如是也（秦国上下全都在犹豫）。今王割地以赂秦，以为嫪毐功；卑体以尊秦，以因嫪毐。王以国赞嫪毐，以嫪毐胜矣。王以国赞嫪氏，太后之德王也，深于骨髓（应该支持嫪毐），王之交最为天下上矣（在诸侯中您魏王与秦交情最厚）。秦、魏百相交也，百相欺也（以往秦、魏相交相互欺诈）。今由嫪氏善秦而交为天下上，天下孰不弃吕氏而从嫪氏？天下必舍吕氏而从嫪氏，则王之怨报矣。"①这个游说魏景湣王的人主张利用秦国内部嫪毐与吕不韦的矛盾，支持嫪毐，讨好秦太后，来缓和秦国对魏国的压力。嫪毐、吕不韦、秦太后之间的矛盾严重影响着秦国政局的稳定，其他国家也想利用秦国这些矛盾达到自己的目的。

"（秦武王时派甘茂围攻宜阳。秦公孙显要给甘茂使坏）宜阳（洛阳西南）之役，杨达（秦人，策士）谓公孙显（秦臣，甘茂的政敌）曰：'请为公以五万攻西周，得之（如果得手），是以九鼎抑甘茂也（功劳比甘茂打宜阳的大）；不然（没得手），秦攻西周，天下恶之，其救韩必疾，则茂事败矣。'"②秦国臣子公孙显、甘茂是政敌，策士杨达帮助公孙显

①《战国策·魏四·秦攻魏急》，缪文远、缪伟、罗永莲译注，中华书局2012年版，第804页。
②《战国策·韩策一·宜阳之役》，缪文远、缪伟、罗永莲译注，中华书局2012年版，第828页。

给甘茂使坏。

"公仲以宜阳之故仇甘茂。其后，秦归武遂（临汾西南）于韩。已而（不久），秦王（秦昭王）固疑甘茂之以武遂解于公仲也（怀疑甘茂用武遂化解他与韩相公仲俩之间的矛盾）。杜赫（楚人，游说之士）为公仲谓秦王曰：'俩也愿因茂以事王。'秦王大怒于甘茂，故樗里疾（秦惠文王的儿子，想排斥甘茂）大说杜赫。"[1]甘茂拿下韩国宜阳。杜赫帮助韩国挑拨秦国君臣关系，使秦昭王猜忌甘茂，同时也帮助甘茂的政敌樗里疾压甘茂一头。

"向寿（秦武王的近臣，宣太后的外家）（对那个人）曰：吾合秦、楚，非以当韩也，子为我谒之（我使秦、楚联合，不是为了对付韩国，你帮我对公仲俩说）。公仲曰：'秦、韩之交可合也（邦交可以恢复）。'（那个说客）对曰：'愿有复于公（这个人又说，我还有话对你说）。谚曰：贵其所以贵者贵（尊重别人所尊重的就会受到尊重）。今王之爱习公也，不如公孙郝（秦国贵臣）；其知能公也，不如甘茂（论被秦王宠爱你不如公孙郝。论智慧你不如甘茂）。今二人者皆不得亲于事矣，而公独与王主断于国者，彼有以失之也（那两个人现在不能主持国政因为他们都有所偏向）。公孙郝党（偏向于）于韩，而甘茂党于（偏向于）魏，故王不信也。

---

[1]《战国策·韩策一·公仲以宜阳之故仇甘茂》，缪文远、缪伟、罗永莲译注，中华书局2012年版，第830页。

今秦、楚争强，而公党于楚，是与公孙郝、甘茂同道也，公何以异之？人皆言楚之多变也，而公必亡之，是自为责也（楚国多变，你却不这样认为，这是在秦王面前自我责备）。公不如与王谋其变也（你不如与秦王研究如何对待楚国的善变），善韩以备之，若此，则无祸矣（与韩国亲善共同对付楚国就没事了）。韩氏先以国从公孙郝，而后委国于甘茂，是韩，公之雠也（韩国先把国家交给公孙郝。后把国家交给甘茂。所以韩用的都是你的仇敌，韩国就是你的仇敌）。今公言善韩以备楚，是外举不辟雠也（今天你向寿主张亲近韩国，防备楚国这是表现出你的美德）。'"①那个说客看到向寿与公孙郝、甘茂的矛盾，指出向寿目前受君主器重暂时占据上风，但也有弱项；那个说客教向寿怎么样调整自己，巩固自己的优势。

"向寿曰：'吾甚欲韩合。'对曰：'甘茂许公仲以武遂，反宜阳之民，今公徒令收之，甚难（甘茂给了韩国好处，而你向寿什么都没给，想拉拢韩国，这太难了）。'向子（向寿）曰：'然则奈何？武遂（临汾西南）终不可得已（韩国最终没有得到武遂）。'对曰：'公何不以秦为韩求颍川（禹州）于楚（你向寿何不借助秦国为韩国向楚国要颍川），此乃韩之寄地（被楚国夺走的韩国土地）也。公求而得之，是令行于楚而以其地德韩也。公求而弗得（求颍川而没有得到），是

---

① 《战国策·韩策一·为韩公仲谓向寿曰》，缪文远、缪伟、罗永莲译注，中华书局2012年版，第837页。

韩、楚之怨不解，而交走秦也（这说明韩、楚仇未解。他们会争相与秦结交）。秦、楚争强，而公徐过（责备）楚以收韩，此利于秦。'向子曰：'奈何？'对曰：'此善事也。甘茂欲以魏取韩（借助魏国联合韩国），公孙郝欲以韩取齐（借助韩国联合齐国），今公取宜阳以为功，收楚、韩以安之，而诛齐、魏之罪，是以公孙郝、甘茂无事也（失势了）。'"①游说者劝向寿拉拢楚国韩国，打击魏国齐国，从而使向寿的政敌——主张联合魏齐的公孙郝、甘茂失势。

"客卿（官名，在宰相下面一等）为韩谓秦王（秦武王）曰：'韩珉（齐相）之议，知其君不知异君，知其国不知异国（韩珉的计谋，只知其君不知他国之君，只知其国不知他国）。彼公仲者，秦势能诎之（公仲倗只有秦国的势力能够折服他）。秦之强，首之者，珉为疾矣（像秦国这样强大的国家，韩珉竟敢跟他对抗，必会害了自己的国家）。进齐、宋之兵至首垣（魏邑，河南长垣东北），远薄梁郭（韩国发动齐、宋的军队到魏邑首垣，远远望见大梁的城郭），所以不及魏者，以为成而过南阳之道（之所以不进逼大梁，是为了与魏讲和，借道南阳），欲以四国西首也（韩、齐、宋、魏四国西向伐秦）。所以不者（他们之所以没有这样做），皆曰以燕亡于齐，魏亡于秦，陈、蔡亡于楚，此皆绝地形，群臣比周以蔽其

---

① 《战国策·韩策一·为韩公仲谓向寿曰》，缪文远、缪伟、罗永莲译注，中华书局2012年版，第837页。

上（群臣勾结蒙蔽主上），大臣为诸侯轻国也（大臣媚外，轻视本国）。'"①韩国客卿提到很多国家的灭亡是由于臣子不爱本国，勾结外部势力。

"今王位正（你大王执政），张仪之贵不得议公孙郝，是从臣不事大臣也（侍从之臣不能插手大臣的事）；公孙郝之贵不得议甘茂，则大臣不得事近臣矣（大臣不能干预近臣的事）。贵贱不相事，各得其位，辐凑以事其上（上下级不相干预，各司其职，都为君主服务），则群臣之贤不肖可得而知也（臣子之间不互相碰撞，谁能力如何君主就知道了）。王之明一也。"②秦国能够建立法制，不让臣子之间内耗，都为君主服务。

"公孙郝尝挟齐、韩而不加贵（公孙郝曾拉拢齐、韩，但他并没有因此而更加显贵），则为大臣不敢为诸侯轻国矣。齐、韩尝因公孙郝而不受（齐、韩曾通过公孙郝讨好秦国而没有被接受），则诸侯不敢因群臣以为能矣（外国就不能通过我国群臣来进行活动了）。外内不相为，则诸侯之情伪可得而知也（内外不能互相勾结利用，对外国的事情就能够了解了）。王之明二也。"③秦国对诸侯有清醒的认识，不许外来势力勾

① 《战国策·韩策三·客卿为韩谓秦王曰》，缪文远、缪伟、罗永莲译注，中华书局2012年版，第898页。

② 《战国策·韩策三·客卿为韩谓秦王曰》，缪文远、缪伟、罗永莲译注，中华书局2012年版，第899页。

③ 《战国策·韩策三·客卿为韩谓秦王曰》，缪文远、缪伟、罗永莲译注，中华书局2012年版，第899—900页。

结本国臣子对本国内政施加影响。张仪、甘茂、公孙郝、樗里疾分别挟诸侯以自重，相互争夺权力。秦武王上台后，加以纠正，群臣各司其职，不再内外勾结，共同效忠君主。秦国为什么胜利？因为没有让外部势力影响国内政治。

（四）君待臣以术

法家认为，臣子个个一肚子坏水，对待君主之奸诈、之阴谲、手段之卑劣，只使用法度不足以驾驭之，还必须使用法外之术。

怎样用术？

第一，术讲求隐秘。

《群书治要》卷三十六引《申子·大体篇》说："善为主者，倚于愚，立于不盈，设于不敢，藏于无事，窜端匿迹，视天下无为。"[1]善于做君主的要显示出愚钝无能，无所作为。

"术者，藏之于胸中以偶众端而潜御群臣者也。故法莫如显，而术不欲见。是以明主言法，则境内卑贱莫不闻知也，不独满于堂；用术，则亲爱近习莫之得闻也，不得满室。"[2]术是藏在君主内心，应对各个方面，暗中驾驭群臣的。所以法越公开越好，术不能显露出来。明主讲法让境内低贱的人莫不知

---

[1]《群书治要》卷三十六引《申子·大体篇》，《四部丛刊·初编·集部》，书同文数字化技术有限公司1998年光盘版。

[2]《韩非子·难三》，高华平、王齐洲、张三夕译注，中华书局2010年版，第587页。

晓，谈术就是贴心体己之人也不能让他知道，不可能让满屋子的人都知道。

"明主，其务在周密。是以喜见则德偿，怒见则威分。故明主之言隔塞而不通，周密而不见。"[1] 英明的君主最主要的事情是严密而周到。君主如果表现出喜欢谁，臣下就会利用这个喜欢奖赏那个人，窃取君主的恩德。君主如果对某人表现出愤怒，臣下就会利用这个愤怒惩罚那个人，从而分走君主的威。所以明主的言论隔绝通道不外露，保密而不显现出来。

"夫事以密成，语以泄败。"[2] 事情由于保密而成功，说话由于泄密而失败。

"漏泄而无藏，不能周密而通群臣之语者，可亡也。"[3] 机密泄露而不加隐藏，不能周密行事而将臣子的进言互相透露，国家将会灭亡。

尽管君主刻意保守秘密，臣子还是时不时地探测出君主的内心所想。韩非举例："薛公相齐，齐威王夫人死，中有十孺子皆贵于王，薛公欲知王所欲立而请置一人以为夫人。王听之，则是说行于王，而重于置夫人也；王不听，是说不行，而轻于置夫人也。欲先知王之所欲置以劝王置之，于是为十玉珥

---

[1] 《韩非子·八经》，高华平、王齐洲、张三夕译注，中华书局2010年版，第689页。

[2] 《韩非子·说难》，高华平、王齐洲、张三夕译注，中华书局2010年版，第116页。

[3] 《韩非子·亡征》，高华平、王齐洲、张三夕译注，中华书局2010年版，第148页。

而美其一而献之。王以赋十孺子，明日坐，视美珥之所在而劝王以为夫人。"①齐威王夫人死了，他有十个姬妾都十分受到宠爱，想从中选拔一个当正夫人。薛公（孟尝君）想知道齐威王更加喜欢哪一位，好建议齐威王立那个姬妾。如果所建议立的就是齐威王最喜欢的那个，将来必然受到正夫人的重视，自然也会更加受到君主的重视。怎么才能知道齐威王内心最喜欢谁？他找人打造了十副玉耳环，并将其中一副打造得尤其精美，献给了齐威王，齐威王分发给了十个姬妾。孟尝君看到那副最精美的耳环被谁戴着，就知道齐威王更加喜欢哪一位，便积极举荐那位姬妾为正夫人。

孟尝君还只是通过窃取君主的秘密固宠，更有臣子得到君主的秘密后坏君主的事，损害君主。韩非举例："甘茂相秦惠王，惠王爱公孙衍，与之间有所言，曰：'寡人将相子。'甘茂之吏道穴闻之，以告甘茂。甘茂入见王，曰：'王得贤相，臣敢再拜贺。'王曰：'寡人托国于子，安更得贤相？'对曰：'将相犀首。'王曰：'子安闻之？'对曰：'犀首告臣。'王怒犀首之泄，乃逐之。"②甘茂做秦惠王的相，秦惠王喜欢公孙衍（犀首），和公孙衍私下谈话说我想立你为相。甘茂的一个小官吏从孔洞里听到了这句话，把这件事告诉了甘

①《韩非子·外储说右上》，高华平、王齐洲、张三夕译注，中华书局2010年版，第481页。
②《韩非子·外储说右上》，高华平、王齐洲、张三夕译注，中华书局2010年版，第482页。

茂。甘茂进宫见秦惠王说，你得到了贤相，我冒昧地拜两拜向你祝贺。秦惠王称把国家交给甘茂了没另择贤相，问是听谁说的？甘茂说是听公孙衍说的。秦惠王对公孙衍泄密很生气，把公孙衍赶走了。

第二，虚静之术。

韩非说："道者，万物之始，是非之纪也。是以明君守始以知万物之源，治纪以知善败之端（道是万物之根源，是是非判断贯穿始终的标准。所以明君把握住这个根源，就知道万物的根基。研究这个根源就知道事物成败的原因）。故虚静以待令，令名自命也，令事自定也（道没有具体的形态，所以君主用虚静的态度对待一切，以事物反映的内容来确定事物的名称，让事物以事物自身的内容来确定自己的名称）。虚则知实之情，静则知动者正（心中没有成见就能够知道事物的真相，保持宁静就能知道行动的恰当尺度）。"[①]君主的虚静就是心里没有成见，行为不受情感所左右，如此才能够客观地应对群臣。

"有言者自为名，有事者自为形；形名参同，君乃无事焉，归之其情（臣子的言就是名，臣子做的事就是形，让形名验证符合，君主就没有其他事情了，事物的真相呈现出来）。君无见其所欲，君见其所欲，臣自将雕琢（君主不要表现出自己的爱好，否则臣子就会粉饰自己的言行）；君无见其意，君

————————
[①]《韩非子·主道》，高华平、王齐洲、张三夕译注，中华书局2010年版，第34—35页。

见其意，臣将自表异（君主不要表现出自己的意图，否则臣子就会按照君主的意图塑造自己）。故曰：去好去恶，臣乃见素；去旧去智，臣乃自备（君主去掉自己的好恶，臣子乃表现出本真。君主去掉成见和智巧，臣子自然会干该干的）。故有智而不以虑，使万物知其处（君主有智慧而不用智慧思虑，让众臣子知道自己该处的位置）；有行而不以贤，观臣下之所因（君主做事不显露才能，观察臣子做事所依据）；有勇而不以怒，使群臣尽其武（有勇而不逞威，让群臣发挥出自己的勇武）。"①君主虚己无为，让臣子不受君主影响，如实地展示自己。否则臣子会刻意地讨好君主，刻意美化自己。

"是故去智而有明，去贤而有功，去勇而有强。群臣守职，百官有常，因能而使之，是谓习常（君主不要有所做作，不要求臣子在尽职履职之外还要投合自己什么。臣子按常规办事）。故曰：寂乎其无位而处，漻乎莫得其所（君主安静得好像不存在，君主驰游于广袤的空间莫知其所止）。明君无为于上，群臣竦惧乎下（明君在上不做作，臣子在下小心尽职）。明君之道，使智者尽其虑，而君因以断事，故君不穷于智；贤者勑其材，君因而任之，故君不穷于能；有功则君有其贤，有过则臣任其罪，故君不穷于名。是故不贤而为贤者师，不智而为智者正。臣有其劳，君有其成功，此之谓贤主之经也（君主

---

① 《韩非子·主道》，高华平、王齐洲、张三夕译注，中华书局2010年版，第35页。

要让臣子尽其智、尽其能、尽其劳，自己坐收其功）。"[1]君主遁于无形无所，让臣子无所把握，唯一的选择就是该怎么尽职就怎么尽职。

君主虚静的表现是："道在不可见，用在不可知（君主的想法不可显现，君主的行事路数不能被别人知道）。虚静无事，以暗见疵（君主保持虚和静的状态，暗中观察臣子的瑕疵）；见而不见，闻而不闻，知而不知。知其言以往，勿变勿更，以参合阅焉（装作什么也没有看到听到，什么也不知道，知道臣子已经提出的主张，不要求变更，看他说的做的是否一致）。官有一人，勿令通言，则万物皆尽（每个官职只有一人，不让他们互相串通，臣子的所有事情尽被知晓）。"[2]

虚静的重要性如下："函掩其迹，匿其端，下不能原；去其智，绝其能，下不能意（君主不露痕迹，臣下揣摩不到君主的意图）。保吾所以往而稽同之，谨执其柄而固握之（保持我所要的，考察臣子是否与我相同，谨慎地握住权柄）。绝其能望，破其意，毋使人欲之（杜绝臣子法外之求，破除臣子法外之意念，不让臣子有不当的欲望）。"[3]

如果做不到虚静："不谨其闭，不固其门，虎乃将存（不

---

[1]《韩非子·主道》，高华平、王齐洲、张三夕译注，中华书局2010年版，第35页。

[2]《韩非子·主道》，高华平、王齐洲、张三夕译注，中华书局2010年版，第37页。

[3]《韩非子·主道》，高华平、王齐洲、张三夕译注，中华书局2010年版，第37页。

紧其锁，不坚固其门，篡臣会像老虎一样闯入）。不慎其事，不掩其情，贼乃将生（不谨慎地掩盖自己的真情，贼将产生）。"①做不到虚静，对君主的危害就会产生。

君主具体怎么做到虚静呢？——"静退"。"人主之道，静退以为宝。""静退"的具体含义是："不自操事而知拙与巧，不自计虑而知福与咎（不亲自操作就知道臣子做得好不好，不亲自谋划就知道臣子的计谋是福还是祸）。是以不言而善应，不约而善增（君主不说话，却能够正确回应臣子，不要做出规定，却能够对臣子提出更高要求）。言已应，则执其契（臣子已经回应了君主的要求，君主就要求臣子兑现承诺）；事已增，则操其符。符契之所合，赏罚之所生也（君主的要求增加了，拿着符契去检验臣子做到没有，根据检验结果来确定赏罚）。故群臣陈其言，君以其言授其事，事以责其功。功当其事，事当其言，则赏；功不当其事，事不当其言，则诛。明君之道，臣不得陈言而不当（以臣之言责其事，以事当其言行赏）。是故明君之行赏也，暖乎如时雨，百姓利其泽；其行罚也，畏乎如雷霆，神圣不能解也。故明君无偷赏，无赦罚。赏偷，则功臣堕其业；赦罚，则奸臣易为非。是故诚有功，则虽疏贱必赏；诚有过，则虽近爱必诛。疏贱必赏，近爱必诛，则疏贱者不怠，而近爱者不骄也（君主赏罚只凭事言契合与否，

①《韩非子·主道》，高华平、王齐洲、张三夕译注，中华书局2010年版，第37页。

没有个人好恶）。"①君主的"静退"不是什么都不干，而是对臣子契合言行，因之行事赏罚。申不害主张"为人君者，操契以责其名"。②

然而，韩非的"虚静"也有一些矛盾困惑的说法："酸甘咸淡，不以口断而决于宰尹，则厨人轻君而重于宰尹矣。上下清浊，不以耳断而决于乐正，则瞽工轻君而重于乐正矣。治国是非，不以术断而决于宠人，则臣下轻君而重于宠人矣。人主不亲观听，而制断在下，托食于国者也。"③韩非认为，就像食物的口味，必须亲口去尝，不能都听宰尹的；音乐必须亲耳听，不能都听乐正的；君主治国必须亲自使用法术，不能都由宠幸的人来决断。为什么？因为君主会失去权力受制于人。

总之，法家关于处理君臣关系的理论，都是立足于君臣之间的利益博弈关系。虽然如何防范臣子、压倒臣子的理论提出了不少，但实际上君臣之间的利益博弈是永远消除不了的。

---

① 《韩非子·主道》，高华平、王齐洲、张三夕译注，中华书局2010年版，第38页。

② 赵蕤：《长短经·适变第十五》，《四库全书》，上海人民出版社1999年光碟检索版。

③ 《韩非子·八说》，高华平、王齐洲、张三夕译注，中华书局2010年版，第678页。

第五讲
法家论法制

在原始氏族部落社会没有法制，调节人际关系的是建立在自发信念基础上形成的风俗习惯，这些风俗习惯渗透着浓厚的道德情感，人们处理关系都习惯于用道德说话。孟子曰："汤居亳，与葛为邻。葛伯放而不祀，汤使人问之曰：'何为不祀？'曰：'无以供牺牲也。'汤使遗之牛羊，葛伯食之，又不以祀。汤又使人问之曰：'何为不祀？'曰：'无以供粢盛也。'汤使亳众往为之耕，老弱馈食；葛伯率其民要其有酒食黍稻者夺之，不授者杀之；有童子以黍肉饷。杀而夺之。书曰：'葛伯仇饷。'此之谓也。"①汤为什么要除掉葛伯？因为葛伯不讲道德，汤除掉葛伯是为了维护道德。"历山之农者侵畔，舜往耕焉，期年，甽亩正。河滨之渔者争坻，舜往渔焉，期年，而让长。东夷之陶者器苦窳，舜往陶焉，期年而器牢。仲尼叹曰：'耕、渔与陶，非舜官也，而舜往为之者，所以救赎也。舜其信仁乎！乃躬藉处苦而民从之。故曰：圣人之德化乎！'"②舜用自己的道德楷模行为感化农民、渔民、手工业者，化解他们的冲突，净化他们的心灵。

齐桓公行称霸之实，但表面上还是打出维护道德的旗号。孟子记载："葵丘之会诸侯，束牲载书而不歃血。初命曰：'诛不孝，无易树子，无以妾为妻。'再命曰：'尊贤育才，以彰有德。'三命曰：'敬老慈幼，无忘宾旅。'四命曰：'士无世官，官事无摄，取士必得，无专杀大夫。'五命曰：'无曲防，无遏籴，无有封而不告。'曰：'凡我同盟之人，既盟之后，言归于好。'"③第一次盟会，就共同宣称：诛杀不孝，不轻易改变太子，不以妾为正妻。第二次盟会就共同宣称：尊敬贤能，培育贤才，表彰有道德的人。第三次盟会就共

---

① 《孟子·滕文公下》，史仲文主编：《中华经典藏书》，北京出版社1999年版，第1135页。

② 《韩非子·难一》，高华平、王齐洲、张三夕译注，中华书局2010年版，第530页。

③ 《孟子·告子下》，史仲文主编：《中华经典藏书》，北京出版社1999年版，第1151页。

同宣称：尊敬老人，慈爱儿童，不轻慢宾客旅人。第四次盟会就共同宣称：读书人的官职不世袭，公职不兼摄，选拔读书人要合格，不要专横杀戮大夫官员。第五次盟会就共同宣称：不随意修筑堤防，不制止互购粮食，不能有封爵而不报告。还宣誓：凡是一起参加盟誓的，既签了盟约之后，恢复平常的和平友好。

但是，随着社会生产力的发展，生产方式变化，私有财产越来越多，人们的贪婪愈加厉害，人们越加计较，冲突越来越多。所以，很多纠纷的处理越来越需要规范化、制度化，于是使用法制解决问题的急需摆到桌面上。

韩非说："古秦之俗，君臣废法而服私，是以国乱兵弱而主卑（古代秦国的风俗，君臣废法而行私，因此国乱兵弱而君主卑弱）。商君说秦孝公以变法易俗而明公道，赏告奸，困末作而利本事。当此之时，秦民习故俗之有罪可以得免、无功可以得尊显也，故轻犯新法。于是犯之者其诛重而必，告之者其赏厚而信，故奸莫不得而被刑者众，民疾怨而众过日闻（商鞅劝说秦孝公要变法易俗，倡明公道，奖励告奸，抑制工商，便利农耕。在这种时候，秦国百姓习惯于犯罪可以赦免、无功可以显贵的旧俗，所以轻易触犯新法。于是对违反新法的人刑罚严厉而坚决，对告发奸邪的人赏赐优厚而守信，所以奸邪的人没有不被发现的，遭受刑罚的人很多，民众怨恨，大家的责难每天都能听到）。孝公不听，遂行商君之法。民后知有罪之必诛而告私奸者众也，故民莫犯，其刑无所加。是以国治而兵强，地广而主尊（秦孝公不加理睬，坚持推行商鞅的法令。民众后来知道有罪必诛，而告发奸私的人多，所以民众没有敢犯罪的，刑罚也就没有对象施加了。因此，国家太平而兵力强盛，土地广大而君主尊贵）。此其所以然者，匿罪之罚重而告奸之赏厚也。此亦使天下必为己视听之道也。至治之法术已明矣，而世学者弗知也（秦国所以治理得好，是因为对包庇罪犯的惩罚严厉，对告发奸私的赏赐优厚。这也是使天下人一定成为自己耳目的方法。最好的治国法术已经够明白了，而当代学者却一点也不懂得）。"①商鞅用法制改变了秦国古代讲情不讲法的传统，虽然遭到非议，但结果是社会变得有序，君主能够掌控整个国家，秦国走向强盛。

韩非还说："故当今之时，能去私曲就公法者，民安而国治；能去私行行公法者，则兵强而敌弱。故审得失有法度之制者，加以群臣之上，则主不可欺以诈伪；审得失有权衡之称者，以听远事，则主不可欺以天下之轻重（当今之时，能够除私欲趋国法就会民安国治；能消除私德按国法行者，则兵强敌弱。明察得失有法律制度的，加在群臣头上，君主就不会被狡诈虚伪所欺骗；明察得失有衡量标准的，用来判断远方事情，

---

①《韩非子·奸劫弑臣》，高华平、王齐洲、张三夕译注，中华书局2010年版，第133页。

君主就不会被下属轻重不一作为所欺骗）。今若以誉进能，则臣离上而下比周；若以党举官，则民务交而不求用于法。故官之失能者其国乱。以誉为赏，以毁为罚也，则好赏恶罚之人，释公行，行私术，比周以相为也。忘主外交，以进其与，则其下所以为上者薄也（现在若按声誉选用人才，臣下就会背离君主，在下面联络勾结给自己造誉；若凭朋党关系举用官吏，臣民就会营求交结而不求依法办事。所以官吏不称职的，国家就会混乱。凭好名声行赏，凭坏名声处罚，那么好赏恶罚的人，就会弃公务，行私术，紧密勾结来互相包庇利用。不顾君主在外搞私人交情，引进他的同党。如此，则为君主出力的人就少了）。交众、与多，外内朋党，虽有大过，其蔽多矣。故忠臣危死于非罪，奸邪之臣安利于无功。忠臣之所以危死而不以其罪，则良臣伏矣；奸邪之臣安利不以功，则奸臣进矣。此亡之本也（交情广，党羽多，内外结成死党，即使犯了大罪，为他掩饰的人却很多。所以忠臣无罪却遭难而死，奸臣无功却安然得利。忠臣遭难而死，并不因为有罪，他们总是低调；奸臣安然得利并不凭功，他们总是高调进取。这是国家衰亡的根源）。若是，则群臣废法而行私重，轻公法矣。数至能人之门，不一至主之廷；百虑私家之便，不一图主之国。属数虽多，非所尊君也；百官虽具，非所以任国也（这样下去，群臣就会废弃法治而注重私情，轻视国法了。他们多次奔走奸臣门下，一次也不去君主朝廷；千方百计考虑私家的利益，一点也不为君主的国家着想。属臣数目虽多，不能用来侍奉君主；百官虽备，不能用来担当国事）。然则主有人主之名，而实托于群臣之家也。故臣曰：亡国之廷无人焉。廷无人者，非朝廷之衰也。家务相益，不务厚国；大臣务相尊，而不务尊君；小臣奉禄养交，不以官为事。此其所以然者，由主之不上断于法，而信下为之也（这样，君主就徒有君主虚名，而实际上是依附于群臣家族的。所以我说：衰弱国家的朝廷没有人在里边。朝廷里边没有人，不是指朝廷里边臣子少。是指私家致力于互相谋取私利，不致力于利国；大臣致力于互相推崇，不致力于尊奉君主；小臣拿俸禄供养私交，不把官职当回事。造成这种情况的原因，是由于君主在上不依法断事，而听凭臣下任意去干）。故明主使法择人，不自举也；使法量功，不自度也。能者不可弊，败者不可饰，誉者不能进，非者弗能退，则君臣之间明辩而易治，故主雠（用）法则可也（所以明君依法选人，不凭己意随便推举；用法定功，不用己意测度。能干的人不可能埋没，败事的人不可能掩饰，徒有声誉的人不可能升官，仅受非议的人不可能斥退，那么君主对臣下就辨得清楚而易于控制了，所以君主依法办事就可以了）。"①韩非强调依法授官用人，依法赏功，不能看声誉，不能凭己意，否则臣子会结党，

_____

① 《韩非子·有度》，高华平、王齐洲、张三夕译注，中华书局2010年版，第44页。

造舆论，排斥忠臣。

商鞅强调法制："故明主慎法制。言不中法者不听也，行不中法者不高也，事不中法者不为也。言中法，则辩之；行中法，则高之；事中法，则为之。"①明主重视法度，不符合法的言论不听，不符合法的行为不推崇，不符合法的事情不做；言论合乎法度就认为动听，行为合乎法度就推崇，事情合乎法度就去做。韩非谈法制于治国之便："释法术而心治，尧不能正一国；去规矩而妄意度，奚仲不能成一轮；废尺寸而差短长，王尔不能半中。使中主守法术，拙匠守规矩尺寸，则万不失矣。君人者能去贤巧之所不能，守中拙之所万不失，则人力尽而功名立。"②放弃法度只凭主观想法办事，尧也不能端正一国；就像舍弃规矩，只凭主观估算，优秀的木匠奚仲也造不出一个车轮；不要尺寸只靠主观来区别短长，目测非常准的王尔也达不到一半符合标准。中等的君主能够谨守法度，笨拙的匠人掌握规矩尺度，就可以做到万无一失。做君主的，放弃贤人巧匠所做不到的，谨守中等君主和笨拙匠人所万无一失的，就能够使人竭尽全力为君主做事，建立功业。

社会发展的趋势是实行法制，法制不仅仅是一种务实的选择，更是经过深思熟虑的。

---

① 《商君书君臣》，石磊译注，中华书局2011年版，第164页。
② 《韩非子·用人》，高华平、王齐洲、张三夕译注，中华书局2010年版，第302页。

一、法家推行法制的哲学基础

（一）民性自私论

这是法家的人性哲学。

法制还是德治？这要看对民性或者人性如何理解。儒家主张德治，因为儒家认为人性善。孟子说："人皆有不忍人之心"，"人之有是四端也，犹其有四体也"。[1]"仁，人之安宅也；义，人之正路也。"[2]"恻隐之心，人皆有之；羞恶之心，人皆有之；恭敬之心，人皆有之；是非之心，人皆有之。恻隐之心，仁也；羞恶之心，义也；恭敬之心，礼也；是非之心，智也。仁、义、礼、智，非由外铄我也，我固有之也，弗思耳矣！"[3]"人性之善也，犹水之就下也。"[4]人性善就像水往下流一样，是一种客观的必然性。人性为什么必然是善的？这是人自身的物质构成所致。儒家经典《小戴礼记·礼运》

---

[1]《孟子·公孙丑上》，史仲文主编：《中华经典藏书》，北京出版社1999年版，第1128页。

[2]《孟子·离娄上》，史仲文主编：《中华经典藏书》，北京出版社1999年版，第1137页。

[3]《孟子·告子上》，史仲文主编：《中华经典藏书》，北京出版社1999年版，第1147页。

[4]《孟子·离娄上》，史仲文主编：《中华经典藏书》，北京出版社1999年版，第1137页。

说："人者，其天地之德，阴阳之交，鬼神之会，五行之秀气也。"[1] 人是天地结构中的最高层次（"德"），宇宙中最根本的对立面（"阴阳"）的和谐搭配，各种奇迹（"鬼神"）聚集（"会"），是五行中的精华（"秀气"）。既然人性是善的，统治者就应该以善待人，用道德管理民众。孔子说："道之以政，齐之以刑，民免而无耻；道之以德，齐之以礼，有耻且格。"[2] 用政令来治理百姓，用刑法来整顿他们，老百姓只求能免于犯罪受惩罚，却没有廉耻之心；用道德引导百姓，用礼制去教化他们，百姓不仅会有廉耻之心，而且能自我约束。儒家认为，只要用道德引导，人就会良心发现，修善积德。

与儒家相反，法家认为人性自私。商鞅说："民之于利也，若水之于下也，四旁无择也。"[3] 民众求利是客观趋势，如同水之就下，势不可挡。"民之性：饥而求食，劳而求佚，苦则索乐，辱则求荣，此民之情也。民之求利，失礼之法；求名，失性之常。奚以论其然也？今夫盗贼上犯君上之所禁，而下失臣民之礼，故名辱而身危，犹不止者，利也。"[4] 民众本性仅仅就是物质欲望层次，为了本能层次的利益，犯法受辱全不

---

[1]《礼记·礼运》，史仲文主编：《中华经典藏书》，北京出版社1999年版，第423页。

[2]《论语·为政》，史仲文主编：《中华经典藏书》，北京出版社1999年版，第1092页。

[3]《商君书·君臣》，石磊译注，中华书局2011年版，第163页。

[4]《商君书·算地》，石磊译注，中华书局2011年版，第59页。

在乎，社会普遍认可的精神层次的理想、道德可以不要。

韩非说："古者苍颉之作书也，自环者谓之私。"[1]上古仓颉造字，民众的自私本性用文字的方式展示出来。古代的私没有禾木旁，字形是"厶"，字形显示，人都是胳膊肘往里拐。管子说："民予则喜，夺则怒，民情皆然。"[2]民众就是要逐利，到手的利绝不撒手。"夫凡人之情，见利莫能勿就，见害莫能勿避。其商人通贾，倍道兼行，夜以续日，千里而不远者，利在前也。渔人之入海，海深万仞，就彼逆流，乘危百里，宿夜不出者，利在水也。故利之所在，虽千仞之山，无所不上；深源之下，无所不入焉。"[3]民之性逐利，只要有利，什么苦都能吃，什么风险都敢于担当。法家反对儒家人性善的说法。韩非说："夫陈轻货于幽隐，虽曾、史可疑也。"[4]即便像社会普遍赞誉的曾子、史鱼这样的大君子，其内心深处实乃贪财好利，一旦周围没人看见，也难免不会见财起意。

古代埃及第十二王朝国王阿蒙涅姆赫特一世在死亡之前向王子谢索斯特斯告诫："时时小心、处处提防。谨防你手下卑鄙的小人，他们在图谋什么无人能知晓。不要指靠任何一个兄

---

[1]《韩非子·五蠹》，高华平、王齐洲、张三夕译注，中华书局2010年版，第709页。

[2] 赵守正：《管子注释·国蓄》下册，广西人民出版社1982年版，第260页。

[3] 赵守正：《管子注释·禁藏》下册，广西人民出版社1982年版，第120页。

[4]《韩非子·六反》，高华平、王齐洲、张三夕译注，中华书局2010年版，第658页。

弟，不要相信任何一个朋友，不要指望什么知心人，这一切毫无用处。"① 这个埃及国王与贵族博弈，迁都、整顿吏治，一生荆棘行走，阅人无数，最后遭到暗杀。他对人性彻底失望，所以告诫儿子不要相信任何人。

既然人性是自私的，就只能使用法制进行治理。法家之法是建立在人性自私的基础上。法家的法制不是不让人自私，是控制自私，防止个人自私危害国家。民性自私，狂热追求财富，不惜损害国家利益，只有用绝对冷酷态度下狠手才能阻止。韩非举例："荆南之地，丽水之中生金，人多窃采金。采金之禁：得而辄辜磔于市。甚众，壅离其水也，而人窃金不止。大罪莫重辜磔于市，犹不止者，不必得也。故今有于此曰：'予汝天下而杀汝身。'庸人不为也。夫有天下，大利也，犹不为者，知必死。故不必得也，则虽辜磔，窃金不止；知必死，则有天下不为也。"② 楚国民众盗采金矿，被君主抓住后就是大卸八块也不害怕。之所以如此是因为盗采者不一定能够被抓到，盗采发财的可能性仍然存在。一旦没被抓住，所获之利太大了，所以民众仍敢于冒险。如果对民众说给你整个天下，然后立即处死你，民众绝对不敢贪此大利，因为知道结果必死。民众知道犯罪必死，就不敢犯罪；民众知道犯罪不

① 金寿福：《古代埃及国王不具备神性》，《中国社会科学报》2014年12月11日。
② 《韩非子·内储说上七术》，高华平、王齐洲、张三夕译注，中华书局2010年版，第333页。

必死，就敢于冒险犯罪。韩非又举一例："鲁人烧积泽。天北风，火南倚，恐烧国。哀公惧，自将众趋救火。左右无人，尽逐兽而火不救，乃召问仲尼。仲尼曰：'夫逐兽者乐而无罚，救火者苦而无赏，此火之所以无救也。'哀公曰：'善。'仲尼曰：'事急，不及以赏；救火者尽赏之，则国不足以赏于人。请徒行罚。'哀公曰：'善。'于是仲尼乃下令曰：'不救火者，比降北之罪；逐兽者，比入禁之罪。'令下未遍而火已救矣。"①鲁国荆棘丛中燃起大火，民众无不趋利，民众不顾火势蔓延、威胁国都，不去救火，都去追逐惊奔的动物。鲁昭公接受孔子的建议，宣布敢追动物不救火者必按降敌之罪处死。民众惜命，立即转而救火。所以商鞅说："故禁奸止过，莫若重刑。刑重而必得，则民不敢试，故国无刑民。"②商鞅认为，只要让犯罪必定受到重刑的处罚，民众就不敢犯罪。这是用法来震吓民众。

所以法家不相信人有善性，自觉讲道德，必须使用法制严加防范。商鞅说："法令者，民之命也（性命），为治之本也，所以备民也（防止民众闹事）。"③法是为了防范民众举止越轨。

---

① 《韩非子·内储说上七术》，高华平、王齐洲、张三夕译注，中华书局2010年版，第333页。
② 《商君书·赏刑》，石磊译注，中华书局2011年版，第124页。
③ 《商君书·定分》，石磊译注，中华书局2011年版，第178页。

　　韩非说："故明主之治国也，众其守而重其罪，使民以法禁而不以廉止。"①君主治理民众加强防范，加重惩罚，使民众由于畏法而不敢犯罪，而不是为追求廉洁自律不犯罪。对官吏也是如此。韩非说："有道之主，不求清洁之吏，而务必知之术也。"②君主不能指望官吏清正廉洁，而是使用必然明察的监督手段防范官吏犯罪。

　　韩非还讲了一个故事："晋文公出亡，箕郑挈壶餐而从，迷而失道，与公相失，饥而道泣，寝饿而不敢食。及文公反国，举兵攻原，克而拔之。文公曰：'夫轻忍饥馁之患而必全壶餐，是将不以原叛。'乃举以为原令。大夫浑轩闻而非之曰：'以不动壶餐之故，怙其不以原叛也，不亦无术乎？'故明主者，不恃其不我叛也，恃吾不可叛也；不恃其不我欺也，恃吾不可欺也。"③箕郑跟着重耳在外流亡二十多年，效忠重耳，矢志不渝。有一次他迷路与重耳失散，可重耳的饮料和食品由他带在身上。他饥渴到极点就是不肯动饮料和食品，直至找到重耳。重耳回国即王位，为晋文公，认为箕郑宁可饥渴而死也不动主人的饮料和食品，是忠臣，予以重用。大夫浑轩对

---

①《韩非子·六反》，高华平、王齐洲、张三夕译注，中华书局2010年版，第658页。

②《韩非子·八说》，高华平、王齐洲、张三夕译注，中华书局2010年版，第674页。

③《韩非子·外储说左下》，高华平、王齐洲、张三夕译注，中华书局2010年版，第441页。

此不以为然。他认为，仅因为箕郑不动主人的饮料和食品就予以重用，这不是好的统治方法。聪明的君主应该是不指望臣子不背叛我，不指望臣子不欺骗我，而是要让臣子想背叛也背叛不了，想欺骗也欺骗不了。韩非比喻："夫驯鸟者断其下翎焉。断其下翎，则必恃人而食，焉得不驯乎？夫明主畜臣亦然，令臣不得不利君之禄，不得无服上之名。夫利君之禄，服上之名，焉得不服？"[1] 驯鸟人剪短鸟翅膀和尾巴下的翎毛，鸟就没有能力起飞了，只能靠人喂食存活，鸟怎能不驯服呢？君主对大臣也是，控制住名位和俸禄，臣子想独立也独立不了。总之，法家不相信人有道德，不指望人有道德。法家讲求用法制防范人的自私给君主带来不利。

法制不反对人谋私，但把人谋私规范化。法家制定的法度中有名分。名分所享受的特权都被制度化，在名分之内谋取好处都是符合制度的。《史记·商君列传》载：商鞅之法"明尊卑爵秩等级，各以差次名田宅，臣妾衣服以家次"。每个人按照制度规定的等级得到财富。"一兔走，百人逐之，非以兔为可分以为百也，由名分之未定也。夫卖兔者满市，而盗不敢取，由名分已定也。故名分未定，尧、舜、禹、汤且皆如鹜焉而逐之；名分已定，贪盗不取。"[2] 法的重要性的具体体

---

[1]《韩非子·外储说右上》，高华平、王齐洲、张三夕译注，中华书局2010年版，第475页。

[2]《商君书·定分》，石磊译注，中华书局2011年版，第178页。

现——包含着利益的名分——谁该得到什么、得多少都得有明确的规定。如果没有制度，名分不清，人不受约束，就会放纵自己，恣意抢夺。"今法令不明，其名不定，天下之人得议之。其议，人异而无定。人主为法于上，下民议之于下，是法令不定，以下为上也（以自己的说法为上面的法）。此所谓名分之不定也。夫名分不定，尧、舜犹将折而奸之（走邪路去违法），而况众人乎？此令奸恶大起，人主夺威势，亡国灭社稷也道也。"[1] 法重要的是确立名分，按照名分划分利益。名分确立，民众关于利益获取的议论才有了是非标准，按照标准获取利益。如果没有法，名分不确立，人谋取利益没有一个限度，那么连尧、舜这样的圣人都会犯坏。所以名分不定，坏人当道，君主失权，国家灭亡。

（二）社会进化论

这是法家的历史哲学。

法家讲法。为什么讲法？法家认为，这是时代发展的要求。法家指出，社会在不断发展，不是一成不变的，所以治国要因时顺势。商鞅说："法者，所以爱民也；礼者，所以便事也。是以圣人苟可以强国，不法其故；苟可以利民，不循其礼。"[2] 每一种"法"和"礼"一旦达不到"爱民"、"便事"

---

[1]《商君书·定分》，石磊译注，中华书局2011年版，第178页。
[2]《商君书·更法》，石磊译注，中华书局2011年版，第3页。

的效果，就得调整。所以历史上的君主们治国的方法都不同："前世不同教，何古之法？帝王不相复，何礼之循？伏羲、神农教而不诛，黄帝、尧、舜，诛而不怒，及至文、武，各当时而立法，因事而制礼。礼、法以时而定；制、令各顺其宜，兵甲器备各便其用。"[1]"三代不同礼而王，五霸不同法而霸。"[2]由此商鞅的结论是："治世不一道，便国不必法古。汤、武之王也，不循古而兴；殷、夏之灭也，不易礼而亡。"[3]"故圣人之为国也，不法古，不修今，因世而为之治，度俗而为之法。故法不察民之情而立之，则不成。治宜于时而行之，则不干（触犯）。"[4]商鞅鄙视那些拘泥守旧一味循古的守旧贵族："故知者作法，而愚者制焉；贤者更礼，而不肖者拘焉。拘礼之人不足与言事，制法之人不足与论变。"[5]韩非在《五蠹》里对历史进化理论论证得更加系统、更加充分。韩非说："上古之世，人民少而禽兽众，人民不胜禽兽虫蛇。有圣人作，构木为巢以避群害，而民悦之，使王天下，号曰有巢氏。民食果蓏蚌蛤，腥臊恶臭而伤害腹胃，民多疾病。有圣人作，钻燧取火以化腥臊，而民说之，使王天下，号之曰燧人氏。中古之世，天下大水，而鲧、禹决渎。近古之世，桀、纣暴乱，而汤、武

---

① 《商君书·更法》，石磊译注，中华书局2011年版，第6页。
② 《商君书·更法》，石磊译注，中华书局2011年版，第5页。
③ 《商君书·更法》，石磊译注，中华书局2011年版，第6页。
④ 《商君书·壹言》，石磊译注，中华书局2011年版，第79页。
⑤ 《商君书·更法》，石磊译注，中华书局2011年版，第5页。

征伐。今有构木钻燧于夏后氏之世者，必为鲧、禹笑矣；有决渎于殷、周之世者，必为汤、武笑矣。然则今有美尧、舜、汤、武、禹之道于当今之世者，必为新圣笑矣。"韩非上溯到上古时代有巢氏、燧人氏，继而列举了中古时代的鲧和禹，再继而列举了今古的桀、纣、汤、武。一代一代各自所处的时代不同，治世的方法也不同。"是以圣人不期修古，不法常可，论世之事，因为之备。"韩非讲了个寓言："宋人有耕田者，田中有株，兔走触株，折颈而死，因释其耒而守株，冀复得兔。兔不可复得，而身为宋国笑。今欲以先王之政治当世之民，皆守株之类也。"守株待兔就是韩非对那些固守旧制、顽冥不化的保守统治者的形象比喻。

韩非在《五蠹》中说，古今最根本的不同是人口与生活资料的比例不同。"古者丈夫不耕，草木之实足食也；妇人不织，禽兽之皮足衣也。不事力而养足，人民少而财有余，故民不争。是以厚赏不行，重罚不用，而民自治。今人有五子不为多，子又有五子，大父未死而有二十五孙。是以人民众而货财寡，事力劳而供养薄，故民争，虽倍赏累罚而不免于乱。"古代人口少，生活资料相对充裕，人们不需要争夺、不需要动心眼，所以很淳朴。今天人口多，生活资料相对缺乏，所以人际争夺异常激烈。韩非的历史逻辑不是凭空杜撰出来的，而是来自草根经验。"夫山居而谷汲者，膢腊而相遗以水；泽居苦水者，买庸而决窦。故饥岁之春，幼弟不饷；穰岁之秋，疏客必食。非疏骨肉爱过客也，多少之实异也。"在高山之上居住，只能入山谷取水的人把水当做节日相赠贵重礼品，因为水源稀少。泽中居住着水患繁多，得雇人泄水防洪；丰年秋收时，陌生客人路过，一定要留住人吃饭；荒年饥岁青黄不接的春季，小弟弟饿了也不能轻易给饭吃。"是以古之易财，非仁也，财多也；今之争夺，非鄙也，财寡也。"对于古代传说中帝王之间的"禅让"，韩非的解释也是不关乎道德："尧之王天下也，茅茨不翦，采椽不斫；粝粢之食，藜藿之羹；冬日麑裘，夏日葛衣；虽监门之服养，不亏于此矣。禹之王天下也，身执耒臿以为民先，股无胈，胫不生毛，虽臣虏之劳，不苦于此矣。以是言之，夫古之让天子者，是去监门之养，而离臣虏之劳也，古传天下而不足多也。"[①]尧虽贵为帝王，但没有任何特殊的享受，的茅草屋顶没有修剪，木头椽子没有砍削，吃粗粮，喝野菜汤，冬天穿兽皮，夏天穿草织的衣服。即使现在看门人的生活水平也不低于此。禹统治天下时，扛着工具，走在民众前面，累得大腿肌肉消瘦，小腿毫毛都掉光了。就是今日的奴隶劳累也不至于此。所以古代的圣王禅让天子之位其实不是出于什么道德，而是为了摆脱超越众人的劳苦。今天人们为什么互相争夺官位呢？"今之县令，一日身死，子孙累世絜

[①]《韩非子·五蠹》，高华平、王齐洲、张三夕译注，中华书局2010年版，第699—700页。

驾，故人重之。"有车马坐，不是贵族就是富豪。后世哪怕当一个小小的县令，几代都有马车坐。总之，"轻辞天子，非高也，势薄也；争土橐（士托——靠权贵吃白饭），非下也，权重也。故圣人议多少、论薄厚为之政。"轻易辞去天子，并非是道德高尚，而是利益太薄；给权贵当跟班并非是甘居人下，而是好处太多。总之，对权位的让还是夺无关乎道德，完全取决于利益的多少。"故罚薄不为慈，诛严不为戾，称俗而行也。故事因于世，而备适于事。"①古今诛罚宽严不同，不关乎人情，而是根据世事之差异。

谈古是为了论今。社会治理没有固定不变的治国方法。韩非说："故治民无常，唯法为治。法与时转则治，治与世宜则有功（治理民众没有不变的常规，只有法度才能治世。法度顺应时代变化就能治理国家，治理方式适合社会情况就能收到成效）。故民朴而禁之以名则治，世知维之以刑则从。时移而治不易者乱，能众（玩弄智巧的人多了）而禁不变者削（所以，民众质朴的话。只要用褒贬进行控制就可以治理好；社会开化的话，只有用刑罚加以束缚才能使人驯服。时代有了发展而统治方式一成不变的必乱。玩弄智巧的人多了，而禁令不变，国家必然削弱）。故圣人之治民也，法与时移而禁与能变（所以圣人治理民众，法制和时代同步发展，禁令和智能水平同步变

———————
① 《韩非子·五蠹》，高华平、王齐洲、张三夕译注，中华书局2010年版，第699—700页。

更）。"①民众朴实，很注重脸面，就用名声来加以管理；民众都很奸猾，相互斗心眼，就用刑罚来震慑。治国没有固定法则，随时随事变易。

　　法家当时面对的最大的问题就是人们灵魂深处对充满深厚情感的道德的认可，对冷酷无情的法制的反感。法家需要重点论证德治在今日之不合理。韩非列举了历史上正反的事例："古者文王处丰、镐之间，地方百里，行仁义而怀西戎，遂王天下。徐偃王处汉东，地方五百里，行仁义，割地而朝者三十有六国。荆文王恐其害己也，举兵伐徐，遂灭之。"远古时期，周文王服西戎以"仁义"，乃主宰天下。徐偃王对周围小国行"仁义"，结果被荆文王灭掉。"故文王行仁义而王天下，偃王行仁义而丧其国，是仁义用于古不用于今也。故曰：世异则事异。"周文王之胜与徐偃王之败缘于古今时代不同，治道也不同。"当舜之时，有苗不服，禹将伐之。舜曰：'不可。上德不厚而行武，非道也。'乃修教三年，执干戚舞，有苗乃服。共工之战，铁铦短者及乎敌，铠甲不坚者伤乎体。是干戚用于古不用于今也。"舜时代，有苗不服，禹想动用武力，被舜阻止。最后还是使用道德礼仪感化了有苗，使之心服。在炎黄内部，颛顼和共工争夺最高领导权，颛顼以武力战胜了共工。"故曰：事异则备变。上古竞于道德，中世逐于智

---

①《韩非子·心度》，高华平、王齐洲、张三夕译注，中华书局2010年版，第759页。

谋，当今争于气力。"①商鞅说："古之民朴以厚，今之民巧以伪。故效于古者，先德而治，效于今者，前刑而法。"②

（三）去私立公论

这是法家的政治哲学。

春秋开始，大国争霸，各大国吞并了许多小国。晋国的郤至受聘于楚，对楚令尹子反说："及其乱也，诸侯贪冒，侵欲不忌，争寻常以尽其民。"③郑攻陈，陈告郑于当时的霸主晋国。晋国责问郑国："何故侵小？"④郑反驳说："且昔天子之地一圻（方千里），列国一同（方百里），自是以衰，今大国多数圻矣。若无侵小，何以至焉？"郑国反驳，按以往规定，天子的土地方圆千里，列国诸侯的土地方圆百里，再往下各有等差。可是如今大诸侯国多数都有好几个方圆千里，如不欺负小国，怎么可能达到这一步呢？据载，春秋之世，晋献公"兼国十九"⑤，齐匡共吞掉三十五国⑥，楚国灭掉三十九国⑦，秦

---

① 《韩非子·五蠹》，高华平、王齐洲、张三夕译注，中华书局2010年版，第702页。

② 《商君书·开塞》，石磊译注，中华书局2011年版，第72页。

③ 《左传·成公十二年》，冀昀主编：《左传》，线装书局2007年版，第265页。

④ 《左传·襄公二十五年》，冀昀主编：《左传》，线装书局2007年版，第391页。

⑤ 《吕氏春秋·贵直》，冀昀主编：《吕氏春秋》，线装书局2007年版，第572页。

⑥ 《荀子·仲尼》，方勇、李波译注，中华书局2011年版，第81页。

⑦ 《吕氏春秋·贵直》，冀昀主编：《吕氏春秋》，线装书局2007年版，第575页。

灭掉二十余国①。

春秋后期以及战国时代，就剩下几个大国了。大国之间也想互相吞并，但是谈何容易！比如韩国、赵国占领了魏国，他们当然想灭掉魏国，可是畏于魏国太大，难于消化，只好退出。齐国占领燕国，燕国后又占领了齐国，但都由于对方国家太大，反抗异常激烈，被迫退出。别说大国之间互相吞并，就是打败对方都很难，往往大胜一场简直要罄全国之力。长平之战秦赵长期对峙，耗时三年。赵虽大败，然秦国损失也十分巨大，百万之师亦伤亡过半。《史记》载白起言："今秦虽破长平军，而秦卒死者过半，国内空。"②《吕氏春秋》亦有"秦虽大胜于长平，三年然后决，士民倦，粮食索"③，已至无力支撑之边缘。《史记》记载长平之役说："秦王闻赵食道绝，王自之河内，赐民爵各一级，发年十五以上悉诣长平，遮绝赵救及粮食。""秦卒死者过半，国内空。"④要想罄全国之力打败对手，必须能够调动国内所有资源，要人给人，要钱给钱，要粮给粮，甚至要地盘给地盘，需要全国上下令行禁止步调一致。正如商鞅所说："三军之士，止之如斩足，行之如流水。三军

①司马迁：《史记卷87·李斯列传》，中华书局标点本。

②司马迁：《史记卷73·白起王翦列传》，中华书局标点本。

③《吕氏春秋·应言》，冀昀主编：《吕氏春秋》，线装书局2007年版，第440页。

④司马迁：《史记卷73·白起王翦列传》，中华书局标点本。

之士，无敢犯禁者。"○ 这就需要建立举国体制。建立举国体制需要君主独裁，商鞅说："权者，君之所独制也。人主失守则危。""权制断于君则威。"② 君主独裁集中体现在君主用法制驾驭民众。《管子·任法》说："有生法，有守法，有法于法。夫生法者，君也；守法者，臣也；法于法者，民也。"③ 君主制定法，臣子执法，民众守法。

君主使用法制是代表整个国家，维护国家整体，这必然会与国内一些贵族的特殊利益相抵触。比如国家有统一的税收之法，但一些贵族就不愿意遵守这个法。《资治通鉴》卷五载："赵奢者，赵之田部吏也，收租税而平原君家不肯出租，奢以法治之，杀平原君用事者九人。平原君怒，将杀之。赵奢曰：'君于赵为贵公子，今纵君家而不奉公则法削，法削则国弱，国弱则诸侯加兵，是无赵也，君安得有此富乎！以君之贵，奉公如法则上下平，上下平则国强，国强则赵固，而君为贵戚，岂轻于天下邪？'平原君以为贤，言之于王。王使治国赋，国赋太平，民富而府库实。"④ 另外，国法规定不许随便杀人，可是《史记·孟尝君列传》载："孟尝君过赵，赵平原君客之。赵人闻孟尝君贤，出观之，皆笑曰：'始以薛公为魁然也，今视之，乃眇小丈夫耳。'孟尝君闻之，怒。客与俱者下，斫击杀数百人，遂灭一县以去。"[1]孟尝君去赵国会平原君。赵国老百姓十分崇拜孟尝君，以为传奇中的孟尝君一定是高大英武，可一见到进入赵国的孟尝君，没想到孟尝君是个又老又黑瘦的干巴老头，丑得很。大家一阵哄笑。孟尝君恼羞成怒，带着打手下车连续砍杀数百人，并砸了县衙扬长而去。

即便是在秦国，也发生了商鞅刚刚变法，秦孝公的太子驷就公开犯法。贵族们作奸犯科难道就没有人管吗？在贵族心目中，他们或者是与君主有亲缘关系，或者是对国家有特殊贡献，所以贵族们往往不拿君主的法制当回事。法制都是针对与君主关系生分的人，主要是指没有地位的人。所以《礼记》说："礼不下庶人，刑不上大夫。"[2]所以平原君、孟尝君、太子驷等贵族才有恃无恐，目无法规。

但是，到了大国争霸的时代，为了建立举国体制，君主需要贵族多做出牺牲，为自己效力，甚至要求贵族们进一步约束自己，无条件服从自己。所以君主就经常不顾传统人情道德，强行推行法制。可是许多贵族还没有意识到这一点，以为只要不伤害君主本人，自己可以任意妄为。

在君主与贵族之间，君主代表国家整体利益，是公；贵族

---

[1] 司马迁：《史记卷75·孟尝君列传》，中华书局标点本。
[2]《礼记·曲礼上》，史仲文主编：《中华经典藏书》，北京出版社1999年版，第372页。

只代表自己，是私。君主使用维护国家整体利益的法制来管理，贵族往往打出道德旗号，靠传统的、体现为人情的私德维护自己已有的特权，结果往往造成贵族私德与君主法制的对立。当时许多君主都面临公与私的对立。商鞅指出："君臣释法任私必乱。故立法明分，而不以私害法，则治。"①君主放弃法制只讲私德必定导致乱政，所以必须讲法度、明确制度内外的界线，不因私情违规。商鞅概括道："公私之交，存亡之本也。"②公与私厘清乃是国家存亡的根本。

法制中包含的尺度就是统一的，只依客观的功过，不受个人主观任意"私意"的影响。可是，当时的很多君主不能够做到这一点。商鞅说："世之为治者，多释法而任私意，此国之所以乱也。"③君主如果受"私意"的影响，国家整体利益会受到干扰，导致国家政治混乱。韩非说："夫立法令者，以废私也。法令行而私道废矣。私者，所以乱法也。"④设立法是为了废除私道，私道是扰乱法的根源。

君主褒奖和贬斥是以国家整体治理为标准："故圣人之为治也，刑人无国位，戮人无官任。刑人有列，则君子下其位；

---

①《商君书·修权》，石磊译注，中华书局2011年版，第105页。

②《商君书·修权》，石磊译注，中华书局2011年版，第108页。

③《商君书·修权》，石磊译注，中华书局2011年版，第107页。

④《韩非子·诡使》，高华平、王齐洲、张三夕译注，中华书局2010年版，第652页。

（戮人）衣锦食肉，则小人冀其利。君子下其位，则羞功；小人冀其利，则伐奸。故刑戮者所以止奸也，而官爵者所以劝功也。"①君主行赏罚是为了鼓励人们为国家立功，阻止奸人危害国家。"故君子操权一正以立术，立官贵爵以称之，论劳举功以任之。则是上下之称平。上下之称平，则臣得尽其力，而主得专其柄。"②君主执掌统一的正仪标准，能者加之以官爵，功者荣之以声誉。整个国家赏罚标准以公为本，公平无偏。

可是，一些在野的势力却与君主赏罚标准相抵牾。"今国立爵而民羞之，设刑而民乐之，此盖法术之患也。"现在，君主赏的官爵人们看不上，受到君主的刑罚人们反以为荣。

君主用法制之公与臣子的私相角力。臣子的私有以下几种。

一是权贵任性类：这类人如同平原君、孟尝君，仗着有权有势漠视法规。楚庄王太子违法："荆庄王有茅门（外朝）之法曰：'群臣大夫诸公子入朝，马蹄践霤（屋檐下滴水的地方）者，廷理斩其辀（zhōu车辕），戮其御（车夫）。'于是太子入朝，马蹄践霤，廷理斩其辀，戮其御。太子怒，入为王泣曰：'为我诛戮廷理。'王曰：'法者，所以敬宗庙，尊社稷。故能立法从令尊敬社稷者，社稷之臣也，焉可诛也？夫犯法废令不尊敬社稷者，是臣乘君而下尚校也。臣乘君，则主失

---

① 《商君书·算地》，石磊译注，中华书局2011年版，第66页。
② 《商君书·算地》，石磊译注，中华书局2011年版，第66页。

威；下尚校，则上位危。威失位危，社稷不守，吾将何以遗子孙？'"① 楚庄王有法令：群臣大夫及公子们进入朝廷，如果马蹄踏到屋檐下滴水的地方，执法官要斩断他的车辕，杀掉车夫。太子进入朝廷时触犯了这个法令，执法官依法斩断其车辕，杀掉其车夫。太子到楚平王那哭诉，要求杀掉执法官，遭到拒绝。楚庄王认为，违反法令就是冒犯国家、冒犯君主，不可容忍。

"韩昭侯谓申子曰：'法度甚不易行也。'申子曰：'法者，见功而与赏，因能而受官。今君设法度而听左右之请，此所以难行也。'昭侯曰：'吾自今以来知行法矣，寡人奚听矣。'一日，申子请仕其从兄官。昭侯曰：'非所学于子也。听子之谒，败子之道乎，亡其用子之谒。'申子辟舍请罪。"② 法家人物申不害贵为宰相，辅助韩昭侯实行法制。可有一次申不害私下请托韩昭侯任命自己的堂兄为官，韩昭侯回绝道：答应你的请托就等于破坏你制定的制度。

一个是太子，一个是宰相，照样不能破坏法制，遂其私意。

二是人际交往的私德规则。社会上还有一些民间的"私意"，这些"私意"属于潜规则，与统治者的治国理念相悖，

---

① 《韩非子·外储说右上》，高华平、王齐洲、张三夕译注，中华书局2010年版，第489页。

② 《韩非子·外储说左上》，高华平、王齐洲、张三夕译注，中华书局2010年版，第427页。

不利于社会安定，不利于国家的治理。"私意"往往是使用道德语言，表达"私意"的人往往以君子的面目出现。这些君子的"私意"已经形成强大的社会舆论。韩非列举的被冠之以道德名号的"八说"："为故人行私谓之'不弃'，以公财分施谓之'仁人'，轻禄重身谓之'君子'，枉法曲亲谓之'有行'，弃官宠交谓之'有侠'，离世遁上谓之'高傲'，交争逆令谓之'刚材'，行惠取众谓之'得民'。'不弃'者，吏有奸也；'仁人'者，公财损也；'君子'者，民难使也；'有行'者，法制毁也；'有侠'者，官职旷也；'高傲'者，民不事也；'刚材'者，令不行也；'得民'者，君上孤也。此八者，匹夫之私誉，人主之大败也。反此八者，匹夫之私毁，人主之公利也。人主不察社稷之利害，而用匹夫之私誉，索国之无危乱，不可得矣。"①为老朋友徇私枉法叫做够交情；用公家的财物散发施舍叫做仁人；轻视君主赏赐的俸禄重视自己清高的品德叫做君子；扭曲法规袒护亲人叫做品行好；放弃官职注重私交叫做侠义；逃避现实避开君主叫做清高傲视；违反法令相互斗狠叫做刚直硬汉；行私惠笼络民众叫做得民心。所谓够交情，官员就会有奸邪的行为；做仁人，公家的财产就会遭受损失；都去当清高的君子，民众就难以驱使；追求好的品行会破坏法制；行侠仗义官职就会旷缺；都去清高傲

①《韩非子·八说》，高华平、王齐洲、张三夕译注，中华书局2010年版，第667—668页。

世，民众就都不侍奉君主；都去做刚直好汉法令就不能推行；所谓得民心就是君主受到孤立。这八种荣誉都是讲私人情谊的道德，属于私德，会给社会造成极大的祸害。

"夫立名号，所以为尊也（设立高低名号是要崇尚尊贵）；今有贱名轻实者（鄙视尊贵的名号，看轻名号所包含的实权），世谓之'高'（高尚）。设爵位，所以为贱贵基也（制定高低贵贱的基础）；而简上不求见者（怠慢君主不求显达），世谓之'贤'。赋利，所以行令也（赏罚造成的利益威势是用来推行法令的）；而无利轻威者（不贪图奖赏轻视刑罚威势），世谓之'重'。法令，所以为治也；而不从法令为私善（法外个人之恩义）者，世谓之'忠'。官爵，所以劝民也；而好名义不进仕者，世谓之'烈士'。刑罚，所以擅威也；而轻法不避刑戮死亡之罪者，世谓之'勇夫'。民之急名也，甚其求利也（人民求名超过了求利）；如此，则士之饥饿乏绝者，焉得无岩居苦身以争名于天下哉（隐居洁身者会多起来）？故世之所以不治者，非下之罪，上失其道也。常贵其所以乱，而贱其所以治，是故下之所欲，常与上之所以为治相诡（违反）也。"①当时的民间道德之"私意"总是和君主的统治相对立，把违反君主法制制度的种种做法冠之以道德名号，造成顺从君道者令世人鄙视，违反君道者反而得到世人认可。

---

① 《韩非子·诡使》，高华平、王齐洲、张三夕译注，中华书局2010年版，第646页。

韩非列举了两个例子说明道德"私意"对法制的危害。"楚之有直躬，其父窃羊，而谒之吏。令尹曰：'杀之！'以为直于君而曲于父，报而罪之。以是观之，夫君之直臣，父之暴子也。"①父亲偷羊，儿子去官府告发，楚国令尹却下令杀掉儿子。楚令尹的做法就是出于父子道德的"私意"。"鲁人从君战，三战三北。仲尼问其故，对曰：'吾有老父，身死莫之养也。'仲尼以为孝，举而上之。"鲁国一个年轻人，三次跟着君主上战场三次当逃兵。孔子问其缘由，他回答是害怕战死后老父亲无人奉养。"以是观之，夫父之孝子，君之背臣也。故令尹诛而楚奸不上闻，仲尼赏而鲁民易降北。"②这两件事都突显现出法制与"私意"的冲突。讲"私意"者反受肯定，讲"公义"者反受责难。

韩非说："明主之道，必明于公私之分，明法制，去私恩。夫令必行，禁必止，人主之公义也；必行其私，信于朋友，不可为赏劝，不可为罚沮，人臣之私义也。私义行则乱，公义行则治，故公私有分。"③讲私情是"小忠"。讲私情的人不顾及赏罚之法规，只讲个人之间的情感。相反，讲法规的人

---

①《韩非子·五蠹》，高华平、王齐洲、张三夕译注，中华书局2010年版，第709页。

②《韩非子·五蠹》，高华平、王齐洲、张三夕译注，中华书局2010年版，第709页。

③《韩非子·饰邪》，高华平、王齐洲、张三夕译注，中华书局2010年版，第183—184页。

令必行、禁必止，不徇私情。

三是"清高君子"蔑视权贵的心理。这种所谓清高"君子"的"私意"，表现为拒不与统治者合作，张扬自己的个性。韩非说："而士有二心私学、岩居窞（dan坑穴）路（野外）、托伏深虑（老谋深算的人），大者非世，细者惑下；上不禁，又从而尊之以名，化之以实，是无功而显、无劳而富也。"[①]一些隐居在山林僻壤、洁身自好的君子们，重者诽谤现实，轻者则蛊惑民众。君主不但不禁止他们，还显其名，益其财。"道私者乱，道法者治。"[②]君主以这种人的"私意"为导向则国家乱，以法为导向则国家治。

历史上的"竹林七贤"即属于此。嵇康后来家道清贫，常与向秀在树荫下打铁，不为谋生，只是随从自己的意愿。贵公子钟会有才善辩，一日，钟会前来拜访，带来大批官员，嵇康一见这场面就很反感，没理睬他，只是低头干活，钟会呆了良久，怏怏欲离，这时嵇康发话了："何所闻而来？何所见而去？"钟会立即地答道："闻所闻而来，见所见而去"[③]，说完就拂袖而去。后来钟会深恨嵇康，常在司马昭面前说他的坏

①《韩非子·诡使》，高华平、王齐洲、张三夕译注，中华书局2010年版，第652页。
②《韩非子·诡使》，高华平、王齐洲、张三夕译注，中华书局2010年版，第652页。
③《世说新语·简傲第三十四》，《四部丛刊·初编·集部》，书同文数字化技术有限公司1998年光盘版。

话。据刘籍《琴议》记载：嵇康是从杜夔的儿子杜猛那里学得《广陵散》的。嵇康非常喜爱此曲，经常弹奏它，以致招来许多人前来求教，但嵇康概不传授。司马氏掌权后，不苟合于其统治，与阮籍、向秀、山涛、刘伶、阮咸、王戎号称"竹林七贤"，与司马氏相对抗，后被司马氏杀害，死时方四十岁。临刑前有三千太学生为其求情，终不许。嵇康死前索琴弹奏此曲，并慨然长叹："《广陵散》如今绝矣"①。

阮籍、嵇康位列竹林七贤之首，历史上往往将两人齐名。这不仅是因为两人性情相近，才情相若，更重要的是他们都是不合作主义者，对他们不欣赏的政府公然表现他们的不合作。阮籍对于司马家政治集团不满，因此他整天以喝酒来实行不合作主义，当司马家来向他求婚时，他一连大醉六十天，以醉酒加以推辞。司马家又逼他做官，他偏不挑大官而挑小官做，因为"步兵尉营人"会做好酒，他就去做了"步兵校尉"。然而做了没多久，他就又云游四方了。

源于某种道德信念的"私行"：还有两个故事反映出一些道德君子凭"良心"做出的私行与君主法制的冲突。《吕氏春秋》载："鲁国之法（鲁国有一道法律）：鲁人为人臣妾於诸侯，有能赎之者，取其金於府（鲁国人在外国见到同胞沦落为奴隶，只要能够把这些人赎回来，就可以从国家获得金钱的补

①《世说新语·雅量第六》，《四部丛刊·初编·集部》，书同文数字化技术有限公司1998年光盘版。

偿和奖励）。子贡赎鲁人於诸侯，来而让，不取其金（子贡把鲁国人从外国赎回来，但不向国家领取金钱）。孔子曰：'赐失之矣。自今以往，鲁人不赎人矣（孔子说：赐——端木赐，即子贡，这就是你的不对了，从此以后，鲁国就没有人再去赎回自己的同胞了）。'取其金，则无损於行；不取其金，则不复赎人矣（向国家领取补偿金，对你的品行没有任何削弱；但不领取补偿金，鲁国就没有人再去赎回自己的同胞了）。子路拯溺者，其人拜之以牛，子路受之。孔子曰：'鲁人必拯溺者矣'。"①鲁国有一条法律，如果鲁国人在外国见到同胞不幸为奴，只要赎回使之恢复自由，就可以得到国家补偿和奖励。孔子的学生子贡在外国赎回鲁国人却不向国家领取补偿和奖赏。孔子批评子贡说：圣人做事要利于易俗，利于影响百姓，不能仅仅自己认为合适。现在鲁国富人少穷人多，不领取补偿金，对你没什么损失；但对穷人来说，不领取补偿金损失就大了。以后鲁国人就没有积极性再赎回自己的同胞了。子路救起一名溺水者，获救者送了他一头牛致谢，子路收了。孔子高兴地说：鲁国人从此一定会勇于救落水者了。另外，《荀子》载："子发将西伐蔡，克蔡，获蔡侯，归致命曰：'蔡侯奉其社稷而归之楚，舍（尹景舍，字子发）属二三子而治其地。'

---

① 《吕氏春秋·察微》，冀昀主编：《吕氏春秋》，线装书局2007年版，第362页。

既，楚发其赏，子发辞曰：'发诚布令而敌退，是主威也；徙举相攻而敌退，是将威也；合战用力而敌退，是众威也。臣舍不宜以众威受赏。'讥之曰：'子发之致命也恭，其辞赏也固。夫尚贤使能，赏有功，罚有罪，非独一人为之也，彼先王之道也，一人之本也。善善恶恶之应也，治必由之，古今一也。古者明主之举大事，立大功也，大事已博，大功已立，则君享其成，群臣享其功，士大夫益爵，官人益秩，庶人益禄。是以为善者劝，为不善者沮，上下一心，三军同力，是以百事成而功名大也。今子发独不然，反先王之道，乱楚国之法，堕兴功之臣，耻受赏之属，无僇乎族党，而抑卑其后世，案独以为私廉，岂不过甚矣哉！'故曰：子发之致命也恭，其辞赏也固。"[1] 楚国令尹景舍（字子发）率军西克蔡国，俘蔡侯。复命楚王，楚王要颁赏，作为主将的景舍受赏理应排第一。可是景舍却表现出君子风度，把功劳归于君主，归于诸将领，归于士兵，唯将自己排除在外，向楚王辞赏。荀子虽是儒家思想家，但并不赞成景舍的做法。他认为，有功者赏是圣明君王治国的通行法则，唯如此才能调动起将士们的积极性。而你却辞赏，使得受赏的人受到贬低，感受到耻辱，从而不好意思受赏。这样以后就没有人再愿意为国家立功了。

---

[1]《荀子·强国》，方勇、李波译注，中华书局2011年版，第253页。

（四）权力不旁落的需要

君主周围一些奸臣利用君主法制不严盗用君权，架空君主。

"明主不滥富贵其臣。所谓富者，非粟米珠玉也？所谓贵者，非爵位官职也？废法作私，爵禄之，富贵之，滥也。凡人主德行非出人也，知非出人也，勇力非过人也。然民虽有圣知，弗敢我谋；勇力，弗敢我杀；虽众，不敢胜其主；虽民至亿万之数，县重赏而民不敢争，行罚而民不敢怨者，法也。"[1] 君主不会因个人情感随意让臣子富贵。所谓让臣子富贵，难道不是赏给财富和官爵吗？不按照法来富贵臣子就是胡乱富贵。君主论德、论智、论力量并不高于民众，而民众虽人数众多，却不敢冒犯君主，不敢忿争赏赐，不敢抱怨受罚，就是因为君主实行法制。

"国乱者，民多私义；兵弱者，民多私勇。则削国之所以取爵禄者多涂（一切道德评价都要统一于上）。亡国之俗，贱爵轻禄。不作而食，不战而荣，无爵而尊，无禄而富，无官而长，此之谓奸民（不通过君主规定的途径富贵是奸民）。所谓'治主无忠臣，慈父无孝子'（忠臣、孝子不需要人的自觉性，只要按规定去做）。欲无善言，皆以法相司也（对任何人都是不用好言相劝，只是以法来监控），命相正也。不能独为非，而莫与人为非。所谓富者，入多而出寡。衣服有制，饮食

---
[1] 《商君书·画策》，石磊译注，中华书局2011年版，第135—136页。

有节，则出寡矣。女事尽于内，男事尽于外，则入多矣。"①
总之，人的贫富贵贱只能以君主的法制为准，民众自己的标准
无效。

"故当今之时，能去私曲就公法者，民安而国治；能去私
行行公法者，则兵强而敌弱（国家命运取决于不让臣下有谋取
私利的途径）。故审得失有法度之制者，加以群臣之上，则主
不可欺以诈伪；审得失有权衡之称者，以听远事，则主不可
欺以天下之轻重（君主坚持使用法度作为标准，则不会被臣下
的诡诈所欺骗）。今若以誉进能，则臣离上而下比周（如果以
声誉选拔人才，臣下就会背离君主相互勾结）；若以党举官，
则民务交而不求用于法（如果以帮派划线，臣下就会相互勾结
拉拢而不在法律之内凭本事得到任用）。故官之失能者其国乱
（不按能力使人则国乱）。以誉为赏，以毁为罚也，则好赏恶
罚之人，释公行，行私术，比周以相为也（如果以周围人的毁
誉为标准，臣下就会不讲公德私下抱团互相吹捧）。忘主外
交，以进其与（进用他们自己的党羽），则其下所以为上者薄
矣（下面的人为上面的人考虑就少了）。交众、与多，外内朋
党，虽有大过，其蔽多矣（为他们掩饰的人多了）。故忠臣危
死于非罪，奸邪之臣安利于无功（忠臣无罪却惨死，奸臣无功
却得到安利）。忠臣之所以危死而不以其罪，则良臣伏矣；奸

①《商君书·画策》，石磊译注，中华书局2011年版，第136页。

邪之臣安利不以功，则奸臣进矣；此亡之本也（忠奸赏罚不公则忠退奸进）。若是，则群臣废法而行私重（权），轻公法矣。数至能人之门，不一至主之廷（他们屡次去红人之门，一次也不到君主这来）；百虑私家之便，不一图主之国（只考虑私家利益，不考虑君主国家利益）。属数虽多，非所以尊君也；百官虽具，非所以任国也（官属虽多，不为君主所用）。然则主有人主之名，而实托于群臣之家也（有人主之名却依附于臣下之家）。故臣曰：亡国之廷无人焉。廷无人者，非朝廷之衰也。家务相益，不务厚国（亡国朝廷非无人也，臣下相互给好处，不给朝廷好处也）；大臣务相尊，而不务尊君（臣下互相推崇，而不推崇君主）；小臣奉禄养交，不以官为事（小官用俸禄相互结交，不把公事当回事）。此其所以然者，由主之不上断于法，而信下为之也（造成上面情况的原因是君主不按照法裁决事情，而任凭下面的人去处理）。故明主使法择人，不自举也；使法量功，不自度也（君主以法用人叙功，不是靠自己的个人聪明）。能者不可弊，败者不可饰，誉者不能进（被人吹捧的人不能进用），非者弗能退（被污蔑不会被贬退），则君臣之间明辩而易治，故主雠（用）法则可也。"[1] 君主不用法就控制不了臣下，不用法，臣子的导向就是奔私门、讲私交，而不顾及君主国家。

---

[1]《韩非子·有度》，高华平、王齐洲、张三夕译注，中华书局2010年版，第44—45页。

另外，官员们还利用制度的盲区偷售"私意"，把君主的治理化为自己的"统治"。

当君主执法不严，或制度有漏洞、盲区时，官员们的"私意"乘隙而入。即：执行法的官员用个人意志曲解法条。商鞅说："夫废法度而好私意，则奸臣鬻权以约禄，秩官之吏隐下而渔民。"①如果君主废法度好"私意"，则奸臣在上卖官求财利，小官隐瞒下情鱼肉百姓。大官小官作弊都是钻了君主行法尺度不够确定的空子，落实君主指示时乘机塞进自己的"私意"。"谚曰：'蠹众而木折，隙大而墙坏。'故大臣争于私而不顾其民，则下离上。下离上者，国之隙也。秩官之吏隐下以渔百姓，此民之蠹也。故有隙、蠹而不亡者，天下鲜矣。是故明王任法去私，而国无隙蠹矣。"②蠹虫多了栋梁就折断，缝隙大了墙就塌了。奸臣在上卖官求财利就是蠹虫，小官隐瞒下情鱼肉百姓就是缝隙。明君讲法制去"私意"，就能够消除蠹虫和缝隙。怎么解决这个问题呢？商鞅说："先王县权衡，立尺寸，而至今法之，其分明也。夫释权衡而断轻重，废尺寸而意长短，虽察，商贾不用，为其不必（不精确）也。故法者，国之权衡也。夫倍法度而任私意，皆不知类者也（不懂得事理）。"③法度就像商贾的权衡尺寸工具，对谁都一样，绝不

①《商君书·修权》，石磊译注，中华书局2011年版，第109页。
②《商君书·修权》，石磊译注，中华书局2011年版，第109页。
③《商君书·修权》，石磊译注，中华书局2011年版，第107页。

能抛弃法度只听个人意见。"圣人治国也，易知而难行也。是故圣人不必加，凡主不必废，杀人不为暴、赏人不为仁者，国法明也。圣人以功授官予爵，故贤者不忧。圣人不宥过，不赦刑，故奸无起。圣人治国也，审壹而已矣。"①君主治国只依制度而行，不论人主之圣凡，不论对什么人，有功者赏，有罪者罚。废立、黜陟、生死与统治者的主观见解、情感无关，决断全凭制度，这样官员在落实君主的法度时就无法偷售自己的"私意"。

"上无其道，则智者有私词，贤者有私意。上有私惠，下有私欲，圣智成群，造言作辞，以非法措于上。上不禁塞，又从而尊之，是教下不听上、不从法也。是以贤者显名而居，奸人赖赏而富。贤者显名而居，奸人赖赏而富，是以上不胜下也。"②如果君主不讲法，任凭他们的"私意"流行，甚至于变相鼓励"私意"流行，结果那些贤者、奸人的"私意"反而压倒君主。

二、法家推行法制的方式

法家主张法制，但是如何实行法制？法家认为法是君主意

---

① 《商君书·赏刑》，石磊译注，中华书局2011年版，第128页。
② 《韩非子·诡使》，高华平、王齐洲、张三夕译注，中华书局2010年版，第652页。

志，不是公民契约，实行法制的方式无非是赏罚或曰刑赏。

"凡赏者，文也；刑者，武也。文武者，法之约也。故明主任法。"① 韩非说："明主之所导（由）制其臣者，二柄而已矣。二柄者，刑德也。何谓刑德？曰：杀戮之谓刑，庆赏之谓德。为人臣者畏诛罚而利庆赏，故人主自用其刑德，则群臣畏其威而归其利矣。"② 这是说，治理臣下用赏罚而已。好利恶害是人的本性，所以抓住赏罚就等于抓住了人的命脉。

商鞅说："羞辱劳苦者，民之所恶也；显荣佚乐者，民之所务也。故其国刑不可恶，而爵禄不足务也，此亡国之兆也。"③ 人的本性是好赏恶刑。如果赏不足以诱民，罚不足以慑民，此乃亡国之兆。

韩非说："世之学者说人主，不曰：'乘威严之势以困奸邪之臣'，而皆曰：'仁义惠爱而已矣'。世主美仁义之名而不察其实，是以大者国亡身死，小者地削主卑（当代学者游说君主，不去说凭借威严的权势去抑制奸邪的臣子，而是说仁义惠爱就够了。君主欣赏仁义的名声而不去考察它的实质，因此，重者国家灭君死，轻者失地君卑）。何以明之？夫施与贫困者，此世之所谓仁义；哀怜百姓，不忍诛罚者，此世之所谓

---

① 《商君书·修权》，石磊译注，中华书局2011年版，第105页。

② 《韩非子·二柄》，高华平、王齐洲、张三夕译注，中华书局2010年版，第52页。

③ 《商君书·算地》，石磊译注，中华书局2011年版，第65页。

惠爱也。夫有施与贫困，则无功者得赏；不忍诛罚，则暴乱者不止。国有无功得赏者，则民不外务当敌斩首，内不急力田疾作，皆欲行货财事富贵，为私善立名誉，以取尊官厚俸。故奸私之臣愈众，而暴乱之徒愈胜，不亡何待（怎么得知这些呢？向贫困者施舍这是世人所说的仁义；可怜百姓，不忍心加刑，这是世俗所说的惠爱。施舍贫困者，则无功者得赏；不忍加刑，则暴乱不止。国家有了无功得赏者，民众对外就不致力于杀敌，对内就不努力耕作，都一心想着行贿巴结权贵，用私人的善行树立名誉，以便获取高官厚禄。结果耍奸的臣子日多，暴徒日张，国家不亡还待什么）？夫严刑者，民之所畏也；重罚者，民之所恶也。故圣人陈其所畏以禁其邪，设其所恶以防其奸，是以国安而暴乱不起。吾以是明仁义爱惠之不足用，而严刑重罚之可以治国也（严刑乃民众所惧，重罚乃民众所恶。所以圣人设严刑禁奸邪，设重罚防奸邪，国家安定而暴乱不会发生。由此可知道仁义惠爱不足实行，而严刑重罚可以治国）。无棰策之威，衔橛之备，虽造父不能以服马；无规矩之法，绳墨之端，虽王尔不能以成方圆；无威严之势，赏罚之法，虽尧、舜不能以为治。今世主皆轻释重罚严诛，行爱惠，而欲霸王之功，亦不可几也（没有马鞭、马嚼，即使是善于驾车的造父也不能驯服马匹；没有规矩准则、墨线，即使是巧匠王尔也不能画好方圆；没有威权和赏罚，即使是尧舜也不能治理好国家。今日君主轻易放弃重罚严刑，讲爱惠，却想建立霸王功业，这是没有希望的）。故善为主者，明赏设利以劝之，使民以功赏而不以仁义赐；严刑重罚以禁之，使民以罪诛而不以爱惠免。是以无功者不望，而有罪者不幸矣（善做君主的明确设置禄赏来激励人，使民众靠立功得赏，而不是靠君主行仁义来赐予；行严刑重罚限制民众，使民众因罪受罚而不靠君主的爱惠来赦免。因此，无功的人不会幻想得赏，犯罪的人不会侥幸免罚）。托于犀车良马之上，则可以陆犯阪阻之患；乘舟之安，持楫之利，则可以水绝江河之难；操法术之数，行重罚严诛，则可以致霸王之功（依靠坚车好马，就可以在陆地上冲破陡坡险阻的危险；凭借船的安稳，依仗桨的作用，就可以在水上克服横渡江河的困难；掌握法术之道，实行严刑重罚，就可以成就霸王的功业）。治国之有法术赏罚，犹若陆行之有犀车良马也，水行之有轻舟便楫也，乘之者遂得其成。伊尹得之，汤以王；管仲得之，齐以霸；商君得之，秦以强（治理国家有法术赏罚，就好比陆路有坚车良马，水路有轻舟便桨一样，凭借它们的人因此获得成功。伊尹掌握了法术，实行赏罚，商汤因此称王；管仲掌握了法术，实行赏罚，齐桓公因此称霸；商鞅掌握了法术，实行赏罚，秦国因此强大）。此三人者，皆明于霸王之术，察于治强之数，而不以牵于世俗之言；适当世明主之意，则有直任布衣之士，立为卿相之处；处位治国，则有尊主广地之实：此之谓足贵之臣（这三个人，都精通成就霸王的法术，熟悉治国强兵的方法，而不拘泥于世俗的说教；他们符合当代君主的心意，就会由布衣之士直接得到任用；他们处在卿相的位置上治理国家，就能收到使君主尊显、国土扩大的实绩。这类人是值得尊敬的臣子）。汤得伊尹，以百里之地立为天子；桓公得管仲，立为五霸主，九合诸侯，一匡天下；孝公得商君，地以广，兵以强。故有忠臣者，外无敌国之患，内无乱臣之忧，长安于天下，而名垂后世，所谓忠臣也（商汤得到伊尹，凭借百里之地成为天子；齐桓公得到管仲，成为五霸之首，九合诸侯，一匡天下；秦孝公得到商靶，领土因而扩大，兵力因而强盛。所以有了忠臣，君主外无邻国入侵的忧患，内无奸臣作乱的担忧，天下长治久安，名声流芳后世，这就是所说的真有了忠臣）。若夫豫让为智伯臣也，上不能说人主使之明法术度数之理以避祸难之患，下不能领御其众以安其国。及襄子之杀智伯也，豫让乃自黔劓，败其形容，以为智伯报襄子之仇。是虽有残刑杀身以为人主之名，而实无益于智伯若秋毫之末。此吾之所下也，而世主以为忠而高之（至于豫让作为智伯的臣子，上不能劝说君主，使智伯懂得法术制度的道理，躲避灾难祸患，下不能率领部下来让国家安定。等到赵襄子杀了智伯，豫让才自己涂黑皮肤，割去鼻子，毁坏面容，以图替智伯向赵襄子报仇。这虽有毁身冒死来忠于君主的名声，实际上却对智伯没有丝毫的好处。这是我所看不上的，但当今君主却认为他忠诚而加以尊敬）。古有伯夷、叔齐者，武王让以天下而弗受，二人饿死首阳之陵。若此臣，不畏重诛，不利重赏，不可以罚禁也，不可以赏使也，此之谓无益之臣也。吾所少而去也，而世主之所多而求也（古代曾有伯夷、叔齐两个人，周武王把天下让给他们，他们却不接受，最后饿死在首阳山上。像豫让和伯夷、叔齐这样的臣子，不畏重刑，不图厚赏，不能够用刑罚来限制他们，不能够用赏赐来支使他们，这就叫做无用的臣子。这是我所鄙视厌弃的人，却是当代君主所称赞访求的人）。"①韩非总的意思就是说君主只能用刑罚治理天下，万不可讲什么道德。

三、法家用赏罚实现法制

（一）刑赏之权握于君主

"凡世莫不以其所以乱者治（现在的君主都在用乱国的方法治理国家），故小治而小乱，大治而大乱（君主管得少就小乱，管得多就大乱）。人主莫能世治其民，世无不乱之国（君主不能长久治理民众，世间没有不乱之国）。奚谓以其所以乱者治（什么叫用乱国的方法治国）？夫举贤能，世之所治也，

_____
①《韩非子·奸劫弑臣》，高华平、王齐洲、张三夕译注，中华书局2010年版，第140页。

而治之所以乱（君主普遍用贤，可这正导致了国乱）。世之所谓贤者，言正也。所以为善正也，党也。听其言也，则以为能；问其党，以为然（人都说重用贤能。其实所谓贤能是其党羽们互相吹捧出来的）。故贵之不待其有功；诛之不待其有罪也（所以赏罚不符合其功罪）。此其势正使污吏有资而成其奸险，小人有资而施其巧诈（反倒鼓励污吏和小人犯坏搞阴谋）。初假吏民奸诈之本，而求端悫其末，禹不能以使十人之众，庸主安能以御一国之民（在根子上鼓励人狡诈，却想得到端正忠诚的果实，一般的君主怎么可能治理一国的民众）？彼而党与人者，不待我而有成事者也（那些党羽不顾君主利益而干成自己的事）。上举一与民，民倍主位而向私交（君主提拔一个人，他们不认为是君主的恩德，却感谢私人之间的情谊）。民倍主位而向私交，则君弱而臣强。君人者不察也，非侵于诸侯，必劫于百姓。彼言说之势，愚智同学之，士学于言说之人，则民释实事而诵虚词。民释实事而诵虚词，则力少而非多（民众背离君主，向往私人之间交往，会造成君弱臣强，君主为臣、民所制。民众都喜欢空谈，不干实事，国家由此衰弱）。君人者不察也，以战必损其将；以守必卖其城。"[1] 道德评价只能由社会舆论来评判，而且主观性很强，谁人多谁就能够得到有利于自己的评判。君主的权力很难左右。君主赏罚

---

[1]《商君书·慎法》，石磊译注，中华书局2011年版，第169页。

不以功罪而以道德，重用所谓道德君子，就等于把评判标准交给臣民，进而就会失去对臣民的控制。这样就没有人再重视君主，没有人再愿意为君主干实事，都愿意去当"乡愿"、说空话，最后导致国力衰落，国家灭亡。相反，法制条例清晰、规定明确、便于君主个人掌握和操作，用法制做评判标准和赏罚依据，就能够树立君主的权威，控制住臣民，使之为自己效力。

刑赏掌握在君主手里在商鞅那里不是问题，所以商鞅没有探讨这个问题。到了韩非时代情况就不同了，篡夺君主刑赏大权的事日益多发，所以韩非把他当做重要问题加以探讨。韩非强调，刑赏大权一定要掌握在君主手里，即"操杀生之柄"[①]。若丢失到了奸臣手里，后果严重："故世之奸臣则不然，所恶，则能得之其主而罪之；所爱，则能得之其主而赏之。"[②]奸臣对自己所厌恶的人就窃取君主掌握的刑罚将其治罪；对自己所喜欢的人就窃取君主的奖赏权使之受赏。总之，将君主的赏罚权借为己用，以遂自己之爱恶。"今人主非使赏罚之威利出于己也，听其臣而行其赏罚，则一国之人皆畏其臣而易其君，归其臣而去其君矣，此人主失刑德之患也。"[③]君主的赏罚权

---

①《韩非子·定法》，高华平、王齐洲、张三夕译注，中华书局2010年版，第620页。

②《韩非子·二柄》，高华平、王齐洲、张三夕译注，中华书局2010年版，第52页。

③《韩非子·二柄》，高华平、王齐洲、张三夕译注，中华书局2010年版，第52页。

被臣下窃取，则民众会投向臣下，脱离君主。君主"兼非失刑德而使臣用之，而不危亡者，则未尝有也。"①君主失去赏罚权而由臣子来主宰，定会处境危亡。"夫虎之所以能服狗者，爪牙也。使虎释其爪牙而使狗用之，则虎反服于狗矣。人主者，以刑德制臣者也。今君人者释其刑德而使臣用之，则君反制于臣矣。"刑赏若为臣子所用，君主就会受制于臣子，就像老虎的爪子如果为狗所用，老虎就会屈服于狗。"故田常上请爵禄而行之群臣，下大斗斛而施于百姓，此简公失德而田常用之也，故简公见弑。"齐国田常从君主那里得到爵禄，转而赏给群臣，小斗进大斗出向百姓施与恩惠。齐简公的奖赏权柄被田常利用来向百姓施恩惠，收买了人心，结果齐简公被田常攻杀了。"子罕谓宋君曰：'夫庆赏赐予者，民之所喜也，君自行之；杀戮刑罚者，民之所恶也，臣请当之。'于是宋君失刑而子罕用之。故宋君见劫。"宋子罕对宋桓侯说，奖励赏赐是民众所喜欢的，君主你自己实行。杀戮刑罚是民众所厌恶的，我来掌管。于是宋桓侯失去了惩罚的权力而被宋子罕所使用的，结果宋桓侯被宋子罕给劫杀了。"田常徒用德而简公弑，子罕徒用刑而宋君劫。故今世为人臣者兼刑德而用之，则是世主之危甚于简公、宋君也。故劫杀拥蔽之主，兼失刑德而使臣用

---

① 《韩非子·二柄》，高华平、王齐洲、张三夕译注，中华书局2010年版，第53页。

之，而不危亡者，则未尝有也。"①总之无论是赏还是罚，权力必须掌握在君主手里方才不受制于臣下。

（二）治理臣民必须一于法

君主是主宰者，民众是被主宰者，民众是群氓。"昔之能制天下者，必先制其民者也；能胜强敌者，必先胜其民者也。故胜民之本在制民，若冶于金，陶于土也。本不坚，则民如飞鸟禽兽，其孰能制之？民本，法也。故善治者，塞民以法，而名地作矣（名和地都兴盛）。"②君主是工匠，民众是金属液和陶土，工匠范制金属液和陶土。君主是驯手，民众是飞禽走兽。驯手驾驭飞禽走兽。要想统治天下必先控制住民众，要战胜强敌必先战胜其民众，战胜敌人的根本是战胜其人民，战胜民众的根本方法就是法制。

法家认为，对民众不能讲道德，只能用法制。"故以刑治，则民威（畏）；民威，则无奸；无奸，则民安其所乐。以义教，则民纵；民纵，则乱；乱，则民伤其所恶。吾所谓刑者，义之本也；而世所谓义者，暴之道也。夫正民者，以其所恶，必终其所好；以其所好，必败（受害）其所恶。"③民众不喜欢刑罚之治，但是刑罚之治能够震慑住奸人，使奸人不敢犯

①《韩非子·二柄》，高华平、王齐洲、张三夕译注，中华书局2010年版，第53页。
②《商君书·画策》，石磊译注，中华书局2011年版，第131页。
③《商君书·开塞》，石磊译注，中华书局2011年版，第72页。

奸，民众就能够得到安乐。民众喜欢宽松的义教，但宽松的义教会使民众放纵自己，导致社会动乱。用民众不喜欢的结果导致民众喜欢的，用民众喜欢的结果导致民众不喜欢的。

法制使民众心无旁骛，一心守法，专心致力于国家富强。"善为国者，官法明，故不任知虑；上作壹，故民不偷营，则国力抟。国力抟者强，国好言谈者削。"[1]有了确定的制度，下面的人就不容易玩花样；君主法度严明，不起用那些耍小聪明的人；君主专心于耕战，民众不去私下经营其他行业，国家力量就能够集中。国家力量集中国力就强大，好空谈的人力量就削弱。

法制不必耗费精力思量各方情绪、想法，只是依尺度而行，该怎样就怎样。"圣人治国也，易知而难行也。是故圣人不必加（不必高扬圣人），凡主不必废（不必废掉平庸的君主）；杀人不为暴，赏人不为仁者，国法明也（杀人赏人与道德无关，只是为了申明法）。圣人以功授官予爵，故贤者不忧。圣人不宥过，不赦刑，故奸无起。圣人治国也，审壹而已矣。"[2]圣人治国只讲法制，对某个人没有好恶，赏有功，罚有过。

君主如果在法外展示自己的才智，就会激发出臣子与君主竞智的冲动。"夫为人主而身察百官，则日不足，力不给（君

---

①《商君书·赏刑》，石磊译注，中华书局2011年版，第28页。

②《商君书·农战》，石磊译注，中华书局2011年版，第128页。

主亲自监察百官是忙不过来的）。且上用目，则下饰观（修饰外观）；上用耳，则下饰声（修饰声音）；上用虑，则下繁辞（夸夸其谈）。先王以三者为不足，故舍己能而因法数，审赏罚。先王之所守要，故法省而不侵。独制四海之内，聪智不得用其诈，险躁不得关其佞，奸邪无所依。远在千里外，不敢易其辞（不敢改变君主的嘱托而乱说）；势在郎中（警卫、通报者），不敢蔽善饰非；朝廷群下，直凑单微（集中向君主进献绵薄之力），不敢相逾越（不敢互相侵权）。故治不足而日有余，上之任势使然也（事情不够干的，每日都有闲暇，这是君主任用权势使然）。"①臣下总能够根据上面监视的方法找出应付、造假的方法。先王使用目、耳、思虑三者是不够的。放弃使用自己聪明的才智，依靠法术，严明赏罚。先王只要掌握了"因法术，审赏罚"的要领，只需简要的法令权威就不会受到侵害，臣下无法作弊给君主使坏，只能老老实实为君主服务。

法是一，可是法碰到的人和事情确实复杂多样的。无论多么复杂多样，一律为法让路。"先王立司南以端朝夕（先王用司南确定方向）。故明主使其群臣不游意于法之外（不在法外打主意），不为惠于法之内（不在法内行私惠），动无非法（做什么都依法）。峻法，所以禁过外私（防止谋私）也；严刑，所以遂令（贯彻命令）惩下也。威不贰错（威不能与臣下

_____

①《韩非子·有度》，高华平、王齐洲、张三夕译注，中华书局2010年版，第48—49页。

共实施），制不共门（权力不能与臣下共同行使）。威、制共，则众邪彰矣（奸臣该明目张胆的活动了）；法不信，则君行危矣；刑不断，则邪不胜矣（刑罚使用不决断，邪恶不能被战胜）。故曰：巧匠目意中绳，然必先以规矩为度（好木匠也得有尺矩）；上智捷举中事，必以先王之法为比（再有智慧者也得以法为准）。故绳直而枉木斫，准夷而高科削，权衡县而重益轻，斗石设而多益少（标尺去掉偏差）。故以法治国，举措而已矣（用法作为衡量事物的标准）。法不阿贵（不偏袒权贵），绳不挠曲（不迁就弯曲）。法之所加，智者弗能辞，勇者弗敢争（面对法，智者无说辞，勇者不敢抗）。刑过不辟大臣，赏善不遗匹夫。故矫上之失，诘下之邪，治乱决缪，细羡齐非（消除多余纠正错误），一民之轨，莫如法。厉官威民（整治官吏威震百姓），退淫殆（遏止过于怠懈），止诈伪，莫如刑。刑重，则不敢以贵易（轻视）贱；法审，则上尊而不侵。上尊而不侵，则主强而守要（掌握治国要领），故先王贵之而传之。人主释法用私，则上下不别矣。"[1]韩非絮絮叨叨讲了许多，意思就是法是唯一的标尺，不管臣子有什么品德，有什么长处，有什么个性，君主只用法审视一切，只用法作为判断是非的标准，用法来回应臣子的一切作为。

君主要依靠臣子的支持来维持统治，给予臣子富贵是应该

---

[1]《韩非子·有度》，高华平、王齐洲、张三夕译注，中华书局2010年版，第49—50页。

的、必须的。但臣子很贪婪，谁都想多得富贵，快速富贵，长保富贵。法家强调，富贵的获得不能不讲法度。"明主不滥富贵其臣（不以私恩富贵人）。所谓富者，非粟米珠玉也？所谓贵者，非爵位官职也？废法作私，爵禄之，富贵之，滥也（无序）。凡人主德行非出（超过）人也，知非出人也，勇力非过人也。然民虽有圣知，弗敢我谋；勇力，弗敢我杀；虽众，不敢胜其主；虽民至亿万之数，县重赏而民不敢争，行罚而民不敢怨者，法也（民众虽多，不敢胡闹）。国乱者，民多私（法外）义；兵弱者，民多私勇。则削国之所以取爵禄者多涂（法外）。亡国之俗，贱爵轻禄，不作而食，不战而荣，无爵而尊，无禄而富，无官而长，此之谓奸民（不通过君主规定的途径富贵是奸民）。所谓'治主无忠臣，慈父无孝子'（不需要人的自觉性，不要道德。），欲无善言，皆以法相司也（不需要善言安抚，对所有的人都用法来监控），命相正也（让他们相互纠正）。不能独为非，而莫与人为非（不能独自干坏事，也不能和别人一起干坏事）。"①商鞅主张，君主予臣子富贵，不能讲私人感情，不能讲道德伦常，只依法给予。

　　结朋党是臣子中普遍存在的现象，会削弱君主的统治，故为君主所厌恶。法家认为，破朋党最好的方法就是法制。"故有明主忠臣产于今世，而欲领其国者，不可以须臾忘于法。破

①《商君书·画策》，石磊译注，中华书局2011年版，第135—136页。

胜党任（任：奸巧），节去言谈（取消虚妄之言），任法而治矣。使吏非法无以守，则虽巧不得为奸。使民非战无以效其能，则虽险不得为诈。夫以法相治，以数（规定）相举。誉者不能相益，訾言者不能相损。民见相誉无益，习相爱不相阿；见訾言无损，习相憎不相害也（见到说坏话也损害不了人，即便平日想憎恨，也不相为害了）。夫爱人者，不阿；憎人者，不害。爱恶各以其正（爱憎不出离法外，都在法之内），治之至也。臣故曰：法任而国治矣。"① 商鞅认为只讲法，不讲其他，人除了在法之内没有其他得到好处的途径。人际之间为了相互勾结，或为了相互排挤，互相吹捧、互相诽谤都不起作用。朋党可破，投机者无所作为。

人一有钱有势就任性，致有犯奸作恶者，所以法家强调君主用法度约束臣子。"是故明君之蓄其臣也，尽之以法，质之以备（贯彻法的具体措施）。故不赦死，不宥刑（不减轻刑罚），赦死宥刑，是谓威淫（君威失散）。社稷将危，国家偏威（威都分到臣下了）。是故大臣之禄虽大，不得借威城市（大臣的地位再高也不能借着城市立威）；党与虽众，不得臣士卒（不得将兵当做自己的私属）。故人臣处国无私朝（私家的朝会），居军无私交，其府库不得私贷于家。此明君之所以禁其邪。是故不得四（驷）从（臣子不得车驾驷马），不载奇

---

① 《商君书·慎法》，石磊译注，中华书局2011年版，第171页。

兵（臣子不得载特殊的兵器）；非传非遽（不是传递紧急公文的车马），载奇兵革，罪死不赦（私带特殊兵器者死无赦）。此明君之所以备不虞（不测）者也。"①君主必须以法治臣，该赏的赏，该罚的罚。臣子无论有多大的权力，有多少财富，绝对不许违法逞威。

总而言之，整个国家，法是唯一的是非评判标准。所有国民，无论臣子还是民众，言行不能偏离法。商鞅说："故明主慎法制（重视法制）。言不中法者不听也，行不中法者不高（推崇）也，事不中法者不为也。言中法，则辩之（认为动听）；行中法，则高之；事中法，则为之。故国治而地广，兵强而主尊，此治之至也，人君者不可不察也。"②以法为最高价值取向，所有人的言、行、事必须符合法度。"法枉治乱（法度偏斜，治理就要混乱）；任善言多（任用善良者，言谈的人就该多了）。治众（治国的思路太多）国乱；言多（言谈太多）兵弱。法明治省；任力言息。治省国治；言息兵强。故治大，国小（治道太多管理的国家就小）；治小，国大。"③治理国家很简单，一个法字什么都能搞定。道德言谈一人一义，十人十义，使人离心离德，国家衰弱灭亡。

---

①《韩非子·爱臣》，高华平、王齐洲、张三夕译注，中华书局2010年版，第32页。

②《商君书·君臣》，石磊译注，中华书局2011年版，第164页。

③《商君书·弱民》，石磊译注，中华书局2011年版，第152页。

（三）刑主赏次

为什么刑主赏次？商鞅说："故善治者，使跖可信，而况伯夷乎？不能治者，使伯夷可疑，而况跖乎？势不能为奸，虽跖可信也；势得为奸，虽伯夷可疑也。"[1]刑主赏次就能够使盗跖变得淳朴可信。如果刑次赏主，则连伯夷这样的道德君子也不能保证靠得住。为什么这么说？

一是使用重刑让民众畏惧比让民众高兴更方便治理。"去奸之本莫深于严刑。故王者以赏禁，以刑劝。求过不求善，藉刑以去刑。"[2]消除奸邪之人最彻底的方式莫过于用严刑。出色的统治者用赏来阻止奸邪，用刑来给人导向，追究人的过错，不理会其善举，用刑罚阻止刑罚的实施。

民众习惯于建立在传统习俗基础上的柔缓之治，不喜欢严厉的刑罚之治。商鞅则认为，最终来说，刑罚之治对民众有利，柔缓之治对民众不利。"故以刑治，则民威；民威，则无奸；无奸，则民安其所乐。以义教，则民纵；民纵，则乱；乱，则民伤其所恶。吾所谓刑者，义之本也；而世所谓义者，暴之道也。夫正民者，以其所恶，必终其所好；以其所好，必败（受害）其所恶。"[3]"义教"是柔缓之治，表现为赏赐。民

---

[1]《商君书·画策》，石磊译注，中华书局2011年版，第134页。
[2]《商君书·开塞》，石磊译注，中华书局2011年版，第75页。
[3]《商君书·开塞》，石磊译注，中华书局2011年版，第72页。

众当然愿意多多受赏，可是商鞅认为，多赏有害。多赏，民众得到肯定往往会忘乎所以，忘记自律，行为放纵。多刑，民众畏惧刑罚，为躲避刑罚不敢为不善，所以多刑有助于治理。商鞅认为，治国和战争的道理一样，"故以战去战，虽战可也；以杀去杀，虽杀可也；以刑去刑，虽重刑可也"。①"是故，兴国罚行则民亲；赏行则民利（民众追逐利益）。行罚，重其轻者，轻者不至，重者不来。此谓以刑去刑，刑去事成。罪重刑轻，刑至事生。此谓以刑致刑，其国必削。"②兴盛的国家使用刑罚，民众为了避免刑罚纷纷亲近君主；使用赏赐则民众纷纷追逐利益。使用刑罚，对犯轻罪的人加重惩罚，犯轻罪的人就不会出现，犯重罪的人也不会出现，这叫做用刑罚遏止犯罪从而消除刑罚的使用。刑罚不用，大事可成。对犯重罪者使用轻刑，轻刑用了，犯罪者更多，这叫做刑罚导致更多的刑罚，国家会削弱。

在以罚为主，以赏为辅的前提下如何使赏罚两者相济？商鞅说："夫刑者，所以禁邪也；而赏者，所以助禁也。"③刑罚是制止邪恶的，赏是用来辅助刑罚的。"夫过有厚薄，则刑有轻重；善有大小，则赏有多少。此二者，世之常用也。"刑的轻重根据过错的大小，赏的多少根据善的大小。"刑加于罪所

①《商君书·画策》，石磊译注，中华书局2011年版，第130—131页。

②《商君书·靳令》，石磊译注，中华书局2011年版，第103页。

③《商君书·算地》，石磊译注，中华书局2011年版，第65页。

终，则奸不去；赏施于民所义，则过不止。刑不能去奸而赏不能止过者，必乱。故王者刑用于将过，则大邪不生；赏施于告奸，则细过不失。治民能使大邪不生，细过不失，则国治。国治必强。"① 刑罚的使用不能在已经犯罪，而要在行将犯罪。赏赐不能用来奖励民众所认可的正义，而是用来鼓励告密。"必得，而尚有奸邪盗贼者，刑轻也。刑轻者，不得诛也。必得者，刑者众也。故善治者，刑不善，而不赏善，故不刑而民善。不刑而民善，刑重也。刑重者，民不敢犯，故无刑也。而民莫敢为非，是一国皆善也。故不赏善而民善。赏善之不可也，犹赏不盗。"② 一个是要刑重，一个是要"刑不善而不赏善"，而且还要刑不厌重。"故禁奸止过，莫若重刑。刑重而必得，则民不敢试，故国无刑民。"③ 刑罚残酷，犯罪者必须绳之以刑罚，民众吓坏了，就没有人敢犯罪了。以刑罚为主，刑不厌重，以此为治，"一国行之，境内独治。二国行之，兵则少寝。天下行之，至德复立。此吾以杀刑之反于德而义合于暴也"。④ 在商鞅看来，杀戮反倒符合道德，所谓"义"会导致暴虐。

商鞅类似的话还有很多，说法虽有些差异，意思基本相同："以刑去刑，国治；以刑致刑，国乱，故曰：行刑重轻，

---

① 《商君书·开塞》，石磊译注，中华书局2011年版，第74页。
② 《商君书·画策》，石磊译注，中华书局2011年版，第134页。
③ 《商君书·壹刑》，石磊译注，中华书局2011年版，第124页。
④ 《商君书·开塞》，石磊译注，中华书局2011年版，第74页。

刑去事成，国强；重重而轻轻，刑至事生，国削。刑生力，力生强，强生威，……"①"故以战去战，虽战可也；以杀去杀，虽杀可也；以刑去刑，虽重刑可也。"②"法详，则刑繁；刑繁，则刑省。""故行刑，重其轻者，轻者不生，则重者无从至矣，此谓治之于其治者。行刑，重其重者，轻其轻者，轻者不止，则重者无从止矣，此谓治之于其乱也。故重轻，则刑去事成，国强；重重而轻轻，则刑至而事生，国削。民勇，则赏之以其所欲；民怯，则杀之以其恶。故怯民使之以刑，则勇；勇民使之以赏，则死。怯民勇，勇民死，国无敌者必王。"③"治国刑多而赏少。故王者刑九而赏一，削国赏九而刑一。"④总而言之，对民众恐吓比安抚好。

二是民众的特性需要刑多赏少。民众有什么特性？首先，民众穷人多，胆小怕事的人多。商鞅说："怯民使以刑，必勇；勇民使以赏，则死。怯民勇，勇民死，国无敌者，强。强，必王。贫者使以刑，则富；富者使以赏，则贫。治国能令贫者富，富者贫（让富者把粮食献给国家，富者多余的粮食就减少了），则国多力，多力者王。"⑤对怯懦的民众使用刑罚能够使之勇敢起来，对勇敢的人使用赏能够使之奋死。对于贫穷

①《商君书·去强》，石磊译注，中华书局2011年版，第44页。

②《商君书·画策》，石磊译注，中华书局2011年版，第130—131页。

③《商君书·说民》，石磊译注，中华书局2011年版，第50—51页。

④《商君书·开塞》，石磊译注，中华书局2011年版，第73—74页。

⑤《商君书·去强》，石磊译注，中华书局2011年版，第41页。

的人使用刑罚，贫穷的人就能富裕起来。怯懦的人占多数，贫穷的人也占多数，勇敢的人和富裕的人占绝对少数，所以治理民众要以刑为主。刑的比重越大，国家越强盛。商鞅说："王者刑九赏一，强国刑七赏三，削国刑五赏五。"① 刑的作用是什么？"刑生力，力生强。"② 刑产生力量，力量产生强国。

其次，民众的风气有"四难"、"六淫"。商鞅说："故王者刑于九而赏出一。刑于九，则六淫止；赏出一，则四难行。六淫止，则国无奸；四难行，则兵无敌。"③ 赏占十分之一就能推行民众认为的四种难事，即：务农、力战、出钱、告奸；刑占十分之九就能够制止六种危害："曰岁、曰食、曰美、曰好、曰志、曰行。"④ "岁"——农民游惰，年岁歉收；"食"——农民不务农业，白吃粮食；"美"——商人贩卖华丽的东西；"好"——商人贩卖好玩的物品；"志"——官吏营私舞弊；"行"——官吏贪赃枉法。

最后，民众好争稀缺之物。商鞅说："重刑少赏，上爱民，民死赏。重赏轻刑，上不爱民，民不死赏。"⑤ 使用刑罚多，使用赏赐少，这是君主爱护民众，民众会为得到这一点点赏赐的机会死拼；使用赏赐多，使用刑罚少，这是君主不爱护

① 《商君书·去强》，石磊译注，中华书局2011年版，第41页。
② 《商君书·去强》，石磊译注，中华书局2011年版，第44页。
③ 《商君书·说民》，石磊译注，中华书局2011年版，第52页。
④ 《商君书·去强》，石磊译注，中华书局2011年版，第39页。
⑤ 《商君书·靳令》，石磊译注，中华书局2011年版，第102页。

民众，因为赏赐多，得赏不难，民众就不稀罕了，用不着为了得到赏赐而死拼。使用重刑为赏赐之本，没有重刑，赏赐显示不出珍贵，所以发挥不了作用。

三是法令条文本身的局限性。光有法令条文还不够，法令条文本身仍不足以止乱。"国之乱也，非其法乱也，非法不用也。国皆有法，而无使法必行之法。国皆有禁奸邪刑盗贼之法，而无使奸邪盗贼必得之法。为奸邪盗贼者死刑，而奸邪盗贼不止者，不必得也。必得，而尚有奸邪盗贼者，刑轻也。刑轻者，不得诛也。必得者，刑者众也。"[1]国家之乱不是乱在法上，乱在法执行不下去；国家有禁止奸邪和盗贼的法，可是盗贼不能必然被抓住；即使奸邪和盗贼必定被抓住可还会出现奸人和盗贼，因为刑罚太轻。刑罚太轻，奸人和盗贼不怕，结果继续作奸犯科而又甘受刑罚的人很多。所以法令要起作用还必须做到犯法者必归案，归案后施予重刑。"刑人复漏，则小人辟淫而不苦刑，则侥幸于上以利求。"[2]若该受刑罚惩罚的人逃避了惩罚，小人就放胆干坏事，对君主心存侥幸，求得利已。

（四）赏罚一而必

"夫离朱见秋豪百步之外，而不能以明目易人（转送给别人）；乌获举千钧之重，而不能以多力易人。夫圣人之存体性

---

[1]《商君书·画策》，石磊译注，中华书局2011年版，第133—134页。
[2]《商君书·算地》，石磊译注，中华书局2011年版，第65页。

（圣人自己存在的秉性），不可以易人。然而功可得者，法之谓也（功业的建立是因为有法制）。"①圣人治天下，不可能通过把自己的优良品质转给民众来改造民众，只有通过法制。

行爵禄之赏必须依据法规。"人君有爵行而兵弱者，有禄行而国贫者，有法立而乱者（法度确立政治还是混乱）。此三者国之患也（祸患）。故人君者先便辟请谒，而后功力（先满足宠臣的请托，把有功劳真出力的人放在后面），则爵行而兵弱矣。民不死犯难，而利禄可致也（民不拼死赴难也能得到利禄），则禄行而国贫矣。法无度数，而事日烦（法无尺度，事情繁琐），则法立而治乱矣。是以明君之使其民也，使必尽力以规（谋求）其功，功立而富贵随之，无私德也，故教化成（国家的政令就能成功）。如此，则臣忠君明，治著而兵强矣。"②"故凡明君之治也，任其力不任其德（根据民众用力多少而加以任用，不根据道德），是以不忧不劳，而功可立也。度数已立，而法可修（有法度即可）。故人君者不可不慎己也。"③爵禄之赏的标准只有一个——立功。立功者富贵必随之，靠私人感情、私人关系请托不起作用。私人感情、私人关系请托变现为潜规则，潜规则必须服从硬性的制度。

赏罚尺度统一而必定落实，否则无人为君主所用。"夫倍

①《商君书·错法》，石磊译注，中华书局2011年版，第85页。
②《商君书·错法》，石磊译注，中华书局2011年版，第84页。
③《商君书·错法》，石磊译注，中华书局2011年版，第85页。

法度而任私意，皆不知类（事理）者也。不以法论知、罢、贤、不肖者，惟尧，而世不尽为尧。是故先王知自议誉私之不可任也，故立法明分，中程者赏之，毁公者诛之。赏诛之法不失其议（仪），故民不争。授官予爵不以其劳，则忠臣不进；行赏赋禄不称其功，则战士不用。"①不用法制只按"私意"论德才高低，只有尧能够做到，可尧毕竟只是极个别。对多数统治者来说，要想杜绝小人作弊，鼓励忠臣能士为君主做事，必须使用统一的法度。

赏罚尺度必须整齐划一，就像人们通用的度量衡一样。"尺寸也、绳墨也、规矩也、衡石也、斗斛也、角量也，谓之法。"②法就像统一的度量衡一样。商鞅说："世之为治者，多释法而任私意，此国之所以乱也。先王县权衡，立尺寸，而至今法之，其分明也。"当今诸国生乱，治理不如先王的原因就在于君主们抛弃了作为法的统一尺度。"夫释权衡而断轻重，废尺寸而意长短，虽察，商贾不用，为其不必也。故法者，国之权衡也。"③必须使用有严格尺度的法度，没有法度，再明察的智慧也不能用，再高的智慧也达不到尺度那样精准。"释法术而心治，尧不能正一国；去规矩而妄意度，奚仲不能成一轮；废尺寸而差短长，王尔不能半中。使中主守法术，拙匠守

①《商君书·修权》，石磊译注，中华书局2011年版，第107页。
② 赵守正：《管子注释·七法》上册，广西人民出版社1982年版，第51页。
③《商君书·修权》，石磊译注，中华书局2011年版，第107页。

规矩尺寸，则万不失矣。君人者能去贤巧之所不能，守中拙之所万不失，则人力尽而功名立。"①不讲法制规范，只是凭一时拍脑袋就做出决策，那么尧那样的圣人也不能端正一个国家。就像没有圆规矩尺再好的木匠也干不出好活。使用统一的法度标尺治理国家，用不着贤智能人，一般水平的君主即可。

"巧匠目意中绳，然必先以规矩为度（好木匠也得有规矩）；上智捷举中事，必以先王之法为比（再有智慧者也得以法为准）。故绳直而枉木斫（直绳使弯木被砍削），准夷而高科削（平仪使高处的部分被削平），权衡县而重益轻（用秤来称，重的就得匀点给轻的），斗石设而多益少（置斗石量器就把多的匀点给少的）。故以法治国，举措而已矣（依法治国就像使用量器一样）。法不阿（偏袒）贵，绳不挠（迁就）曲。法之所加，智者弗能辞，勇者弗敢争。刑过不辟大臣，赏善不遗匹夫。故矫上之失，诘（追究）下之邪，治乱决缪，绌羡（消除多余）齐非，一民之轨，莫如法。"②法就像日常使用的度量衡，是治理国家的统一标尺。坚持用法，为政就不会有差错。《战国策》中载：有人对秦王说，秦以外的六国之所以失败是赏罚不必："今天下之府库不盈，囷仓空虚，悉其士民，

①《韩非子·用人》，高华平、王齐洲、张三夕译注，中华书局2010年版，第302页。
②《韩非子·有度》，高华平、三齐洲、张三夕译注，中华书局2010年版，第50页。

张军数十百万，白刃在前，斧质在后，而皆去走不能死，非其百姓不能死也，其上不能杀也。言赏则不与，言罚则不行，赏罚不行，故民不死也。"①关东六国之所以民众打仗怯懦，是因为赏罚没有得到必须执行。

有了固定尺度就要必须执行，对谁都一样。秦国的成功是如此，其他国家的失败是没有如此。

"是故诚有功，则虽疏贱必赏；诚有过，则虽近爱必诛。疏贱必赏，近爱必诛，则疏贱者不怠，而近爱者不骄也。"②有功必赏，有过必罚。赏罚不论贵贱亲疏。"使吾治之无赦，犹入涧之必死也，则人莫之敢犯也（行法的必然性就像从万丈悬崖摔到河里一样，不摔死也得淹死。任何人都一样）。"③

"魏文侯与虞人期猎。明日，会天疾风，左右止文侯，不听，曰：'不可以风疾之故而失信，吾不为也。'遂自驱车往，犯风而罢虞人。"④魏文侯的做法是要表现出君主对法制的态度。法既然颁布了，就必定执行，一定执行，无论遇到什么障碍也不能改变。

---

① 《战国策·秦策一·说秦王曰》，缪文远、缪伟、罗永莲译注，中华书局2012年版，第75页。
② 《韩非子·主道》，高华平、王齐洲、张三夕译注，中华书局2010年版，第39页。
③ 《韩非子·内储说上七术》，高华平、王齐洲、张三夕译注，中华书局2010年版，第328页。
④ 《韩非子·外储说左上》，高华平、王齐洲、张三夕译注，中华书局2010年版，第430页。

"所谓壹刑者，刑无等级，自卿相、将军以至大夫、庶人，有不从王令、犯国禁、乱上制者，罪死不赦。有功于前，有败于后，不为损刑。有善于前，有过于后，不为亏法。忠臣孝子有过，必以其数断。守法守职之吏有不行王法者，罪死不赦，刑及三族。"[1]如果犯了罪，无论是贵族、高官还是平民，一律制裁。哪怕你过去是忠臣孝子，有德、有功，只要偏离法制尺度，也要按律制裁。

为了贯彻法制，法家强调使用重刑。"故曰：重刑，连其罪（连坐），则民不敢试。民不敢试，故无刑也。夫先王之禁，刺杀，断人之足，黥人之面，非求伤民也，以禁奸止过也。故禁奸止过，莫若重刑。刑重而必得，则民不敢试，故国无刑民。国无刑民，故曰：明刑不戮。"[2]法家认为，刑罚不怕残酷，用最残酷的刑罚使民众恐惧，乖乖地守法。对近臣和亲人，也不能讲情面。商鞅举例："晋文公将欲明刑以亲百姓，于是合诸卿大夫于侍千宫，颠颉后至（迟到），吏请其罪，君曰：'用事焉。'吏遂断颠颉之脊（腰斩）以殉。晋国之士，稽（畏）焉皆惧，曰：'颠颉之有宠也，断以殉，况于我乎！'"[3]颠颉有跟随主公流亡十九年的功劳，一朝违反君命，立即明正典刑。法制必行，必令行禁止。令行禁止，必攻无不

①《商君书·赏刑》，石磊译注，中华书局2011年版，第124页。
②《商君书·赏刑》，石磊译注，中华书局2011年版，第124页。
③《商君书·赏刑》，石磊译注，中华书局2011年版，第124页。

摧，无往而不胜。晋文公"举兵伐曹、五鹿（濮阳东北），又反郑之埤（pi，坠毁郑国的城墙），东卫之亩（将卫国农田改为东西垄，便于晋国行战车），胜荆人于城濮（山东鄄诚西南）。三军之士，止之如斩足，行之如流水（三军士兵令其止步，则如足都被斩，令其前进，则如奔流之水）。三军之士，无敢犯禁者。故一假道重轻于颠颉之脊，而晋国治。"①晋文公借着腰斩亲信颠颉来申明法制之必然。"昔者，周公旦杀管叔、流霍叔，（百姓们）曰：'犯禁者也。'天下众皆曰：'亲昆弟有过不违，而况疏远乎！'故天下知用刀锯于周庭，而海内治。"②晋文公无情地腰斩救过自己命的颠颉，周公旦无情地杀管叔、流霍叔，都是表明法制必定贯彻，一定贯彻，不可阻挡。

为了彻底贯彻法制，法家还鼓励告发。"同官之人，知而讦之上者，自免于罪，无贵贱，尸袭其官长之官爵田禄。"③有肯告发主人或上级者，告发者可以得到被告发者的爵位和财产。

"是故明君之蓄其臣也，尽之以法，质之以备（用各种措施督责）。故不赦死，不宥刑（不减轻刑罚）。赦死宥刑，是谓威淫（君威失散）。社稷将危，国家偏威（威都分到臣下了）。是故大臣之禄虽大，不得借威城市（大臣的地位再高也

---

① 《商君书·赏刑》，石磊译注，中华书局2011年版，第124页。
② 《商君书·赏刑》，石磊译注，中华书局2011年版，第124页。
③ 《商君书·赏刑》，石磊译注，中华书局2011年版，第124页。

不能借着城市立威）；党与虽众，不得臣士卒（不得兵归将有）。故人臣处国无私朝（私家的朝会），居军无私交，其府库不得私贷于家。此明君之所以禁其邪。是故不得四从（臣子不得车驾驷马），不载奇兵（臣子不得载出人意料的兵器）；非传非遽（非传递紧急公文的车马），载奇兵革，罪死不赦（载奇兵器者死刑）。此明君之所以备不虞者也。"①总之，法家制定法条详细具体，执行起来毫不留情。

（五）审核刑名

"刑"、"名"一致对臣民实施法制不可或缺的。"凡治之极，下不能得（治国的最高境界，臣下不能得到不该得到的东西）。周合刑名，民乃守职（把刑名加在一起验证，臣民就恪尽职守）；去此更求（去掉刑名术更求他法），是谓大惑。"②

对"刑"、"名"的解释有不同角度："刑"是臣子做的事情，"名"是臣子说的话。法家要求臣子要言行一致，一致就赏，不一致就罚。"大不可量，深不可测（君主的治道大极了、深极了，不可测量），同合刑名，审验法式（君主只是审合臣子所言之名和所行之实，看看符合法度否），擅为者诛，

①《韩非子·爱臣》，高华平、王齐洲、张三夕译注，中华书局2010年版，第32页。

②《韩非子·扬权》，高华平、王齐洲、张三夕译注，中华书局2010年版，第65页。

国乃无贼（偏离法度者惩罚，国家就没有破坏者了）。"①破坏者往往是言行不一。

"名"也是指制度规定的职责，"刑"是指按制度做的事情。做事情不偏离制度者赏，偏离制度者罚。"人主将欲禁奸，则审合刑名（审核其说的话与做的事是否符合）；刑名者，言与事也（看臣下说话是否不同于他所做的事）。为人臣者陈而言，君以其言授之事，专以其事责其功。功当其事，事当其言，则赏；功不当其事，事不当其言，则罚。故群臣其言大而功小者则罚，非罚小功也，罚功不当名也；群臣其言小而功大者亦罚，非不说于大功也（做事多于所说的话也不行。功不能大于言），以为不当名也害甚于有大功，故罚。昔者韩昭侯醉而寝，典冠者见君之寒也，故加衣于君之上，觉寝而说，问左右曰：'谁加衣者？'左右对曰：'典冠。'君因兼罪典衣与典冠。其罪典衣，以为失其事也；其罪典冠，以为越其职也。非不恶寒也，以为侵官之害甚于寒。故明主之畜臣，臣不得越官而有功，不得陈言而不当。越官则死（越职了，立功也不行），不当则罪。守业其官，所言者贞也，则群臣不得朋党相为矣。"②臣子履行职责要与制度的规定完全吻合，主动在制度之外多做事、多立功也不行。

---

① 《韩非子·主道》，高华平、王齐洲、张三夕译注，中华书局2010年版，第37页。

② 《韩非子·二柄》，高华平、王齐洲、张三夕译注，中华书局2010年版，第54—55页。

韩非的"刑"、"名"的含义不止前述。"用一之道（使用"一"的基本方法），以名为首（先抓住确定事物的名称）。名正物定（名称端正了，所反映的事物也就确定了），名倚物徙（名称歪了——不严格，所表达的事物就模糊不定了）。故圣人执一以静（抓住确定的原则，稳定不变），使名自命（使得名称根据自己所反映的内容确定自己的名称），令事自定（使得事物按照自己的性质确定自己的名称）。"①首先抓住"名"，"名"代表事物，要依"名"求得事物。此外，"名"还表现为人的能力、人的职责等。"不见其采（君主不表现出刻意雕饰），下故素正（下面的人就该怎么着就怎么着）。因而任之（根据臣下的才能而任用之），使自事之（使之做该做的事）；因而予之（根据臣下的能力给予差事），彼将自举之（臣下自然会做好自己的工作）；正与处之（按照臣下名分来对待之），使皆自定之（使之做好自己名分之内的工作）。上以名举之（君主按照臣下说的话来要求他做事），不知其名，复修其形（如果对他的话不理解，那就看他所做的事是什么）。形名参同（把臣下所做的事和说的话加以比较验证），用其所生（用验证的结果来作为赏罚的依据）。二者诚信（赏罚符合实情），下乃贡情（臣下就真正用劲）。"②这是

---

① 《韩非子·扬权》，高华平、王齐洲、张三夕译注，中华书局2010年版，第60页。

② 《韩非子·扬权》，高华平、王齐洲、张三夕译注，中华书局2010年版，第60页。

韩非法家的刑名术。刑名必须契合，以此作为赏罚之依据，才能使臣下真正卖力做事。

"以赏者赏，以刑者刑，因其所为，各以自成（该赏的赏，该罚的罚，赏罚都是依据臣下的作为，都是由臣下自己造成的）。善恶必及，孰敢不信（善恶必得到相应的赏罚，谁敢不真干）？规矩既设，三隅乃列（制度一定，其他事都好办了）。"[①] 这是对刑名术的具体描绘，对臣下审名（其话语）——定位（按照职位）——验事（判定其业绩）。君主的心无好恶情感，心处于"道"的状态。

（六）法的操作

法要落实就得解决操作问题。商鞅讲了许多操作层次的问题。"公问于公孙鞅曰：法'令以当时立之者，明旦，欲使天下之吏民皆明知而用之，如一而无私，奈何？'"秦孝公问商鞅，怎样做到今天制定了法令，明天天下人都能明晓并认真奉行，并且天下人都屈私以奉法之公呢？

秦孝公询问的是，如何使官民都能够遵守君主制定的法？这是个很棘手的问题。当时的社会处在以血缘关系为纽带的家族社会，人们普遍习惯于建立在自发信念基础上的传统、惯例、习俗，法制实行不可能一蹴而就，所以秦孝公才问出这个

[①]《韩非子·扬权》，高华平、王齐洲、张三夕译注，中华书局2010年版，第63页。

令他忧虑的问题。

商鞅做出一系列回答：君主任命掌握法的长官、法吏，对之提出宣传法、执法的具体要求，人变法不变。"公孙鞅曰：为法令，置官吏。朴足以知法令之谓者，以为天下正（任用朴实懂得法令者为主持法令的长官），则奏天子。天子若（诺），则各主法令之（他们各自主持法令）。皆降，受命发官（官员们屈身接受天子命令，赴各地就任），各主法令之。民敢忘（忘记了）行法令之所谓之名（规定），各以其所忘之法令名罪之（哪个规定执行错了就按照哪个规定来惩罚该官员）。主法令之吏有迁徙（调职）物故（死亡），辄（马上）使学（者）读法令所谓（读法令条文）。为之程式（制定规程），使日数（数日）而知法令之所谓，不中程，为法令以罪之（不符合规程，就按照法令制裁）。有敢剟（duo，删改）定法令损益一字以上，罪死不赦。诸官吏及民，有问法令之所谓也于主法令之吏，皆各以其故所欲问之法令，明告之。各为尺六寸之符，明书年、月、日、时、所问法令之名，以告吏民（对民众的疑问要有明确的文字记载）。主法令之吏不告，及之罪，而法令之所谓也，皆以吏民之所问法令之罪，各罪主法令之吏（官员要随时回答民众的对法的疑惑。不回答者，一旦民众犯的法是他问的而没有得到明确回答的，就按所问之法治官员的罪）。即以左券予吏之问法令者（求解惑的人持左券，写在上面），主法令之吏谨藏其右券木柙，以室藏之，封以法令之长印（答案写在右券，官府备案）。即后有物故（即使以后主法官死了），以券书从事（关于法的标准答案不因人变化而异）。"①在这里商鞅回答：第一，君主制定法，任命主管法的长官；第二，长官要把法告知民众，民众忘记哪一条法令，就按照这一条法令惩罚他；第三，主管法的长官去世，接替者必须在规定的时间内通晓所主管的法令，人变法不变；第四，官民向主管长官咨询法令，必须得到清楚明白的回答，并详细记录在案。如果因回答不清楚导致官民犯法，就惩罚主管长官。

商鞅要求展示法令的威严与神圣："法令皆副（有副本），置一副天子之殿中（法令置一副本于天子殿中）。为法令为禁室（为法令建一禁室），有键钥（锁钥），为禁而以封之，内藏法令一副禁室中，封以禁印。有擅发禁室印，及入禁室视禁法令，及劓（duo）禁一字以上，罪皆死不赦。一岁受法令以禁令（每年把法令向官吏颁布一次）。"②怎样展示法的权威？是在储藏法令文书的程序和方式上繁琐复杂，声势很壮，竭力渲染法的庄严性、神圣性。谁也不敢稍有马虎。

商鞅强调，要保证中央制定的法贯彻到基层不走形，必须有干部队伍的保障。层层干部贯彻法，不得有任何偏差。

---

① 《商君书·定分》，石磊译注，中华书局2011年版，第175页。
② 《商君书·定分》，石磊译注，中华书局2011年版，第176页。

在贯彻法制的过程中，基层官员有机会借故拖延时间，谋取私利。造成农时被耽误，农业受损，农民利益受到损害。比如，水利设施的维修与管理、耕牛、车辆、种子、肥料、农具、春耕前口粮的缺乏等，都需要国家出面协调，固化为制度。官员早一点落实和晚一点落实，公道地落实和偏私的落实，效果大不相同。有些基层官员往往利用农民这方面的急求谋取私利，所以商鞅颁布《垦令》加以防范。"无宿治，则邪官不及为私利于民，而百官之情不相稽。百官之情不相稽，则农有余日。邪官不及为私利于民，则农不败。农不败而有余日，则草必垦矣。"[①]不允许官员拖延政务不办，使邪官没有机会寻机谋取私利，农民不受到盘剥。

建立干部队伍，紧盯干部向民众落实法制。"天子置三法官：殿中置一法官，御史置一法官及吏，丞相置一法官（丞相及重要部门皆置法官）。诸侯、郡、县皆各为置一法官及吏，皆比秦一法官（各地方官衙都置法官，但都要比照秦中央的法官）。郡、县、诸侯一受赍来之法令，学并问所谓（地方官接到上面下达的法令就要学习领会其精神）。吏民欲知法令者，皆问法官（官民想知道法令，一律问法官）。故天下之吏民，无不知法者。吏明知民知法令也，故吏不敢以非法遇民（让民知法，则官吏不敢以非法对待民众），民不敢犯法以干法官也

---

① 《商君书·垦令》，石磊译注，中华书局2011年版，第9页。

（民众也不敢犯法干扰法官）。遇民不修法，则问法官，法官即以法之罪告之，民即以法官之言正告之吏。吏知其如此，故吏不敢以非法遇民，民又不敢犯法。如此，天下之吏民虽有贤良辩慧，不能开一言以枉法；虽有千金，不能以用一铢。故知、诈、贤能者皆作而为善，皆务自治奉公。民愚则易治也，此所生于法明白易知而必行。"①从天子到郡、县、诸侯都遍设法官及法吏，下级随时学习上级下达的法令，随时接受民众的咨询，让民众知法。官民之间谁也不敢违法，再有智慧，再能说会道也不能偏离法，有钱人也不可能利用钱偏离法。

商鞅谈法不是笼统地谈论法制，而是落实到技术层次，具体到数量、方法、步骤。商鞅制定的"二十等爵制"是典型的战场奖赏法，一方面施行厚赏，另一方面厉行重罚。

商鞅的二十等爵制可以分为四个等级，相当于士的是：一级公士，二级上造，三级簪袅，四级不更；相当于大夫的是：五级大夫，六级官大夫，七级公大夫，八级公乘，九级五大夫；相当于卿的是：十级左庶长，十一级右庶长，十二级左更，十三级中更，十四级右更，十五级少上造，十六级大少造，十七级驷车庶长，十八级大庶长；相当于诸侯的是：十九级关内侯，二十级彻（通）侯。②

---

① 《商君书·定分》，石磊译注，中华书局2011年版，第177页。
② 《商君书·境内》，石磊译注，中华书局2011年版，第140页。

关于士兵军官的组合与职责：“爵自一级已下至小夫，命曰校、徒、操，公士。爵自二级已上至不更，命曰卒。其战也，五人束簿为伍，一人兆（逃跑）而刭（惩罚）其四人，能人得一首则复（谁能够斩一首则免除惩罚）。五人一屯长，百人一将。其战，百将、屯长不得首，斩；得三十三首以上，盈论（达到了规定的数目），百将、屯长赐爵一级。五百主，短兵五十人。二五百主，将之主，短兵百。千石之令（行政长官）短兵百人，八百之令（行政长官）短兵八十人，七百之令（行政长官）短兵七十人，六百之令（行政长官）短兵六十人。国尉（掌管军权的长官），短兵千人。将（大将），短兵四千人。战及死事，而刭短兵。能一首则优（将官战死，就惩罚短兵。短兵能斩一首就免除惩罚）。”[1]军队以不同级别的军官为核心，组成大小不同的群体。群体中士兵一是要保护军官，二是要拼命杀敌。军官想方设法完成本群体的歼敌指标。

关于士兵的战功奖励：“能得甲首一者，赏爵一级，益田一顷，益宅九亩，一除庶子一人，乃得人兵官之吏。”[2]斩一敌首升一爵级，赐田土一顷、宅基地九亩、为之服役的庶子一人，有资格入官府做官。韩非也介绍了商鞅的奖励杀敌制度：“商君之法曰：‘斩一首者爵一级，欲为官者为五十石之官；

---

[1]《商君书·境内》，石磊译注，中华书局2011年版，第141页。
[2]《商君书·境内》，石磊译注，中华书局2011年版，第144页。

斩二首者爵二级，欲为官者为百石之官。'官爵之迁与斩首之功相称也。"① 韩非所介绍的很可能是在实践中完善了的商鞅之法。

上面讲的是对普通军人个人的业绩要求和奖赏，下面是商鞅开列的对军人群体中各级爵位的战绩要求和奖赏。"能攻城围邑斩首八千已上，则盈论（围攻城邑能够斩首八千以上，就满足了规定的数目）；野战斩首二千，则盈论（野战要求斩首二千）。吏自操及校以上大将尽赏（群体的军人从下到上都赏）。行间之吏也，故爵公士也，就为上造也；故爵上造，就为簪袅；故爵簪袅，就为不更；故爵不更，就为大夫（军队中的官吏各升一级）。爵吏而为县尉，则赐虏六，加五千六百（旧爵为小吏升为县尉的赏六个奴隶，加五千六百钱）。爵大夫而为国尉，就为官大夫；故爵官大夫，就为公大夫；故爵公大夫，就为公乘；故爵公乘，就为五大夫，则税邑三百家（由公乘升为五大夫给他食邑三百户）。故爵五大夫，就为大庶长；故大庶长，就为左更；故三更也，就为大良造。皆有赐邑三百家，有赐税三百家（大庶长、左更、大良造都赏三百户的封邑，再食三百家的税）。爵五大夫，有税邑六百家者，受客（爵位是五大夫食六百户的税，可以接受门客）。大将、御、参皆赐爵三级（大将、车夫、骖乘都赏爵位三级）。故客卿

---

① 《韩非子·定法》，高华平、王齐洲、张三夕译注，中华书局2010年版，第624—625页。

相，盈论，就正卿（以客卿身份为相的，完成了指标升为有实权的正卿）。"①官位、财富都摆在那里，只要完成规定的指标，肯定兑现。

每一场战争后续的奖励工作，商鞅也强调效率："以战故，暴首三日，乃校三日，将军以不疑致士大夫劳爵。夫劳爵，其县过三日有不致士大夫劳爵，罢其县四尉，訾由丞尉。"②战斗后续的奖励工作必须三日内完成，否则罢免主管官员，由他人代替。

对军功的奖励还体现在司法上。"其狱法，高爵訾下爵级。高爵能，无给有爵人隶仆。爵自二级以上，有刑罪则贬。爵自一级以下，有刑罪则已；小夫死。"③刑罚规定，诉讼时由高爵位的审判低爵位的。二级以上犯罪，可以用爵级赎罪，一级的犯罪就剥夺爵级。一级以下的"小夫"犯罪就处死。

对军人的奖赏还体现在死后的墓葬上。"公士以上至大夫，其官级一等，其墓树级一树。"④战功越高，级别越高，级别每高一级，死后墓葬旁边多植一棵树。

商鞅不仅讲了战后对军人的赏赐，也详细叙述了攻打城邑的战斗中阵前如何实行奖惩。"其攻城围邑也，国司空訾（测

①《商君书·境内》，石磊译注，口华书局2011年版，第142页。
②《商君书·境内》，石磊译注，中华书局2011年版，第144页。
③《商君书·境内》，石磊译注，中华书局2011年版，第145页。
④《商君书·境内》，石磊译注，中华书局2011年版，第145页。

量）其城之广厚之数。国尉分地，以校、徒分积尺而攻之，为期，曰：'先已者当为最启（头功），后已者訾为最殿（末等）。再訾则废（两次定为末等就废除其爵位）。'穴通则积薪，积薪则燔柱。陷队之士（敢死之士），面十八人。陷队之士，知疾斗（死斗），不得（不成功），斩首。队（坠）五人（抓获五人），则陷队之士，人赐爵一级。死，则一人后（战死了，其族人一人可以承袭其爵位）。不能死之（怕死），千人环规，黥劓于城下（在千人环视下，城前受黥劓刑）。国尉分地，以中卒随之（国尉划分地段，中军士兵听从分派）。将军为木台，与国正监、与王御史参望之（国王派有监军）。其先入者举为最启，其后入者举为最殿。其陷队也，尽其几（冀，志愿者）者。几者不足，乃以欲级（升级欲强者）益之。"①商鞅像个工长，亲临建筑工地指挥，谁该干什么，指标多少，如何惩戒，一一做出具体安排，井然有序。

　　法家强调法制，特别迷信法。但是，一味迷信法，完全不相信道德也不可以。同样是执行制度，有的人积极主动地执行制度，有的人消极被动地执行制度。制度虽然详备，但没有道德，制度仍然不起作用。

---

① 《商君书·境内》，石磊译注，中华书局2011年版，第146页。

第六讲
法家论政治改革

什么叫政治？到现在没有一种统一的说法。笔者认为政治就是由公共权力和公共秩序来体现和实现的群体关系。其中群体关系这四个字最为要害。国家、民族、区域、阶级、阶层、行业涉及的无一不是群体问题，所以解决政治问题实际就是解决群体关系问题。

法家的政治改革就是要调整群体关系。当时的群体关系是君主、贵族、民众三者之间的博弈关系。君主认为国家是自己的，只有治理好国家才能保持自己的最大利益。怎么治理好国家呢？当然是贵族、民众都服从自己，受自己驱使，这是君主所要求的。贵族首先希望保持住自己的家族、封地、臣民。

如有可能，还要尽量扩大封地，增加臣民。贵族封地臣民增加了，君主所辖土地臣民就减少，贵族的减少了，君主的就增加了。贵族们不仅仅要增加封地和臣民，还想通过为君主办事掌握国家更多的权力，削弱、架空乃至篡夺君主。"田成子取齐，司城子罕取宋，太宰欣取郑（不详），单氏取周（不详），易牙之取卫（易牙困死齐桓公），韩、魏、赵三子分晋，此八人者，臣之弑其君者也。"①韩非总结："'周宣王以来，亡国数十，其臣弑其君而取国者众矣。'然则难之从内起与从外作者相半也。"②周宣王以来的数十个诸侯国灭亡，其中一半是内部贵族作案。

正如孟子所说："万乘之国弑其君者，必千乘之家；千乘之国，弑其君者，必百乘之家。万取千焉，千取百焉，不为不多矣；苟为后义而先利，不夺不厌。"③贵族们贪得无厌，不把君主的产业蚕食干净誓不罢休。大贵族的势力太大了，以致孟子说："为政不难，不得罪于巨室；巨室之所慕，一国慕之；一国之所慕，天下慕之。故沛然德教溢乎四海。"④贵族不光是

①《韩非子·说疑》，高华平、王齐洲、张三夕译注，中华书局2010年版，第637页。
②《韩非子·说疑》，高华平、王齐洲、张三夕译注，中华书局2010年版，第637页。
③《孟子·梁惠王上》，史仲文主编：《中华经典藏书》，北京出版社1999年版，第1121页。
④《孟子·离娄上》，史仲文主编：《中华经典藏书》，北京出版社1999年版，第1137页。

硬实力强大——财大气粗，更有软实力——对民众有巨大的道德影响力。软硬势力结合起来，所以很容易推翻君主。

那么，君主该怎么办？挑动贵族之间内斗，扶这个打那个。韩非有这个想法："作斗以散朋党。"①制造矛盾拆散朋党。许多君主这样做了。但商鞅认为，这不是从根本上解决问题的方法，还会最终损害君主本身。商鞅说："以强去强者，弱；以弱去强者，强。"②君主使用加强一股势力去削弱另一股强大势力的方法，最后削弱的是自己。君主制定法度同时削弱下属的强大势力自己就能够强大。

君主怎样才能够从根本上压倒咄咄逼人的贵族呢？法家想到了民众。民众如果站在君主一边，君主的力量就足够强大。田常之所以大斗借出小斗收回，就是看到了民众的支持对实现他野心的重要性。赵氏能够抵抗住智、韩、魏三家的围攻，守住晋阳，最终反败为胜，也是因为得到自己民众的支持。所以法家的政治改革最基本点就是怎样使民众支持君主，加强君权，压倒贵族，最终使国家强大。可以认为，法家的政治改革就是要解决民心向背问题，即怎样使民众向着君主，支持君主。

为了吸引民众，法家提出了三个方面的政治改革措施。

---

① 《韩非子·八经》，高华平、王齐洲、张三夕译注，中华书局2010年版，第687页。
② 《商君书·弱民》，石磊译注，中华书局2011年版，第148页。

一、树立远大的政治目标

政治目标是一面旗帜，旗帜一树立起来民众就会聚集过来服从君主领导。政治目标是冲锋的号角，号角一吹响民众就奋不顾身地向前冲锋。怎样才能使民众不要命地听从君主指挥呢？很简单，让民众拿到好处。

管子说："政之所兴，在顺民心。政之所废，在逆民心。民恶忧劳，我佚乐之；民恶贫贱，我富贵之；民恶危坠，我存安之；民恶灭绝，我生育之。能佚乐之，则民为之忧劳；能富贵之，则民为之贫贱；能存安之，则民为之危坠；能生育之，则民为之灭绝。"[①] "民予则喜，夺则怒，民情皆然。"[②] "夫凡人之情，见利莫能勿就，见害莫能勿避。其商人通贾，倍道兼行，夜以续日，千里而不远者，利在前也。渔人之入海，海深万仞，就波逆流乘危百里，宿夜不出者，利在水也。故利之所在，虽千仞之山无所不上，深源之下，无所不入焉。"[③] 民性趋利避害，这是铁律。法家要想让民众维护君主，增加君主的实力，就必须让民众得到实惠。

有人游说秦昭王："今天下之府库不盈，囷仓空虚，悉其士民，张军数十百万，白刃在前，斧质在后，而皆去走不能

[①] 赵守正：《管子注释·牧民》上册，广西人民出版社1982年版，第1—2页。

[②] 赵守正：《管子注释·国蓄》上册，广西人民出版社1982年版，第260页。

[③] 赵守正：《管子注释·禁藏》下册，广西人民出版社1982年版，第120页。

死，非其百姓不能死也，其上不能杀也。言赏则不与，言罚则不行，赏罚不行，故民不死也。"① 赵国军队战斗力不强，为什么？民众不愿意为国家死战。民众为什么不为国家死战？赏罚不行。罚先不说，民众为国家豁出性命在战场冲杀，打了胜仗却得不到合理的报酬。

齐国隐士颜斶对齐宣王说："今夫士之高者乃称匹夫，徒步而处农亩；下则鄙野监门闾里，士之贱也亦甚矣（现在士不值钱，境况好的称平民，每天步行到田间耕田；差的只能住在边邑郊野、闾里看门，可见士的地位实在太低贱了）"！② 当时的齐国，连士这样有点身份的人都落魄了。

晋平公的一个妾去世了，齐景公派晏婴去晋国请求再嫁一个女子给晋平公。订婚之后，晏婴与晋国叔向互相介绍两国的颓势。"既成婚，晏子受礼。叔向从之宴，相与语。叔向曰：'齐其何如？'晏子曰：'此季世也，吾弗知，齐其为陈氏矣！公弃其民，而归于陈氏（齐景公抛弃其民众，其民众都归向田常）。齐旧四量，豆、区、釜、钟。四升为豆，各自其四，以登于釜。釜十则钟。陈氏三量皆登一焉，钟乃大矣。以家量贷，而以公量收之。山木如市，弗加于山。鱼盐蜃蛤，弗

---

① 《战国策·秦策一·说秦王曰》，缪文远、缪伟、罗永莲译注，中华书局2012年版，第75页。
② 《战国策·齐策四·齐宣王见颜斶曰》，缪文远、缪伟、罗永莲译注，中华书局2012年版，第319页。

加于海。民参其力，二入于公，而衣食其一。公聚朽蠹，而三老冻馁，国之诸市，屦贱踊贵。民人痛疾（民众劳动所得三分之二被统治者拿走，自己只留三分之一。统治者聚敛的财富都霉烂生虫了，基层有名望的老人挨冻受饿。街市上到处都是被砍了脚的受刑人，民众痛苦）……'叔向曰：'然。虽吾公室，今亦季世也。戎马不驾，卿无军行。公乘无人，卒列无长。庶民罢敝，而宫室滋侈（民众贫困疲敝而统治者的宫殿更加奢侈）。道馑相望，而女富溢尤（路上饿死的人随处可见，君主的宠幸富得流油）。民闻公命，如逃寇仇（民众听到君主的命令就像碰到强盗一样避之不及）。栾、郤、胥、原、狐、续、庆、伯降在皂隶，政在家门，民无所依（几大家族的民众都沦为贱役，私人垄断权力，民众生活无所依靠）。君日不悛，以乐慆忧。公室之卑，其何日之有？'"①这段话叙述了齐晋公室之衰落，反映出衰落的原因和结果都是统治者残酷压榨民众，民众遭受了巨大的苦难。

晋平公问师旷有人说听见石头说话了是怎么回事？师旷回答："抑臣又闻之曰：'作事不时，怨讟动于民，则有非言之物而言（做事不合乎令，怨恨诽谤在民众中发生，就有不说话的东西说话）。'今宫室崇侈，民力凋尽，怨讟并作，莫保其性，石言，不亦宜乎（现在君主宫殿高大奢侈，民众财利用

①《左传·昭公三年》，冀昀主编：《左传》，线装书局2007年版，第475—476页。

尽，怨恨诽谤并起，没有人能够确保自己的生活，石头说话不是也应该的吗）？"①晋国统治者奢侈无度，残酷剥削民众，民众恼怒怨恨，以致石头都发出怨言。

孟子讲当时的两极分化："庖有肥肉，厩有肥马，民有饥色，野有饿莩，此率兽而食人也。兽相食，且人恶之；为民父母行政，不免于率兽而食人，恶在其为民父母也！"②贵族的厨房里有优质的猪肉，肯定是猪吃了很多粮食。马棚里的马膘肥体壮，肯定马吃了很多粮食。贵族的猪马都有粮食吃，民众却大量饥饿而死抛尸野外。

孟子批评齐宣王："今也制民之产，仰不足以事父母，俯不足以畜妻子；乐岁终身苦，凶年不免于死亡。"③民众的生活连父母妻子儿女都养不活，好的年景日子也过得很苦，灾荒年景就是一个死。

孟子批评邹穆公："凶年饥岁，君之民，老弱转乎沟壑，壮者散而之四方者，几千人矣；而君之食廪实，府库充，有司莫以告：是上慢而残下也。"④国家仓库盈满，百姓日子却苦不堪言。

---

①《左传·昭公八年》，冀昀主编：《左传》，线装书局2007年版，第517页。
②《孟子·滕文公下》，史仲文主编：《中华经典藏书》，北京出版社1999年版，第1136页。
③《孟子·梁惠王上》，史仲文主编：《中华经典藏书》，北京出版社1999年版，第1122页。
④《孟子·梁惠王上》，史仲文三编：《中华经典藏书》，北京出版社1999年版，第1122页。

"民之憔悴于虐政，未有甚于此时者也。"①民众如今受困于统治者的虐政已经达到极点。

孟子对平陆长官孔距心说："凶年饥岁，子之民，老羸转于沟壑，壮者散而之四方者，几千人矣。"②这是形容平陆地方民众生活的惨状。

老子说："民之饥，以其上食税之多，是以饥。"③民众挨饿是因为统治者横征暴敛。

"民之难治，以其上之有为，是以难治。"④民众不服从是因为统治者无休止地征调民力。

"民之轻死，以其上求生之厚，是以轻死。"⑤民众不怕死是因为统治者生活奢侈豪夺民众，让民众活不下去。

"朝甚除，田甚芜，仓甚虚；服文采，带利剑，厌饮食，财货有馀；是为盗夸。"⑥早晨看不见一个人下田干活。民众的土地荒芜，仓库空虚。因为民众的收获被统治者巧取豪夺，大

---

① 《孟子·公孙丑上》，史仲文主编：《中华经典藏书》，北京出版社1999年版，第1126页。

② 《孟子·公孙丑下》，史仲文主编：《中华经典藏书》，北京出版社1999年版，第1130页。

③ 《道德经75章》，史仲文主编：《中华经典藏书》，北京出版社1999年版，第2351页。

④ 《道德经75章》，史仲文主编：《中华经典藏书》，北京出版社1999年版，第2351页。

⑤ 《道德经75章》，史仲文主编：《中华经典藏书》，北京出版社1999年版，第2351页。

⑥ 《道德经53章》，史仲文主编：《中华经典藏书》，北京出版社1999年版，第2345页。

家都不想干活了，都外出流浪。相反，贵族们却过着奢华的生活，简直就是一群强盗头子。

谁给民众好处民众就支持谁，谁就能够有强大势力战胜对手。往远了说汤武革命如此，往近了说赵襄子能够守住晋阳反败为胜，田常能够篡夺齐国杀齐简公无不是如此。这正印证了孟子的说法："天时不如地利，地利不如人和。""得道者多助，失道者寡助。"① 法家非常清醒地认识到了这一点，所以法家制定的政治目标与民生息息相关。法家远大的政治目标就是富国强兵。富国就是发展农业，强兵就是对外扩张发动对外战争。今后升官发财只有这两个途径。商鞅说："凡人主之所以劝民者，官爵也。国之所以兴者，农战也。今民求官爵，皆不以农战，而以巧言虚道，此谓劳民。劳民者，其国必无力。无力者，其国必削。"② 君主用来调动民众的手段就是升官发财，国家能够兴盛在于发展农业和对外战争。现在民众追求升官发财，可统治者却不用农业和战争作为标准，而是看谁能说好听的会耍嘴皮子，这叫做坑害民众。坑害民众，国家就没有力量；国家没有力量，就会走向灭亡。商鞅的意思是，今后提拔干部就是看谁能种田，能打仗。这两项标准百分之九十九的民众都能够做到。种地农民都会，打仗只要不怕死农民也都会。

①《孟子·公孙丑下》，史仲文主编：《中华经典藏书》，北京出版社1999年版，第1129页。
②《商君书·农战》，石磊译注，中华书局2011年版，第24页。

商鞅给百分之九十九民众打开了升官发财之门，使绝大多数民众看到了前途和希望。

农民可以通过打仗升官发财。韩非引述"商君之法曰：'斩一首者爵一级，欲为官者为五十石之官；斩二首者爵二级，欲为官者为百石之官。'官爵之迁与斩首之功相称也。"①"能得甲首一者，赏爵一级，益田一顷，益宅九亩，除庶子一人，乃得入兵官之吏（斩得敌军一颗脑袋加爵一级，加田一倾，加宅基地九亩，加贴身奴隶一个，还可以担任军队政府官员）。"②"明尊卑爵秩等级，各以差次名田宅，臣妾衣服以家次。有功者显荣，无功者虽富无所芬华。"③"民之欲富贵也，共阖棺而后止。而富贵之门必出于兵，是故民闻战而相贺也，起居饮食所歌谣者，战也。"④"民之见战也，如饿狼之见肉。"⑤

农民也可以通过种地谋取出路。"国无怨民曰强国。兴兵而伐，则武爵武任，必胜。按兵而农，粟爵粟任，则国富。兵起而胜敌、按兵而国富者王。"⑥"武爵武任"民众可以通过打仗升官发财。"粟爵粟任"民众也可以通过种地给国家多交

①《韩非子·定法》，高华平、王齐洲、张三夕译注，中华书局2010年版，第624页。

②《商君书·境内》，石磊译注，中华书局2011年版，第144页。

③ 司马迁：《史记卷68·商君列传》，中华书局标点本。

④《商君书·赏刑》，石磊译注，中华书局2011年版，第127页。

⑤《商君书·画策》，石磊译注，中华书局2011年版，第132页。

⑥《商君书·去强》，石磊译注，中华书局2011年版，第46页。

粮食升官发财。总之，民众有出路，所以才会做到"国无怨民"。法家使民众意志与君主一致起来，使君主得到人民的支持。

谁吃亏了？贵族。贵族不能再"以巧言虚道"升官发财。

"无以外权爵任与官，则民不贵学问，又不贱农。"[1]不允许因外国势力给某些人封官进爵，民众就不会注重学问，不会轻视农业。能够去外国找关系的人绝大多数都是贵族子弟或者是与贵族关系密切的人。

"禄厚而税多，食口众者，败农者也。则以其食口之数，赋而重使之，则辟淫游惰之民无所于食。"[2]贵族俸禄厚收取的租税又多，食客数量众多，这有损农业生产。要根据贵族养的食客数量收赋税并从重役使之，这是减少贵族家里的差役。

"无得取庸，则大夫家长不建缮。爱子不惰食，惰民不窳，而庸民无所于食，是必农。"[3]不容许贵族大量雇佣工，过度修建豪宅。让贵族子弟不能整天游手好闲吃白饭。

商鞅大大缩小了贵族子弟上升的通道，限制他们过不劳而获的生活。

"昔者吴起教楚悼王以楚国之俗曰：'大臣太重，封君太众。若此，则上逼主而下虐民，此贫国弱兵之道也。不如使封

①《商君书·垦令》，石磊译注，中华书局2011年版，第11页。
②《商君书·垦令》，石磊译注，中华书局2011年版，第12页。
③《商君书·垦令》，石磊译注，中华书局2011年版，第14页。

君之子孙三世而收爵禄，绝减百吏之禄秩，损不急之枝官，以奉选练之士。'"① 吴起对楚悼王说，楚国大臣权势太重，有封地的贵族太多，这会上威胁君主，下虐待民众，这是国贫兵弱的做法。不如使有封邑的贵族子孙过三代就收回爵禄，取消或减少官员的俸禄，裁减多余的官员，省下的钱来选拔训练武士。

"吴起为楚悼罢无能，废无用，损不急之官，塞私门之请，壹楚国之俗……"② 吴起替楚悼王罢免无能的人，裁减了冗官，堵塞私人请托的门路，肃清了楚国的风气。

商鞅虽然因为得罪贵族而丢掉了性命，但秦国的民众真的支持君主了，贵族势力真的被削弱了，富国强兵的目标真的实现了。

二、使用根本的政治手段

韩非说："国无常强，无常弱。奉法者强，则国强；奉法者弱，则国弱。"③ 法家使用根本的政治手段就是法制建设。法制建设就是要制约贵族胡作非为。坚决贯彻法制国家就强大，不坚决贯彻法制国家就衰弱。如何贯彻法制建设？

---

① 《韩非子·和氏》，高华平、王齐洲、张三夕译注，中华书局2010年版，第126—127页。

② 《战国策·秦策三·蔡泽见逐于赵》，缪文远、缪伟、罗永莲译注，中华书局2012年版，第178页。

③ 《韩非子·有度》，高华平、王齐洲、张三夕译注，中华书局2010年版，第41页。

（一）法制公开，宣传群众

韩非说："法者，编著之图籍，设之于官府，而布之于百姓者也。""故法莫如显，而术不欲见。是以明主言法，则境内卑贱莫不闻知也，不独满于堂。"[1] 法，编成画策，设置在官府，传布于百姓。编成画策应该是考虑到民众没有文化。法越公开越好，君主的术不能让人知道。明主言法，连国内地位低的人也都要知道，不仅仅是满朝堂内都知道。

《史记·商君列传》载，商鞅为了让广大民众信法之必然，干了件惊民之事："令既具，未布，恐民之不信己，乃立三丈之木于国都市南门，募民有能徙置北门者予十金。民怪之，莫敢徙。复曰：'能徙者予五十金。'有一人徙之，辄予五十金，以明不欺。卒下令。"[2] 这一件事，一传十，十传百，法令必然兑现的消息沛然冲向全国。

商鞅说："主法令之吏不告，及之罪，而法令之所谓也，皆以吏民之所问法令之罪，各罪主法令之吏。"[3] 官员要随时回答民众对法的疑惑。不回答者，一旦民众犯的法是他问的而没有得到明确回答的，就按所问之法治官员的罪。

法制公开当然是贵族不愿意的。当时的贵族横行霸道，随

---

① 《韩非子·难三》，高华平、王齐洲、张三夕译注，中华书局2010年版，第587页。

② 司马迁：《史记卷68·商君列传》，中华书局标点本。

③ 《商君书·定分》，石磊译注，中华书局2011年版，第175页。

意违法。君主使用法制是代表整个国家，维护国家整体，这必然会与国内一些贵族的特殊利益相抵触。比如国家有统一的税收之法，但一些贵族就不愿意遵守这个法。《资治通鉴》卷五载："赵奢者，赵之田部吏也，收租税而平原君家不肯出租，奢以法治之，杀平原君用事者九人。平原君怒，将杀之。赵奢曰：'君于赵为贵公子，今纵君家而不奉公则法削，法削则国弱，国弱则诸侯加兵，是无赵也，君安得有此富乎！以君之贵，奉公如法则上下平，上下平则国强，国强则赵固，而君为贵戚，岂轻于天下邪？'平原君以为贤，言之于王。王使治国赋，国赋太平，民富而府库实。"①

贵族可以横行不法，但民众不可以。在贵族眼里，民众只能规规矩矩守法，连知法权都没有，否则民众会利用法条犯刁。《左传》载："三月，郑人铸刑书。叔向使诒子产书，曰：'始吾有虞于子，今则已矣。昔先王议事以制，不为刑辟，惧民之有争心也（先王不制定刑法，是害怕民众有争执之心）。犹不可禁御，是故闲之以义，纠之以政，行之以礼，守之以信，奉之以仁，制为禄位以劝其从，严断刑罚以威其淫。惧其未也，故诲之以忠，耸之以行，教之以务，使之以和，临之以敬，莅之以强，断之以刚。犹求圣哲之上，明察之官，忠信之长，慈惠之师，民于是乎可任使也，而不生祸乱。民知有

①《资治通鉴》卷五，《四库全书》，上海人民出版社1999年光碟检索版。

辟，则不忌于上，并有争心，以征于书，而徼幸以成之，弗可为矣（民众知道有了法条，就对上面不畏惧。大家普遍有争夺之心，并征引法条作为根据，而且侥幸取得成功，民众就不好治理了）。'"① 郑国人把刑法铸在鼎上，将法条公布于众。叔向批评子产，这么做就会使民众知悉法条，敢于并能够拿着法条为自己争取利益。

"冬，晋赵鞅、荀寅帅师城汝滨，遂赋晋国一鼓铁，以铸刑鼎，著范宣子所为刑书焉（赵鞅、荀寅征收四百八十斤铁，用来铸造刑鼎，铸上范宣子所制定的刑书）。仲尼曰：'晋其亡乎，失其度矣。夫晋国将守唐叔之所受法度，以经纬其民，卿大夫以序守之。民是以能尊其贵，贵是以能守其业。贵贱不愆，所谓度也。文公是以作执秩之官，为被庐（晋国地名）之法，以为盟主。今弃是度也，而为刑鼎，民在鼎矣，何以尊贵？贵何业之守？贵贱无序，何以为国（孔子认为，原来晋文公制定的被庐之法可以体现出高低贵贱。而且被庐之法是保密的，只有贵族知道。可是赵鞅等人一铸刑鼎把法律公开，民众都能够看到鼎上的条文，尊贵的人就无法体现出尊贵了。贵贱序列没有了，怎么能治国呢）？'"② 子产、赵鞅、荀寅、范宣子搞出成文法，使得贵族不能再利用法的不公开性来任意妄

①《左传·昭公二年》，冀昀主编：《左传》，线装书局2007年版，第502页。
②《左传·昭公二十九年》，冀昀主编：《左传》，线装书局2007年版，第626页。

为。民众多少有一点知情权了，搞特权的贵族当然不愿意。

（二）法制必然，法制无情

法家坚决执法、无情执法，对贵族的胡作非为多少有一定的约束。"荆庄王有茅门（外朝之门）之法曰：'群臣大夫诸公子入朝，马蹄践霤（房檐下滴水的地方）者，廷理斩其辀（车辕），戮其御。'于是太子入朝，马蹄践霤，廷理斩其辀，戮其御。太子怒，入为王泣曰：'为我诛戮廷理。'王曰：'法者，所以敬宗庙，尊社稷。故能立法从令尊敬社稷者，社稷之臣也，焉可诛也？夫犯法废令不尊敬社稷者，是臣乘君而下尚校也（臣子欺君犯上）。臣乘君，则主失威；下尚校，则上位危。威失位危，社稷不守，吾将何以遗子孙？'于是太子乃还走，避舍露宿三日，北面再拜请死罪。"①楚庄王规定臣子入朝马不得践外朝屋檐下的滴水处，否则严惩。太子违反此规定受到执法官惩罚，太子在父亲面前撒娇，要求杀掉执法官，受到楚庄王的严厉批评。

法对谁都一样，违者必究。"董阏于为赵上地守（赵简子的家臣董阏于为上党郡守）。行石邑山中，涧深，峭如墙，深百仞（巡视到石邑山中，山涧很深，陡峭壁立，深数百尺），因问其旁乡左右曰（便询问山涧附近的人）：'人尝有入此者

---

① 《韩非子·外储说右上》，高华平、王齐洲、张三夕译注，中华书局2010年版，第489页。

乎？'对曰：'无有。'曰：'婴儿、痴聋、狂悖之人尝有入此者乎？'对曰：'无有。''牛马犬彘尝有入此者乎？'对曰：'无有（有没有人、婴儿、痴呆、聋子、癫狂的人、牛马猪狗掉下去过？回答都是没有）。'董阏于喟然太息曰：'吾能治矣。使吾治之无赦，犹入涧之必死也，则人莫之敢犯也，何为不治（董阏长叹一声说，我可以把上党治好了。如果我对犯法者绝对不赦免，就像掉入山涧而必死，就没有人犯法了）？'"①董阏认为，法必而无赦是治理好上党郡之根本。

"子产相郑，病将死，谓游吉曰：'我死后，子必用郑，必以严莅人。夫火形严，故人鲜灼；水形懦，人多溺。子必严子之形，无令溺子之懦。'子产死，游吉不肯严形，郑少年相率为盗，处于萑泽，将遂以为郑祸。游吉率车骑与战，一日一夜，仅能克之。游吉喟然叹曰：'吾蚤行夫子之教，必不悔至于此矣。'"②子产临死前嘱咐游吉，担任宰相后一定要严治郑国，不可宽柔。游吉没有照做，导致盗贼祸患增多。游吉后悔没有听子产的。

"鲁哀公问于仲尼曰：'《春秋》之记曰：冬十二月霣霜不杀菽。何为记此？'仲尼对曰：'此言可以杀而不杀也。夫

---

① 《韩非子·内储说上七术》，高华平、王齐洲、张三夕译注，中华书局2010年版，第328页。

② 《韩非子·内储说上七术》，高华平、王齐洲、张三夕译注，中华书局2010年版，第328页。

宜杀而不杀，桃李冬实。天失道，草木犹犯干之，而况于人君乎！'"① 大自然的常规是该杀掉就杀掉。如果大自然失去常规，草木都会冒犯大自然，冒犯君主就更不在话下了。这一段的比喻是要说明，执法必须要像自然规律一样毫无情面所讲，否则必定会反受其制。

"殷之法，刑弃灰于街者。子贡以为重，问之仲尼。仲尼曰：'知治之道也。夫弃灰于街必掩人，掩人，人必怒，怒则斗，斗必三族相残也，此残三族之道也，虽刑之可也。且夫重罚者，人之所恶也；而无弃灰，人之所易也。使人行之所易，而无离所恶，此治之道也。'"② 商朝刑法，往街上倒灰者严办。孔子认为这是正确的。因为倒灰时灰尘会随风扬起，迷路人的眼睛，引发群体冲突，给社会造成更大的危害，所以用严刑惩罚倒灰者是对的。

"公孙鞅之法也重轻罪。重罪者，人之所难犯也；而小过者，人之所易去也。使人去其所易，无离其所难，此治之道。夫小过不生，大罪不至，是人无罪而乱不生也。"③ 商鞅之法是轻罪重罚。重罪人们很难触犯，轻罪人们很容易改正。让人

---

① 《韩非子·内储说上七术》，高华平、王齐洲、张三夕译注，中华书局2010年版，第328—329页。

② 《韩非子·内储说上七术》，高华平、王齐洲、张三夕译注，中华书局2010年版，第330页。

③ 《韩非子·内储说上七术》，高华平、王齐洲、张三夕译注，中华书局2010年版，第332页。

们去掉容易改掉的，不要触犯很难触犯的，这就是治理民众之道。小罪不犯，大罪不会发生，民众就不会叛乱了。

"一曰：公孙鞅曰：'行刑重其轻者，轻者不至，重者不来，是谓以刑去刑也。'"[1]另一种说法是，商鞅说：实行刑罚，轻罪重罚则轻罪不至，重罪也不会到来，这叫做以刑止刑。

"成欢谓齐王曰：'王太仁，太不忍人。'王曰：'太仁，太不忍人，非善名邪？'对曰：'此人臣之善也，非人主之所行也。夫人臣必仁正后可与谋，不忍人而后可近也；不仁则不可与谋，忍人则不可近也。'王曰：'然则寡人安所太仁？安不忍人？'对曰：'王太仁于薛公，而太不忍于诸田。太仁薛公，则大臣无重（过于权重）；太不忍诸田，则父兄犯法。大臣无重，则兵弱于外（君主调动不了军队）；父兄犯法，则政乱于内。兵弱于外，政乱于内，此亡国之本也。'"[2]齐宣王与孟子对话时老是想表现出自己仁慈善良，以致不忍心看见将被衅钟的一条牛浑身哆嗦的样子。所以成欢批评齐宣王对薛公太仁慈，对诸田大族太不忍心，终将祸国。成欢希望齐宣王无情地使用法制。

"魏惠王谓卜皮曰：'子闻寡人之声闻亦何如焉？'对

---

[1]《韩非子·内储说上七术》，高华平、王齐洲、张三夕译注，中华书局2010年版，第332页。

[2]《韩非子·内储说上七术》，高华平、王齐洲、张三夕译注，中华书局2010年版，第335页。

曰：'臣闻王之慈惠也。'王欣然喜曰：'然则功且安至？'
对曰：'王之功至于亡。'王曰：'慈惠，行善也。行之而
亡，何也？'卜皮对曰：'夫慈者不忍，而惠者好与也。不忍
则不诛有过，好予则不待有功而赏。有过不罪，无功受赏，虽
亡，不亦可乎？'"①魏惠王能够礼遇孟子，应该说也有沽名钓
誉的心理。所以卜皮批评魏惠王一心讲仁慈不讲法制，使得无
功者得赏，有罪者不受罚，会导致国家灭亡。

以上都是说君主必然行法，一定行法，绝不宽宥。下面几
个故事是说执法无情：

"梁车新为邺令，其姊往看之，暮而后，门闭，因逾郭而
入。车遂刖其足。"②梁车的姐姐想进县城看弟弟，可来晚了，
城门已关闭。姐姐就翻墙入城。梁车无情地将姐姐绳之以法，
砍了她的脚。

"管仲束缚，自鲁之齐（管仲因介入齐国政治纷争而得罪
了齐桓公，被捆缚从鲁国押送齐国），道而饥渴，过绮乌封人
而乞食（管仲饥渴难耐，向绮乌边境长官乞讨饮料食品）。乌
封人跪而食之，甚敬。封人因窃谓仲曰：'适幸，及齐不死而
用齐，将何报我（边境长官恭恭敬敬地奉上饮料食品，并悄悄

---

① 《韩非子·内储说上七术》，高华平、王齐洲、张三夕译注，中华书局2010年
版，第335页。
② 《韩非子·外储说左下》，高华平、王齐洲、张三夕译注，中华书局2010年
版，第461页。

问管仲回齐国后如受重用将如何报答自己）？'曰：'如子之言，我且贤之用，能之使，劳之论。我何以报子（管仲的回答是用贤、使能、酬功，不会私授于你）？'封人怨之。"①管仲对有恩于他的边境长官的态度是，如果自己将来受到重用，一切都按照规矩行事，不会因私情对他有什么特别关照。

"昔者舜使吏决鸿水，先令有功而舜杀之；禹朝诸侯之君会稽之上，防风之君后至而禹斩之。以此观之，先令者杀，后令者斩，则古者先贵如令矣。"②舜让官吏疏通洪水，在命令下达之前就完成者舜杀之。禹会合诸侯王于会稽山，防风氏首领晚到，禹斩之。法令无情。

（三）法着眼于防范

法家的法与今日之法不一样。今日之法是公民契约，着眼点是保护、维护。法律保护公民言论自由，保护公民宗教信仰自由，保护妇女儿童合法权益，保护残疾人合法权益。法家之法则不然，着眼于防范，防范所有人干对君主不利的事。

韩非说："夫严刑者，民之所畏也；重罚者，民之所恶也。故圣人陈其所畏以禁其邪，设其所恶以防其奸，是以国安

---

① 《韩非子·外储说左下》，高华平、王齐洲、张三夕译注，中华书局2010年版，第461页。
② 《韩非子·饰邪》，高华平、王齐洲、张三夕译注，中华书局2010年版，第180页。

而暴乱不起。"①刑罚就是用来禁邪防奸的。

"左右近习之臣，知伪诈之不可以得安也，必曰：'我不去奸私之行，尽力竭智以事主，而乃以相与比周妄毁誉以求安，是犹负千钧之重陷于不测之渊而求生也，必不几矣。'百官之吏亦知为奸利之不可以得安也，必曰：'我不以清廉方正奉法，乃以贪污之心枉法以取私利，是犹上高陵之颠堕峻溪谷之下而求生，必不几矣。'安危之道若此其明也，左右安能以虚言惑主，而百官安敢以贪渔下？"②由于法制严厉，触法必死，使得左右近习及百官敬畏法度，不敢越雷池一步。

"夫奸必知则备，必诛则止；不知则肆，不诛则行。夫陈轻货于幽隐，虽曾、史可疑也；悬百金于市，虽大盗不取也。不知，则曾、史可疑于幽隐；必知，则大盗不取悬金于市。故明主之治国也，众其守而重其罪，使民以法禁而不以廉止。"③有了法度的防范，大盗也不敢取集市上的重金。没有法度的防范，即便像曾子和史鱼这样的道德君子未必不会见财起意，所以法度着眼于防范民众犯罪，不相信什么廉洁自律。"是以有道之主，不求清洁之吏，而务必知之术也。"④掌握了道的君主

---

① 《韩非子·奸劫弑臣》，高华平、王齐洲、张三夕译注，中华书局2010年版，第140页。
② 《韩非子·奸劫弑臣》，高华平、王齐洲、张三夕译注，中华书局2010年版，第132—133页。
③ 《韩非子·六反》，高华平、王齐洲、张三夕译注，中华书局2010年版，第658页。
④ 《韩非子·八说》，高华平、王齐洲、张三夕译注，中华书局2010年版，第674页。

不要指望臣子清正廉洁，要用法度防范，必然能够发现臣子对自己的不利。

三、确立根本的政治保障

法家认为，根本的政治保障就是要君主集权。商鞅说："权者，君之所独制也。人主失守则危。"①

"事在四方，要在中央。圣人执要，四方来效。"②具体的工作各个地方各个部门去干，大权在君主手里。君主掌握大权，各地各部门为君主效力。

"申子曰：'独视者谓明，独听者为聪。能独断者，故可以为天下主。'"③君主要"独"。独自观察，独自听取，还要独断。独断就是独自行使权力。

"王者独行谓之王。"④独断专行才称得上王。

"独制四海之内。"⑤君主独自控制天下一切。

"臣闭其主，则主失位；臣制财利，则主失德；臣擅行令，则主失制；臣得行义，则主失明；臣得树人，则主失党。

---

① 《商君书·修权》，石磊译注，中华书局2011年版，第105页。
② 《韩非子·扬榷》，高华平、王齐洲、张三夕译注，中华书局2010年版，第59页。
③ 《韩非子·扬榷》，高华平、王齐洲、张三夕译注，中华书局2010年版，第59页。
④ 《韩非子·忠孝》，高华平、王齐洲、张三夕译注，中华书局2010年版，第746页。
⑤ 《韩非子·有度》，高华平、王齐洲、张三夕译注，中华书局2010年版，第48页。

此人主之所以独擅也，非人臣之所以得操也。"①"位"、"财利"、"行令"、"行义"、"树人"，这些本来应该由君主独自掌握，臣子不得染指。

君主集权，并非说君主可以任意妄为。"晋平公与群臣饮，饮酣，乃喟然叹曰：'莫乐为人君，惟其言而莫之违。'师旷侍坐于前，援琴撞之。公披衽而避，琴坏于壁。公曰：'太师谁撞？'师旷曰：'今者有小人言于侧者，故撞之。'公曰：'寡人也。'师旷曰：'哑！是非君人者之言也。'左右请除之，公曰：'释之，以为寡人戒。'"②晋平公感叹当君主之快乐在于说一不二，谁也不敢违反君意。话中隐含着哪怕是君主任意妄为，臣子也不能反对。这虽然是晋平公的酒话，却也显露出其潜意识中的真实内容。师旷通过摔琴表示抗议，提醒晋平公，君主也不能任意妄为。

君主为什么不能够任意妄为？因为君主本人的作为就是群臣的尺度，有了这个尺度，天下才有秩序，臣民被纳入秩序当中。孔子曰："为人君者，犹盂也；民，犹水也。盂方水方，盂圆水圆。"③君如同盂，民众如同水，盂方则水方，盂圆则水圆。君主就是民众的尺度。既然是尺度，就要固定不变，不要

---

① 《韩非子·主道》，高华平、王齐洲、张三夕译注，中华书局2010年版，第37页。

② 《韩非子·难一》，高华平、王齐洲、张三夕译注，中华书局2010年版，第538页。

③ 《韩非子·外储说左上》，高华平、王齐洲、张三夕译注，中华书局2010年版，第427页。

变来变去令人无法操作。这是君主集权的根本，所以君主必须讲信。

"晋文公攻原，裹十日粮，遂与大夫期十日。至原十日而原不下，击金而退，罢兵而去。士有从原中出者，曰：'原三日即下矣。'群臣左右谏曰：'夫原之食竭力尽矣，君姑待之。'公曰：'吾与士期十日，不去，是亡吾信也。得原失信，吾不为也。'遂罢兵而去。原人闻曰：'有君如彼其信也，可无归乎？'乃降公。卫人闻曰：'有君如彼其信也，可无从乎？'乃降公。孔子闻而记之曰：'攻原得卫者，信也。'"[①]晋文公攻打原，与手下说好十日打不下就撤军。十日没有打下，晋文公下令撤军。原中逃出来的人说原已经扛不住了，再有三天就会投降。左右劝晋文公现在撤退可惜了，再打三天可大功告成。可晋文公认为，治理国家信字最重要，绝不能为了得到一个原而失信，坚持按期撤军。这感动了原的守城者，他们主动投降了。

"文公问箕郑曰：'救饿奈何？'对曰：'信。'公曰：'安信？'曰：'信名，信事，信义。信名则群臣守职，善恶不逾，百事不怠（名位上讲信则群臣恪尽职守，政绩好坏不混淆，国事不荒怠）；信事则不失天时，百姓不逾（做事讲信则不违反自然规律，百姓不破坏规则）；信义则近亲劝勉，而

---

① 《韩非子·外储说左上》，高华平、王齐洲、张三夕译注，中华书局2010年版，第429页。

远者归之矣（道义上守信则近亲努力工作，远方人愿意归顺你）。'"① 箕郑回答晋文公如何解救饥荒，就是个信字，君主讲信用则万事备矣。

"吴起出，遇故人而止之食。故人曰：'诺，今返而御。'吴子曰：'待公而食。'故人至暮不来，起不食而待之。明日早，令人求故人。故人来，方与之食。"② 老朋友受吴起之邀，说马上来和吴起吃饭。吴起等老朋友来了再吃。等到晚上，老朋友还没来。一直等到第二天，派人把老朋友叫来，吴起才吃饭。

"曾子之妻之市，其子随之而泣。其母曰：'女还，顾反为女杀彘。'适市来，曾子欲捕彘杀之。妻止之曰：'特与婴儿戏耳。'曾子曰：'婴儿非与戏也。婴儿非有知也，待父母而学者也，听父母之教。今子欺之，是教子欺也。母欺子，子而不信其母，非以成教也。'遂烹彘也。"③ 韩非讲这个著名的故事也是为了强调君主的信用最重要。

那么不讲信用的后果是什么呢？

"楚厉王有警，为鼓以与百姓为戍。饮酒醉，过而击之

① 《韩非子·外储说左上》，高华平、王齐洲、张三夕译注，中华书局2010年版，第429—430页。
② 《韩非子·外储说左上》，高华平、王齐洲、张三夕译注，中华书局2010年版，第430页。
③ 《韩非子·外储说左上》，高华平、王齐洲、张三夕译注，中华书局2010年版，第430页。

也，民大惊。使人止之曰：'吾醉而与左右戏，过击之也。'民皆罢。居数月，有警，击鼓而民不赴。"①楚厉王拿敌情警报当儿戏，随意击鼓，结果民众不再相信击鼓这一敌情信号了。

"李悝与秦人战，谓左和曰：'速上！右和已上矣。'又驰而至右和曰：'左和已上矣。'左右和曰：'上矣。'于是皆争上。其明年，与秦人战。秦人袭之，至几夺其军。此不信之患。"②李悝用欺骗手段分别诓骗左军营和右军营的军人进攻秦军。军人们知道他搞欺骗，以后就不相信他，不再主动作战，结果后来秦军来袭，几乎全军覆没。

四、如何加强君主集权？

（一）维护君主的绝对权威

君主的权威是君主集权必备的条件。韩非讲了一些器物使用的故事来表达君威不可冒犯。

"孔子御坐于鲁哀公，哀公赐之桃与黍（黄米）。哀公曰：'请用。'仲尼先饭黍而后啖桃，左右皆掩口而笑。哀公曰：'黍者，非饭之也，以雪桃也。'仲尼对曰：'丘知之矣。夫黍者，五谷之长也，祭先王为上盛。果蓏有六，而桃为

---

① 《韩非子·外储说左上》，高华平、王齐洲、张三夕译注，中华书局2010年版，第432页。
② 《韩非子·外储说左上》，高华平、王齐洲、张三夕译注，中华书局2010年版，第432页。

下，祭先王不得入庙。丘之闻也，君子贱雪贵，不闻以贵雪贱。今以五谷之长雪果蓏之下，是以上雪下也。丘以为妨义，故不敢以先于察庙之盛也。'"①鲁哀公给孔子一个桃子和一把黄米。黄米是用来擦桃子的，可是孔子先把黄米吃了，然后吃了桃子，引起了周围人的讥笑。孔子这么做的原因是，认为黄米在五谷中地位高，桃子在水果中地位低。用地位高的擦地位低的，这不符合君臣之义。韩非讲这个故事是要说明君臣上下不得颠倒。

"简主谓左右：'车席泰美。夫冠虽贱，头必戴之；屦虽贵，足必履之。今车席如此，太美，吾将何屦以履之？夫美下而耗上，妨义之本也。'"②帽子再破也要带在头上，鞋子再好也只能踏在脚下。现在车子上的席子太美了，什么样的鞋子能够踏上去？底下的太美了会贬低上面的，这是以下犯上，违反了义的根本。

"齐宣王问匡倩，曰：'儒者博乎？'曰：'不也。'王曰：'何也？'匡倩对曰：'博贵枭，胜者必杀枭。杀枭者，是杀所贵也。儒者以为害义，故不博也。'又问曰：'儒者弋乎？'曰：'不也。弋者，从下害于上者也，是从下伤君也。

---

① 《韩非子·外储说左下》，高华平、王齐洲、张三夕译注，中华书局2010年版，第446页。

② 《韩非子·外储说左下》，高华平、王齐洲、张三夕译注，中华书局2010年版，第446页。

儒者以为害义，故不弋。’又问：‘儒者鼓瑟乎。’曰：‘不也。夫瑟以小弦为大声、以大弦为小声，是大小易序，贵贱易位。儒者以为害义，故不鼓也。’宣王曰：‘善。’”①匡倩的意思是，儒者不能下象棋，因为下象棋本方任何一个棋子都要杀对方的首脑，这是以下犯上；儒者不能打鸟，因为打鸟的人在下，鸟在上，这是以下犯上；儒者不能弹琴，因为弹琴小弦发出的声音大，大弦发出的声音小，这是大小颠倒、贵贱易位。上述都是违反了上下之“义”。

不仅在器物的标识上要维护君主高居于上的地位，而且在道义上也要保证君主凌驾于臣子之上。韩非举例：

“费仲说纣曰：‘西伯昌贤，百姓悦之，诸侯附焉，不可不诛；不诛，必为殷祸。’纣曰：‘子言，义主，何可诛？’费仲曰：‘冠虽穿弊，必戴于头；履虽五采，必践之于地。今西伯昌，人臣也，修义而人向之，卒为天下患，其必昌乎？人臣不以其贤为其主，非可不诛也。且主而诛臣，焉有过？’纣曰：‘夫仁义者，上所以劝下也。今昌好仁义，诛之不可。’三说不用，故亡。”②姬昌美名扬天下，声望超过商纣王。费仲认为臣子声望超过君主，这对商纣王的统治是个威胁，要求商

---

①《韩非子·外储说左下》，高华平、王齐洲、张三夕译注，中华书局2010年版，第447页。

②《韩非子·外储说左下》，高华平、王齐洲、张三夕译注，中华书局2010年版，第447页。

纣王除掉姬昌。

"子路为郈令。鲁以五月起众为长沟（鲁国调动民工兴修水利，可是民工的粮食不够吃），当此之为，子路以其私秩粟为浆饭，要作沟者于五父之衢而餐之（子路用自己的薪水所得到的粮食在五父之路的路口熬粥给民工吃）。孔子闻之，使子贡往覆其饭，击毁其器（孔子命令子贡把子路的大锅掀翻了，砸了），曰：'鲁君有民，子奚为乃餐之（这些民工属于鲁国的君主，你为什么要给他们饭吃）？'子路怫然怒，攘肱而入，请曰：'夫子疾由之为仁义乎？所学于夫子者，仁义也；仁义者，与天下共其所有而同其利者也。今以由之秩粟而餐民，不可何也（子路向孔子表示质疑——老师讲的仁义就是好东西大家同有共享，我把自己的薪水得到的粮食给民工吃有什么错）？'孔子曰：'由之野也！吾以女知之，女徒未及也。女故如是之不知礼也！女之餐之，为爱之也。夫礼，天子爱天下，诸侯爱境内，大夫爱官职，士爱其家，过其所爱曰侵。今鲁君有民而子擅爱之，是子侵也，不亦诬乎（孔子批评子路越权爱民，爱民应该是鲁君的职责）！'"①即使是爱民，做对民众有利的事情，也要显示出君主的权威。子路给民工施粥削弱了君主的权威。所以韩非说："其于德施也，纵禁财（发放国库的财物），发坟仓（打开粮仓），利于民者，必出于君，不

_____

① 《韩非子·外储说右上》，高华平、王齐洲、张三夕译注，中华书局2010年版，第470页。

使人臣私其德。"①一切惠民之善举必须以君主的名义，绝不容许臣子借此扬善名。

（二）强君弱民

"弱民"就是削弱手下人的实力。安史之乱为什么会爆发？唐玄宗开元十年设置节度使，许其率兵镇守边地，军力日渐强大，渐有凌驾于中央之势。开元十四年时，京师守卫改由彍骑（唐代宿卫兵名）负责。天宝年间，边镇兵力达五十万。安禄山一人更兼任平卢、范阳、河东三镇节度使。这三地之间地域相连，兵力又于诸镇之中最强，拥兵二十万，实力强大。相反，中央兵力则不满八万，形成外重内轻的军事局面，渐渐形成地方反过来威胁中央的危机。

宋朝统治者为了改变唐朝后期藩镇割据的局面，先后采取了一系列的措施加强中央集权，"强干弱枝"、"守内虚外"便是其中之一。"强干弱枝"是指将各地方军强壮之人都入选禁军，禁军半数拱卫京师，另一半驻守各地，以达到"内外相制"的目的，可以更好地对京师作出保护，也更有效的控制军队，从而使皇权更加稳固，达到中央集权的目的。正反两方面的史实回答了法家为什么要强君弱民。

君主必须有强大的势力才能够削弱下面的贵族。"《慎

①《韩非子·八奸》，高华平、王齐洲、张三夕译注，中华书局2010年版，第74页。

子》曰：飞龙乘云，腾蛇游雾，云罢雾霁，而龙蛇与蚓蚁同矣，则失其所乘也（龙蛇没有云雾就飞不起来）。贤人而诎于不肖者，则权轻位卑也；不肖而能服于贤者，则权重位尊也（贤人屈服于笨蛋是因为没有权势）。尧为匹夫，不能治三人；而桀为天子，能乱天下：吾以此知势位之足恃而贤智之不足慕也。夫弩弱而矢高者，激于风也；身不肖而令行者，得助于众也。尧教于隶属而民不听，至于南面而王天下，令则行，禁则止。由此观之，贤智未足以服众，而势位足以屈贤者也。"①对于君主来说，势力强大是集权的根本。

强君势的同时还要削弱下面的贵族。"民弱国强；民强国弱。故有道之国务在弱民。"②民众弱，君主统治就强；民众强，君主统治的国家就弱。所以掌握道的君主务求削弱民众。

"民朴则弱，淫则强。弱则轨，强则越志。轨则有用，越志则乱。故曰：以强去强者，弱；以弱去强者，强。"③民众质朴就会柔弱，民众放纵就会强悍。民众柔弱就会遵守规范，强悍就会任意妄为。遵守规范则为君主所用，放纵就会给君主捣乱。用扶植一强去削弱另一强的方法，最终削弱的是君主自己；采取抑制的方法同时削弱所有的强，君主才能使自己强大。

---

① 《韩非子·难势》，高华平、王齐洲、张三夕译注，中华书局2010年版，第603页。

② 《商君书·弱民》，石磊译注，中华书局2011年版，第148页。

③ 《商君书·弱民》，石磊译注，中华书局2011年版，第148页。

绝对不能让贵族势力太大。《韩非子》中列举的齐田常和宋司城子罕就是韩非警示君主防范臣子蚕食君主实力，坐大夺权的典型："田常上请爵禄而行之群臣，下大斗斛而施于百姓，此简公失德而田常用之也，故简公见弑。子罕谓宋君曰：'夫庆赏赐予者，民之所喜也，君自行之；杀戮刑罚者，民之所恶也，臣请当之。'于是宋君失刑而子罕用之，故宋君见劫。田常徒用德而简公弑，子罕徒用刑而宋君劫。故今世为人臣者兼刑德而用之，则是世主之危甚于简公、宋君也。故劫杀拥蔽之主，兼失刑德而使臣用之，而不危亡者，则未尝有也。"[①]

（三）其他措施

如何加强君主集权？法家还有一些其他措施。

第一，君主垄断利途。

管子说："利出于一孔者，其国无敌；出二孔者，其兵不诎；出三孔者，不可以举兵；出四孔者，其国必亡。"[②]商鞅说："利出一孔，则国多物；出十孔，则国少物。"[③]"利出一空者其国无敌，利出二空者国半利，利出十空者其国不

---

① 《韩非子·二柄》，高华平、王齐洲、张三夕译注，中华书局2010年版，第53页。

② 赵守正：《管子注释·国蓄》下册，广西人民出版社1982年版，第260页。

③ 《商君书·弱民》，石磊译注，中华书局2011年版，第150页。

守。"①"利出一空者，其国无敌；利出二空者，其兵半用；利出十空者，民不守。"②谁升官发财只能由君主来决定，大家就都听君主的；由君主和另一个人决定，就只能有一半人听君主的；由十个人决定，大家各自为政，国家一片混乱，必导致亡国。

第二，对外战争，转移矛盾，减轻对君主的压力。

"国强而不战，毒输于内，礼乐虱害生，必削；国遂战，毒输于敌，国无礼乐虱害，必强。"③国家富强了不对外进攻，各种社会矛盾就会留在国内，由传统礼乐产生的不利的社会舆论会大量产生，国家就会削弱；如果发动对外战争，社会矛盾就会转移到敌人身上，就不会产生不利的社会舆论，国家就会强大。

第三，用术。

所谓用术，就是对臣子搞阴谋要心眼。君主只有一人，臣子有许多。臣子个个油头滑脑算计君主，君主控制臣子必须讲术。术可以理解为工作方法，也可以理解为阴谋。目的只有一个，加强君主权威，控制住臣子。韩非列举七术："七术：一曰众端参观，二曰必罚明威，三曰信赏尽能，四曰一听责下，

①《商君书·靳令》，石磊译注，中华书局2011年版，第102页。
②《韩非子·饬令》，高华平、王齐洲、张三夕译注，中华书局2010年版，第755页。
③《商君书·去强》，石磊译注，中华书局2011年版，第39页。

五曰疑诏诡使，六曰挟知而问，七曰倒言反事。此七者，主之所用也。"①

"众端参观"，从多方面验证臣子的言行。"观听不参则诚不闻，听有门户则臣壅塞。"②君主考察和听取臣子的言论不从多方面，只偏听一个人的话，就不能知道真实情况。韩非举例："卫灵公之时，弥子瑕有宠，专于卫国。侏儒有见公者曰：'臣之梦践矣（我的梦应验了）。'公曰：'何梦？'对曰：'梦见灶，为见公也。'公怒曰：'吾闻见人主者梦见日，奚为见寡人而梦见灶？'对曰：'夫日兼烛天下，一物不能当也；人君兼烛一国人，一人不能拥也。故将见人主者梦见日。夫灶，一人炀焉，则后人无从见矣。今或者一人有炀君者乎？则臣虽梦见灶，不亦可乎！'"③一个人挡不住太阳却能够遮挡住灶台。侏儒对卫灵公说梦见灶没有梦见太阳，是要向卫灵公讽喻，弥子瑕垄断朝政，让满朝只知有弥子瑕不只有君主。就像一个人挡住了灶台，让人们完全看不见灶台的火光。君主遇事绝不能只听一个人的看法，不能让一个人影响君主，要听取多方面意见。

---

①《韩非子·内储说上七术》，高华平、王齐洲、张三夕译注，中华书局2010年版，第318页。

②《韩非子·内储说上七术》，高华平、王齐洲、张三夕译注，中华书局2010年版，第318页。

③《韩非子·内储说上七术》，高华平、王齐洲、张三夕译注，中华书局2010年版，第319页。

"必罚明威"，罚过无情，方能立威。"卫嗣君之时，有胥靡逃之魏，因为襄王之后治病。卫嗣君闻之，使人请以五十金买之，五反而魏王不予，乃以左氏易之。群臣左右谏曰：'夫以一都买胥靡，可乎？'王曰：'非子之所知也。夫治无小而乱无大。法不立而诛不必，虽有十左氏无益也；法立而诛必，虽失十左氏无害也。'魏王闻之曰：'主欲治而不听之，不祥。'因载而往，徒献之。"[①]卫嗣君为了贯彻有罪必罚的法制，宁可用左氏这个城邑为代价来从魏国引渡回一个逃亡的奴隶。

"信赏尽能"，对立功者一定奖赏，使臣子竭尽才能。"吴起为魏武侯西河之守。秦有小亭（瞭望亭）临境，吴起欲攻之。不去，则甚害田者；去之，则不足以征甲兵（不拔掉他吧，妨碍魏国农民种田；拔掉他吧，又不值得调动那么多军人）。于是乃倚一车辕于北门之外而令之曰：'有能徙此南门之外者，赐之上田、上宅（于是在北门外斜靠了一根车辕下令说，谁能将此挪到南门之外，就赏赐给他上等田和上等住宅）。'人莫之徙也。及有徙之者，还赐之如令（有人挪了，吴起按照承诺给赏）。俄又置一石赤菽东门之外而令之曰：'有能徙此于西门之外者，赐之如初。'人争徙之（不久又在东门外放了一石赤豆，承诺有能将之挪到西门之外照上次一样给赏，人们争相去挪）。乃下令曰：'明日且攻亭，有能先登者，仕之国大夫，赐之上田宅。'人争趋之。于是攻亭，一朝而拔之（然后下令攻击秦的瞭望亭，先登上者重赏，一个早晨就拿下来了）。"[1]

"一听责下"，——听取臣下的言论，督责其行动。"齐宣王使人吹竽，必三百人。南郭处士请为王吹竽，宣王说之，廪食以数百人。宣王死，湣王立，好一一听之，处士逃。"[2]这里讲的是著名的典故"滥竽充数"。君主要一一听取臣子的主张，不能让南郭一类的无能之辈混杂其中。

"疑诏诡使"，用可疑的命令诡诈地使用臣下。"庞敬，县令也。遣市者行（派普通市场管理人员去巡视），而召公大夫而还之（召回他们的头儿）。立有间，无以诏之，卒遣行（站了会儿也没有交代给他什么就让他走了）。市者以为令与公大夫有言，不相信，以至无奸（管理人员们以为庞敬不相信他们，对头儿有什么交待，就不敢作弊了）。"[3]庞敬制告假象吓唬普通市场管理人员。

"戴欢，宋太宰。夜使人曰：'吾闻数夜有乘辒车至李史

---

①《韩非子·内储说上七术》，高华平、王齐洲、张三夕译注，中华书局2010年版，第340页。

②《韩非子·内储说上七术》，高华平、王齐洲、张三夕译注，中华书局2010年版，第345页。

③《韩非子·内储说上七术》，高华平、王齐洲、张三夕译注，中华书局2010年版，第349页。

门者，谨为我伺之。'使人报曰：'不见辒车，见有奉笥而与李史语者，有间，李史受笥。'"① 宋国宰相戴欢表面上是让手下看夜至李史家门口的卧车的秘密，实际上是要让手下察看李史是否受贿。

"周主亡玉簪，令吏求之，三日不能得也。周主令人求而得之家人（居民）之屋间。周主曰：'吾之吏之不事事也。求簪，三日不得之，吾令人求之，不移日而得之。'于是吏皆耸惧，以为君神明也。"② 东周君丢失了玉簪，通过官员们去找，找了三天都没有找到。东周君自己派人去找，不到一天就在居民家里找到了。官员们全都恐惧了，东周君就是要让官员们畏惧自己有神明。

"商太宰使少庶子之市（宋国宰相派侍从的年轻小吏到集市去），顾反而问之曰：'何见于市？'对曰：'无见也（问他看见了什么，回答没看见什么）。'太宰曰：'虽然，何见也？'对曰：'市南门之外甚众牛车，仅可以行耳（集市南门外有很多牛车，勉强可以过人）。'太宰因诫使者：'无敢告人吾所问于女（宰相嘱咐少庶子我问你的事不许你告诉别人）。'因召市吏而诮之曰：'市门之外何多牛矢（于是招来

<hr>

① 《韩非子·内储说上七术》，高华平、王齐洲、张三夕译注，中华书局2010年版，第349页。

② 《韩非子·内储说上七术》，高华平、王齐洲、张三夕译注，中华书局2010年版，第349页。

集市管理员责备，南门外为什么这么多牛屎）？'市吏甚怪太宰知之疾也，乃悚惧其所也（管理员奇怪宰相知道的这么快，就小心履行职守了）。'①宋国宰相是要警告市场管理人员，别以为我这个宰相整天只亡大事而忽略小事，别在小事上蒙我。

"挟知而问"，拿已经知道的情况来询问臣子，以测试他言论的真假。"挟智而问，则不智者智；深智一物，众隐皆变（辨）。"②带着已知的来问未知的，则不知道的就知道了。深入地了解一个事物，许多不清楚的事物就可以分辨清楚。

"韩昭侯握爪，而佯亡一爪，求之甚急，左右因割其爪而效之。昭侯以此察左右之诚不。"③韩昭侯把剪下的指甲抓在手里假装丢失，让仆人赶紧找。一个仆人暗中剪下自己的指甲献上说找到了。韩昭侯以比考察仆人是否诚实。

"韩昭侯使骑于县（韩昭侯派使者骑马到县中巡视）。使者报，昭侯问曰：'何见也？'对曰：'无所见也。'昭侯曰：'虽然，何见（韩诏侯问使者，究竟看到什么没有）？'曰：'南门之外，有黄犊食苗道左者（南门外有黄牛犊吃路左边的禾苗）。'昭侯谓使者：'毋敢泄吾所问于女（韩昭侯嘱

---

① 《韩非子·内储说上七术》，高华平、王齐洲、张三夕译注，中华书局2010年版，第349页。

② 《韩非子·内储说上七术》，高华平、王齐洲、张三夕译注，中华书局2010年版，第351页。

③ 《韩非子·内储说上七术》，高华平、王齐洲、张三夕译注，中华书局2010年版，第352页。

咐使者不许泄露他所问的事）。'乃下令曰：'当苗时，禁牛马入人田中固有令，而吏不以为事，牛马甚多入人田中。亟举其数上之；不得，将重其罪（让官吏们报告牲口进庄稼地的情况，不许漏报）。'于是三乡举而上之（县城东西北三个城门方向已经上报了）。昭侯曰：'未尽也。'复往审之，乃得南门之外黄犊（韩昭侯说还有没报上来的。一复审，南门外有黄牛犊进入庄稼地）。吏以昭侯为明察，皆悚惧其所而不敢为非（官吏们由此认为韩昭侯太明察了，怕他，不敢再胡作非为了）。"[①]韩昭侯通过了解细微之事，向官员们表现出自己的明察，使之不敢蒙骗自己。

"周主下令索曲杖（寻找弯曲的拐杖），吏求之数日不能得（官府找了好几天都找不到）。周主私使人求之，不移日而得之（周主让私人去找不到一天就找到了）。乃谓吏曰：'吾知吏不事事也（官吏不认真办事）。曲杖甚易也，而吏不能得，我令人求之，不移日而得之。岂可谓忠哉？'吏乃皆悚惧其所，以君为神明（官吏们认为周主神明，都怕他了）。"[②]周主通过私人寻找拐棍显示出自己的神威，让手下人惧怕他。

"卜皮为县令，其御史污秽而有爱妾，卜皮乃使少庶子佯爱之，以知御史阴情。"①卜皮对监督自己的御史的小老婆使用美男计，探听御史的隐私。

"西门豹为邺令，佯亡其车辖，令吏求之不能得，使人求之而得之家人屋间。"②西门豹让官吏寻找他假装丢失的车轴两端的插销，没有找到。他自己派人去找，结果在一户人家屋里找到了。西门豹是要显示出自己神明。

"倒言反事"，说与本意相反的话，做与实情相反的事来刺探臣子的阴谋。"阳山君相卫，闻王之疑己也，乃伪谤樛竖以知之。"③卫国的封君阳山君听说卫君怀疑自己，他就假装诽谤卫君的近臣樛竖，来探听卫君的态度。

"淖齿闻齐王（齐湣王）之恶己也，乃矫为秦使以知之。"④前来救齐的楚将淖齿听说齐湣王讨厌自己，他想知道具体怎么讨厌自己，于是派人假装成秦国使者刺探情况。

"齐人有欲为乱者，恐王知之，因诈逐所爱者，令走王知之。"⑤一个齐国人想叛乱，害怕齐王知道，就假装赶走自己的

①《韩非子·内储说上七术》，高华平、王齐洲、张三夕译注，中华书局2010年版，第352页。
②《韩非子·内储说上七术》，高华平、王齐洲、张三夕译注，中华书局2010年版，第352页。
③《韩非子·内储说上七术》，高华平、王齐洲、张三夕译注，中华书局2010年版，第354页。
④《韩非子·内储说上七术》，高华平、王齐洲、张三夕译注，中华书局2010年版，第354页。
⑤《韩非子·内储说上七术》，高华平、王齐洲、张三夕译注，中华书局2010年版，第354页。

一个亲信，让他到齐王那打听齐王知道与否。

"子之相燕，坐而佯言：'走出门者何？白马也？'左右皆言不见。有一人走追之，报曰：'有。'子之以此知左右之不诚信。"①燕国宰相子之假装问刚才跑出门的是什么，是一匹白马吧？大家都说什么也没有看到。有一个人拍马屁附和子之，追了出去回来说是有一匹白马。子之以此知道左右谁诚实与不诚实。

"有相与讼者，子产离之而无使得通辞，倒其言以告而知之。"②，子产把他俩分开，使之不能互相通气，然后把双方的话倒过来告诉对方，以探听到实情。

"卫嗣公使人为客过关市，关市苛难之，因事关市以金，关吏乃舍之。嗣公为关吏曰：'某时有客过而所，与汝金，而汝因遣之。'关吏乃大恐，而以嗣公为明察。"③卫嗣公让人装扮成客商过集市关口，关口官吏故意刁难他，他行贿，才被放过。事后卫嗣公诮责官吏受贿的事表示自己已经知道了。官吏非常恐惧，这点小事君主都能很快知道，真是明察秋毫。

此外，法家还提出了其他一些对付臣子的术。韩非说："参言以知其诚（用事实验证臣下的言论，知道臣子对君主是

①《韩非子·内储说上七术》，高华平、王齐洲、张三夕译注，中华书局2010年版，第354—355页。

②《韩非子·内储说上七术》，高华平、王齐洲、张三夕译注，中华书局2010年版，第355页。

③《韩非子·内储说上七术》，高华平、王齐洲、张三夕译注，中华书局2010年版，第355页。

否忠诚），易视以改其泽（从不同的角度考察臣子了解他各方面的表现），执见以得非常（掌握已经了解的情况以得知其反常行为）。一用以务近习（用专一任用的方法使近臣专心尽职），重言以惧远使（反复强调禁令使出使远方的臣子感到畏惧）。举往以悉其前（列举臣子过去的事情知晓其以前的情况），即迩以知其内（接近臣子以知道他内心的想法），疏置以知其外（安排臣子到远方工作看其在外面的表现）。握明以问所暗（掌握已经明了的事情来问清不明了的事情），诡使以绝黩泄（用诡诈的使用来杜绝侮慢不恭敬的行为）。倒言以尝所疑（用说反话来试探自己所疑惑的事情），论反以得阴奸（从反面考察来发现臣子隐蔽的奸邪活动）。设谏以纲独为（设置谏官以纠正大臣专权独断），举错以观奸动（举出错误来观察奸臣的动静）。明说以诱避过（公开说出准则，引导臣子避免过错），卑适以观直谄（谦卑地对待臣子，观察他们是正直还是谄媚）。宣闻以通未见（宣布已经了解的事情，以便通晓没有发现的事情），作斗以散朋党（制造矛盾拆散朋党）。深一以警众心（深入探究一件事物的真相，使众人之心有所警惧），泄异以易其虑（故意泄露不同的意见使坏人改变他们的企图）。似类则合其参（遇到类似的事情要用使用过的方法去比照分析），陈过则明其固（列举臣子的过失指出其根本错误所在）。知罪辟罪以止威（知道臣子的罪过加以惩罚来阻止他耍威风），阴使时循以省衰（暗中派使者时时巡查各地官吏，来了解地方官是否忠诚）。渐更以离通比（逐渐更换干部来离散相互勾结的臣子）。下约以侵其上（君主与臣下约定，让他们告发上司）：相室，约其廷臣（要告发丞相就和廷臣约定）；廷臣，约其官属（要告发廷臣就和他的下属官员约定）；军吏，约其兵士（要告发军吏就和他的兵士约定）；遣使，约其行介（要告发派遣的使者就和他的随从约定）；县令，约其辟吏（要告发县令就和他任命的属吏约定）；郎中，约其左右（要告发郎中就和他的随从约定）；后姬，约其宫媛（要告发后姬就和宫女约定）。此之谓条达之道（这些是上通下达的办法）。言通事泄，则术不行（如果臣下告密把要办是事情泄露出去，君主考察臣子的手段就行不通了）。"[1]以上所列君主对付臣子的术就是要让臣子感到恐惧，树立君主的绝对权威。

五、如何削弱贵族势力

（一）分权

"官置一人；不使自恣，安得移并（每个官职设置一人，不许他胡来，怎么会出现侵职越权的事）？"[2]一职一人，责任落实到个人，谁也不能越权。臣子无法干超出职权的事情，

---

[1]《韩非子·八经》，高华平、王齐洲、张三夕译注，中华书局2010年版，第687页。
[2]《韩非子·扬权》，高华平、王齐洲、张三夕译注，中华书局2010年版，第65页。

就不能扩大自己的势力。韩非讲了个故事："昔者韩昭侯醉而寝，典冠者见君之寒也，故加衣于君之上，觉寝而说，问左右曰：'谁加衣者？'左右对曰：'典冠。'君因兼罪典衣与典冠。其罪典衣，以为失其事也；其罪典冠，以为越其职也。非不恶寒也，以为侵官之害甚于寒。"[①]"典衣"、"典冠"职能必须分给不同的人，若都交给一个人，则这个人手中权力太多，侵犯君主的机会随之增多。

在中国历史上，宰相一职曾经令君主苦恼。一方面没有他不行，另一方面，其一人之下万人之上，权力近乎无限，在臣子当中最有能力令君主"易位"，的所以历史上篡夺君位者多为宰相。怎么办？直至北宋王朝，惩于五代时期宰相频繁令君主"易位"，比较有效地解决这个问题的方案终于拿出。宋太祖赵匡胤也是通过宰相"易位"君主途径取代后周，故深谙彻底解决这个问题的关键在于"分权"。宋代实行的是"群相制"，有"三相两参"，也就是三个"同平章事"、两个副相"参知政事"。身份上虽然用"官阁贴职"来分高下，但是权利是一样的，圣旨上的签字"附属"，五个宰相都要签字才有效，缺一不可。职能的分割是，军事权力分割给枢密院，财政权分割给三司使，政务分割给六部，宰相名额扩展到了数个，彼此互相牵制。另外还有监察制度制约宰相，令其不能有丝毫

[①]《韩非子·二柄》，高华平、王齐洲、张三夕译注，中华书局2010年版，第55页。

违纪越权。

（二）谨防臣子结党

"大臣甚贵，偏党众强，壅塞主断而重擅国者，可亡也。"[1] 大臣地位过于尊贵，党羽众多势力强大，壅塞贯彻君主政令的通道，独揽国家大权。

"主孤于上而臣成党于下，此田成之所以杀简公者也。"[2] 田常党羽众多，势力压倒齐简公，最后杀掉齐简公。

"群臣朋党比周以隐正道行私曲而地削主卑者，山东是也。"[3] 群臣结党勾结，遮蔽正道，谋取私利，国土缩小，君主卑弱，这些就是关东六国的状况。

"朋党相和，臣下得欲，则人主孤。"[4] 朋党相互勾结，臣子得遂所愿，君主孤立无援。

"若夫齐田恒（杀齐简公）、宋子罕（杀宋桓侯）、鲁季孙意如（驱逐鲁昭公）、晋侨如（事迹不详）、卫子南劲（投靠魏国灭卫国）、郑太宰欣（事迹不详）、楚白公（废楚惠王自立）、周单荼（事迹不详）、燕子之（篡取燕王位），此九

---

[1] 《韩非子·亡征》，高华平、王齐洲、张三夕译注，中华书局2010年版，第149页。

[2] 《韩非子·奸劫弑臣》，高华平、王齐洲、张三夕译注，中华书局2010年版，第130—131页。

[3] 《韩非子·饰邪》，高华平、王齐洲、张三夕译注，中华书局2010年版，第175页。

[4] 《韩非子·外储说左下》，高华平、王齐洲、张三夕译注，中华书局2010年版，第454页。

人者之为其臣也，皆朋党比周以事其君，隐正道而行私曲，上逼君，下乱治……"①韩非列举的九个篡臣都结朋党，壮大自己的势力，篡夺君位。

怎么样才能防止臣子结党？法家的主张是禁止臣子之间横向往来。

儒家思想家荀子考察秦国后写下很多观感。他在秦国首都咸阳看到，秦国的士大夫之间没有横向往来。"入其国，观其士大夫，出于其门，入于公门，出于公门，归于其家，无有私事也，不比周，不朋党，偶然莫不明通而公也，古之士大夫也。"②秦国的士大夫每天出了家门就去办公室，出了办公室就回家，没有私下互相串门，一切事情公开、通畅、公正。

法家还主张以公私分明对付朋党。"无比周，则公私分；公私分，则朋党散；朋党散，则无外障距内比周之患。"③公私分明，处理任何事情都讲原则，不以朋党划线。搞朋党者得不到任何好处，臣子就没有必要搞朋党了。

韩非还提出通过制造矛盾，挑拨离间来拆散朋党。"作斗以散朋党。"④

①《韩非子·说疑》，高华平、王齐洲、张三夕译注，中华书局2010年版，第631—632页。

②《荀子·强国》，方勇、李波译注，中华书局2011年版，第261页。

③《韩非子·难三》，高华平、王齐洲、张三夕译注，中华书局2010年版，第578页。

④《韩非子·八经》，高华平、王齐洲、张三夕译注，中华书局2010年版，第687页。

（三）分割家族

"桓公曰：'参国奈何？'管子对曰：'制国以为二十一乡：商工之乡六，士农之乡十五。公帅十一乡，高子（高子即高傒。中国春秋时期齐国的大夫世族，是齐文公之子公子高的后裔）帅五乡，国子（国子，春秋时期齐国监国上卿，其名与生卒年均不详，约活动于齐襄公、齐桓公在位时期）帅五乡（国子与高傒对公子小白后来的齐桓公即位发挥了关键作用）。参国故为三军（齐桓公、国子、高子各统一军这是参国）。公立三官之臣（还要安排三国官府的官吏）：市立三乡，工立三族，泽立三虞，山立三衡。制五家为轨，轨有长；十轨为里，里有司；四里为连，连有长；十连为乡，乡有良人；三乡一帅（以上都是三国官府各自设定的官吏内容）。'

桓公曰：'五鄙奈何？'管子对曰：'制五家为轨，轨有长；六轨为邑，邑有司；十邑为卒，率有长；十卒为乡，乡有良人；三乡为属，属有帅（轨、邑、卒、乡、属是为五鄙）。五属一五大夫。武政听属，文政听乡，各保而听，毋有淫佚者（军事听属的，文事听乡的，各行其是，不得荒怠混乱）。'

桓公曰：'定民之居，成民之事奈何（使民安居、做好本职）？'管子对曰：'士农工商四民者，国之石民（柱石之民）也，不可使杂处，杂处则其言哤（言辞混乱），其事乱。是故圣王之处士必于闲燕，处农必就田野，处工必就官府，处商必就市井（四种职业各安其职）。'"① 以上是管仲对行政管理的整顿，即"叁其国而伍其鄙"。所谓"叁其国"，就是将国划分为二十一乡，士居十五乡，工居三乡，商居三乡，分设三官管理。所谓"任其鄙"，就是将鄙野（国都之外的广大地区）分为五属，设立五大夫、五个正官分管。属下有县、乡、卒、邑四级，分别设立县帅、乡帅、卒帅、司官管理。整顿行政系统的目的是"定民之居"，使士、农、工、商各就其业，从而使家族被拆得七零八落，家族势力被分散，实力弱化。

"令民为什伍，而相牧司连坐。不告奸者腰斩，告奸者与斩敌首同赏，匿奸者与降敌同罚。民有二男以上不分异者，倍其赋。"② 商鞅搞什伍连坐制，让民众互相监视，互相告发，互相承担安定社会的责任。另外，民众有兄弟两个以上者必须分家。商鞅把大家族拆散，并且让民众互相牵制，淡漠亲情。

商鞅在政治方面的重大改革是"集小都乡邑聚为县"，以县为地方行政单位，废除分封制，"凡三十一县"。县设县令以主县政，设县丞以辅佐县令，设县尉以掌管军事。县下辖若干都、乡、邑、聚。商鞅通过县的设置，把贵族对封邑内的政治特权收归中央，巩固了中央集权的封建统治，削弱了贵族在地方的权力。

---

① 赵守正：《管子注释·小匡》上册，广西人民出版社1982年版，第198页。
② 《史记卷68·商君列传》，中华书局标点本。

第七讲
法家论经济改革

　　严重的贫富分化导致民不聊生。孟子描绘到："庖有肥肉，厩有肥马，民有饥色，野有饿莩……"[1]贵族厨房里的猪肉的肌肉很厚实，马棚里的马膘肥体壮。这样的猪和马不吃粮食是绝对喂不出来的。民众饥饿，野地到处横七竖八躺着饿死的尸体。贵族的猪和马都吃粮食，民众却饥饿而死倒毙荒野。

　　《道德经》里也描绘了两极分化："朝甚除，田甚芜，仓甚虚；服文采，带利剑，厌饮食，财货有余。"[2]清晨路上空无

---

①《孟子·梁惠王上》，史仲文主编：《中华经典藏书》，北京出版社1999年版，第1121页。
②《道德经53章》，史仲文主编：《中华经典藏书》，北京出版社1999年版，第2345页。

一人，田地全都荒芜了，民众的仓库是空的。为什么？民众的劳动果实全被剥夺，衣食不保，全都不想干活了，或者在家呆着，或者四处乞讨。相反，贵族们衣装华丽，佩剑防身，酒肉饱胀，财富溢库。

两极分化是谁造成的？统治者。老子说："民之饥，以其上食税之多，是以饥。民之难治，以其上之有为，是以难治。民之轻死，以其上求生之厚，是以轻死。"①民众的饥饿是统治者收税太多造成的。民众难以驯服是因为统治者老是给民众找事增加负担：今天让民众修宫殿，明天让民众修花园，后天让民众修坟墓。民众不怕死是因为统治者生活太奢侈腐化，对民众巧取豪夺及至敲骨吸髓。

"哀公问于有若曰：'年饥，用不足，如之何？'有若对曰：'盍彻乎！'曰：'二，吾犹不足；如之何其彻也？'对曰：'百姓足，君孰不足？百姓不足，君孰与足？'"②鲁哀公咨询孔子弟子有若，年景不好，我的用度不足怎么办？有若回答，何不向民众收取百分之十的税。鲁哀公说，收取百分之二十我都嫌不够，百分之十怎么能行呢？有若反责之，民众够了你有什么不够？民众不够你怎么可能够？

---

① 《道德经75章》，史仲文主编：《中华经典藏书》，北京出版社1999年版，第2351页。
② 《论语·颜渊》，史仲文主编：《中华经典藏书》，北京出版社1999年版，第1105页。

"季康子患盗，问一孔子。孔子对曰：'苟子之不欲，虽赏之不窃。'"①鲁国大贵族季康子忧患强盗太多，问孔子怎么办。孔子指责他：你们欲望太盛、对民众巧取豪夺，逼得他们不得不当强盗。你们要是节制欲望，少向民众收税，民众生活有了保障，你就是用奖赏鼓励他们当强盗他们都不去。

孟子指责邹穆公："凶年饥岁，君之民，老弱转乎沟壑，壮者散而之四方者，几千人矣；而君之食廪实，府库充，有司莫以告：是上慢而残下也。"②灾荒年节，民众四散逃荒，饿毙他乡，而君主的粮仓钱库溢满。当官的却对此视而不见。这是对民众态度冷漠、残暴。

统治者残酷剥削，怎么办？除了指责统治者要求其减轻剥削外，人们提出了一些解决问题的主张。

道家主张知足。谁知足？当然是统治者。

老子说："知足者富。"③知足才能够感觉到富有。不知足永远感觉贫困。"故知足不辱，知止不殆，可以长久。"④知足才不会带来耻辱，知道适可而止才不会遭受失败，事业可

①《论语·颜渊》，史仲文主编：《中华经典藏书》，北京出版社1999年版，第1105页。
②《孟子·梁惠王下》，史仲文主编：《中华经典藏书》，北京出版社1999年版，第1125页。
③《道德经33章》，史仲文主编：《中华经典藏书》，北京出版社1999年版，第2339页。
④《道德经44章》，史仲文主编：《中华经典藏书》，北京出版社1999年版，第2343页。

保长久。

"祸莫大于不知足；咎莫大于欲得。故知足之足，常足矣。"[1] 最大的灾祸就是不知足，最大的过错就是贪得无厌。知足所带来的满足才是最高层次的满足。

除了统治者知足，民众也得知足。

"小国寡民。使有什伯之器而不用；使民重死而不远徙。虽有舟舆，无所乘之，虽有甲兵，无所陈之。使民复结绳而用之。甘其食，美其服，安其居，乐其俗。邻国相望，鸡犬之声相闻，民至老死，不相往来。"[2] 小小的村落人口不多，能够提高十倍百倍的先进生产工具我不用，先进的交通工具我也不用，有条件组建军队但我不组建。因为使用先进生产工具、交通工具和组建军队的人都想发财，我却没有发财的欲望。我就停留在"结绳而用之"的原始生活状态。虽然落后，但是安宁。

道家讲知足固然有道理，但是法家认为，知足会使民众消极，对国家不利。商鞅说："有饥寒死亡，不为利禄之故战，此亡国之俗也。"[3] 有人宁可挨饿受冻而死也不为了升官发财上前线，此乃亡国之俗。商鞅这是批评道家的知足主张。

儒家对两极分化的解决方案有两个：

第一，儒家主张让民众有最低生活保障。孟子划定的最低保障标准如下："五亩之宅，树之以桑，五十者可以衣帛矣。鸡豚狗彘之畜，无失其时，七十者可以食肉矣。百亩之田，勿夺其时。八口之家可以无饥矣。"[①]八口之家估计是当时多数农户的比较标准的人口数。理想的话应该包括夫妻俩、四个孩子、公婆俩。这一家的最低保障也就是五十岁的人有件衣服穿，七十岁的老人能够吃口肉，八口人别饿死。衣食足是不可能的。

第二，儒家主张均贫富。孔子说："丘也闻有国有家者，不患寡而患不均，不患贫而患不安。盖均无贫，和无寡，安无倾。"[②]不怕财富少，就怕不够平均；不怕贫困，就怕由于贫富分化大而造成社会不安定。只要平均，就无所谓贫困；只要和谐，就无所谓少；只要社会安定，君主的统治就不会被倾覆。

法家对儒家的经济主张也加以反对。法家认为，儒家的低保和均贫富要求白白赠予穷人钱财，这是有害的。韩非说："夫有施与贫困，则无功者得赏；不忍诛罚，则暴乱者不止。国有无功得赏者，则民不外务当敌斩首，内不急力田疾作，……"[③]行慈善救济贫困者，民众可以无功得赏。民众就不想努力

[①]《孟子·梁惠王上》，史仲文主编：《中华经典藏书》，北京出版社1999年版，第1123页。

[②]《论语·季氏》，史仲文主编：《中华经典藏书》北京出版社1999年版，第1112页。

[③]《韩非子·奸劫弑臣》，高华平、王齐洲、张三夕译注，中华书局2010年版，第140页。

种田和上战场杀敌。

"且夫发困仓而赐贫穷者，是赏无功也"；"夫赏无功，则民偷幸而望于上"。①打开仓库救济贫困者是对无功者赏赐。对无功者赏赐，民众就会心存侥幸，等着得到君主的意外之赏。

"秦大饥（秦国发生严重的饥荒），应侯请曰：'五苑（官仓）之草著（可食用的草籽）、蔬菜、橡果、枣栗，足以活民，请发之（要求向灾民开仓发放储存的蔬菜和粗粮）。'昭襄王曰：'吾秦法，使民有功而受赏，有罪而受诛。今发五苑之蔬草者，使民有功与无功俱赏也。夫使民有功与无功俱赏者，此乱之道也。夫发五苑而乱，不如弃枣蔬而治。'"②秦昭王不同意范雎提出的开仓救济灾民的建议。理由是无功者得赏国家会乱。法家认为，靠施舍是不能从根本上解决穷人的贫困问题。"劝贷施赏赐，不能为富民者也。"③只是鼓励救济民众、向民众施与赏赐，不能够使民众富裕起来。

马克思主义经济学理论把社会生产概括为四个环节："马克思《〈政治经济学批判〉导言》（以下简称《导言》）写于1857午8月下旬。它是马克思为出版《政治经济学批判》即

---

① 《韩非子·难二》，高华平、王齐洲、张三夕译注，中华书局2010年版，第551页。

② 《韩非子·外储说右下》，高华平、王齐洲、张三夕译注，中华书局2010年版，第508页。

③ 《韩非子·八说》，高华平、王齐洲、张三夕译注，中华书局2010年版，第676页。

《1857—1858年经济学手稿》(又称《资本论》初稿)而撰写的一篇导言。""马克思在《导言》中，批判了资产阶级经济学的错误观点，认为物质生产总是一定社会性质(生产关系)下的生产。生产、消费、分配、交换是物质生产的四个环节，生产是这四个环节的起点，并以生产为出发点论述了生产与消费、分配和交换的一般关系。"①按照马克思的观点，四个环节中的起点——生产是最根本的。所以，邓小平同志"以经济建设为中心"的思想是对马克思主义经济学理论创造性的发展。

道家讲知足是注重消费，儒家讲低保和均贫富是注重分配，都没有抓住社会生产的根本。法家当然与马克思主义不沾边，但是法家的经济改革主张确与马克思主义暗合。法家首重生产。"不能辟草生粟而劝贷施赏赐，不能为富民者也。"②怎样才能使民众富裕起来？

商鞅采取的直接措施是，拆散大家庭，让农民分灶吃饭。"民有二男以上不分异者，倍其赋。"③《吕氏春秋》说："以众地者，公作则迟，有所匿其力也，分地则速，无所匿迟也。"④"公田"就是家族所有共同耕种的土地。这个时候做"公田"大家就偷懒，把地分了，各家单干，积极性就高。这

<hr>

① 《马克思恩格斯全集》第29卷，人民出版社1972年版，第219页。
② 《韩非子·八说》，高华平、王齐洲、张三夕译注，中华书局2010年版，第676页。
③ 司马迁：《史记卷68·商君列传》，中华书局标点本。
④ 《吕氏春秋·审分》，线装书局2007年版，373页。

相当于今日的打破大锅饭，包产到户、分田单干。

"辟草生粟"即开垦荒地，种粮食，发展农业。商鞅发布变法的第一道法令就是《垦令》。

一、改革吏制，鼓励农业生产

"无宿治，则邪官不及为私利于民，而百官之情不相稽。百官之情不相稽，则农有余日。邪官不及为私利于民，则农不败。农不败而有余日，则草必垦矣。"[1]不允许官吏拖延政务不办，则有私心的官吏就没有机会到百姓那里去谋取私利。官员之间的公务就不会拖延。官员之间的公务不拖延，农民就有空闲的时间。当官的不能谋私利，农民就不会受到盘剥。农民不受盘剥又有空闲时间，荒地就一定能够得到开垦了。

"訾粟而税，则上壹而民平。上壹则信，信则官不敢为邪。民平则慎（顺），慎则难变。上信而官不敢为邪，民慎而难变，则上不非上，中不苦官。上不非上，中不苦官，则壮民疾农不变。壮民疾农不变，则少民学之不休。少民学之不休，则草必垦矣。"[2]根据粮食产量来定赋税，这样国家政策统一，民众感觉公平。国家政策统一，民众对国家政策就有了明确的认知。民众对国家政策就有了明确的认知，官吏就不敢谋私利。民众感觉公平就会心情舒畅，心情舒畅就不会有异心。民

---

[1]《商君书·垦令》，石磊译注，中华书局2011年版，第9页。

[2]《商君书·垦令》，石磊译注，中华书局2011年版，第10页。

众上不会对君主不满，中不会担心官吏盘剥，老一代的农民一心务农不想其他，新一代的农民学习老一代的农民积极务农，这样荒地就一定能够开垦了。今日也一样，随时制定让农民得到合理的收益的政策，并且这些政策稳定，在相当长的时间内不变，有利于调动农民的积极性，促进农业发展。

很多有文化的人为了个人迅速升迁，不把精力用在壮大本国实力，而是投靠外国，利用外来势力抬高自己的身价。所以商鞅命令加以禁止："无以外权任爵与官，则民不贵学问，又不贱农。民不贵学则愚，愚则无外交。无外交，则国安不殆。民不贱农，则勉农而不偷。国家不殆，勉农而不偷，则草必垦矣。"[1]不允许因为外国势力给某些人加官进爵，那么民众就不会重视结交外国势力的学问，不贱视务农。民众不重视学问就愚昧，愚昧就无法与外国人交往。无法与外国人交往，国家就安全不危险了。国家安全，民众努力种田而不怠懈，荒地就一定能够开垦了。

干部人数众多，俸禄太高，农民不堪重负。商鞅："禄厚而税多，食口众者，败农者也。则以其食口之数，赋而重使之，则辟淫游惰之民无所于食。无所于食则必农，农则草必垦矣。"[2]贵族俸禄高收税多，周围吃白食的人太多，这是对农业的摧毁。应该按照吃白食的人数收取赋税，并加重他们的徭

---

[1]《商君书·垦令》，石磊译注，中华书局2011年版，第11页。
[2]《商君书·垦令》，石磊译注，中华书局2011年版，第12页。

役。让那些游手好闲的人没有地方吃白食，只能务农，这样荒地就开垦了。

官场上很多人利用国家一些制度的模糊不确定性，通过作秀，文过饰非。作秀就要消耗社会资源，干扰农业发展，所以商鞅加以禁止。"百县之治一形，则徙迁者不饰，代者不敢更其制，过而废者不能匿其举。过举不匿，则官无邪人。迁者不饰，代者不更，则官属少而民不劳。官无邪，则民不敖。民不敖，则业不败。官属少，则征不烦。民不劳，则农多日。农多日，征不烦，业不败，则草必垦矣。"①各地政令和治理措施都一致，这样升迁的官员就不会美化自己，接任其职务的人不能更改已有的制度，犯了错误被罢官的人不能隐瞒自己的错误。错误不能被隐瞒，官员就不会有邪念。升迁的人不能美化自己，接任者不能更改制度，官员的从属人员就会减少，对民众的赋税征收就会减少。农民就能更好地务农。商鞅讲的是加重民众负担的美化自己者、更改制度者、文过饰非者等这些有邪念的人，在今天就综合地表现为官员作秀。

二、排除恶性商业的干扰

商鞅对投机性的商业视为危害，主张加以削弱："以商之口数使商，令之厮、舆、徒、童者必当名，则农逸而商劳。农

---

① 《商君书·垦令》，石磊译注，中华书局2011年版，第20页。

逸则良田不荒；商劳则去来赍送之礼无通于百县。则农民不饥，行不饰。农民不饥，行不饰，则公作必疾，而私作不荒，则农事必胜。农事必胜，则草必垦矣。"①命令商人群体多尽义务。商人的家庭成员以及各类奴仆都要按照官府登记的名册服徭役，使农民轻松些，商人劳累些。鼓励农民真正专心种田，而不是做表面文章假装种田。使商人也无暇到处请托送礼办私事，公私土地都能够种好。看样子当时的商人人数已经非常多，且经济实力雄厚，对社会的政治经济有相当的影响力。商鞅的说法反映出当时商人太富了，养了这么多闲人供他们消遣。同时商人还动用自己的人力物力到处托门子、走关系，壮大自己的势力，谋取更多的利益。相反，农民的收入大大降低，农民种粮积极性降低。汉代晁错也指出了这一点。晁错《论贵粟疏》："今农夫五口之家，其服役者不下二人，其能耕者不过百亩，百亩之收不过百石。春耕，夏耘，秋获，冬藏，伐薪樵，治官府，给徭役；春不得避风尘，夏不得避暑热，秋不得避阴雨，冬不得避寒冻，四时之间，无日休息。又私自送往迎来，吊死问疾，养孤长幼在其中。勤苦如此，尚复被水旱之灾，急政暴虐，赋敛不时，朝令而暮改。当具有者半贾而卖，无者取倍称之息；于是有卖田宅、鬻子孙以偿债者矣。而商贾大者积贮倍息，小者坐列贩卖，操其奇赢，日游都

①《商君书·垦令》，石磊译注，中华书局2011年版，第21页。

市，乘上之急，所卖必倍。故其男不耕耘，女不蚕织，衣必文采，食必粱肉；无农夫之苦，有阡陌之得。因其富厚，交通王侯，力过吏势，以利相倾；千里游遨，冠盖相望，乘坚策肥，履丝曳缟。此商人所以兼并农人，农人所以流亡者也。"[1]

"井田之变，豪人货殖，馆舍布于州郡，田亩连于方国……不为编户一伍之长，而有千室名邑之役。"[2]"今举世舍农桑，趋商贾，牛马车舆，填塞道路。游手为巧，充盈都邑。治本(务农)者少，游食者众……是则一夫耕，百人食之；一妇桑，百人衣之……本末何足相供，则民安得不饥寒？饥寒并至，则安能不为非？"[3]

所以汉高祖刘邦与商鞅一样，压抑商人。"天下已平，高祖(刘邦)乃令贾人(商人)不得衣丝乘车。重租税以困辱之……市井之子孙(商人子弟)亦不得仕宦为吏。"[4]

商鞅打击恶性商业的措施有许多："使商无得籴，农无得粜。农无得粜，则窳惰之农勉疾。商无得籴，则多岁不加乐。多岁不加乐，则饥岁无裕利。无裕利，则商怯。商怯，则欲农。窳惰之农勉疾，商欲农，则草必垦矣。"[5]禁止商人出售粮

---

[1] 班固：《汉书卷24上·食货志第四上》，中华书局标点本。

[2] 范晔：《后汉书卷49·仲长统传》，中华书局标点本。

[3] 王符：《潜夫论卷3·浮侈第十二》，《四库全书》，上海人民出版社1999年光碟检索版。

[4] 司马迁：《史记卷30·平准书》，中华书局标点本。

[5] 《商君书·垦令》，石磊译注，中华书局2011年版，第12页。

食，禁止民众购买粮食。民众不能购买粮食，懒惰的农民就得努力务农。商人不能出售粮食，则丰年得不到好处，荒年也得不到丰厚的利润。懒惰的农民努力务农，商人得不到好处也愿意务农，荒地就开垦了。

就像今天的炒房、炒墓地、炒蒜、炒姜一样，商鞅时代的"炒粮食"现象也少不了，对民众不但没有益处，反倒诱惑许多民众脱离农业生产，从事投机事业，结果危害了农业。

不仅禁止商人炒粮食，商鞅主张对整个商业都要使用高税率加以限制："重关市之赋，则农恶商，商有疑惰之心。农恶商，商疑惰，则草必垦矣。"[1]加重征收商人赋税，使商人不再有经商的积极性，对开垦荒地有利。当然，商鞅的重点还是在打击粮食投机。这些投机商在当时严重侵害民众利益。

当今世界，商业投机十分厉害。房子是用来住的，不是用来炒的。房子的投机给今日中国发展带来极大危害。在粮食缺乏的古代，粮食更是用来吃的，不是用来炒的。即便是吃饭问题已经基本解决了的今日世界，粮食投机也十分凶猛，时不时地给民生带来不利。

"贵酒肉之价，重其租，令十倍其朴。然则商贾少，民不能喜酣奭，大臣不为荒饱。商贾少，则上不费粟；民不能喜酣奭，则农不慢；大臣不荒饱，则国事不稽，主无过举。上不费

---

[1]《商君书·垦令》，石磊译注，中华书局2011年版，第21页。

粟，民不慢农，则草必垦矣。"① 酒肉过度消费对于一个民众连吃饭问题都没有解决的社会来说是一个恶性肿瘤。

"令军市无有女子。而命其商令人自给甲兵，使视军兴。又使军市无得私输粮者，则奸谋无所于伏，盗粮者无所售，输粮者不私稽，轻惰之民不游军市。盗粮者无所售，输粮者不私稽，轻惰之民不游军市，则农民不淫，国粟不劳，则草必垦矣。"② 禁止私下买卖军粮，阻塞商人在军中私下盗卖的通道。围绕商人盗卖军粮而形成的游手好闲的腐败产业——吃喝嫖赌全都被禁止。军队中的经商问题看样子商鞅那个时代就很严重。

商鞅当时很可能也看到了商业混进军队，在军队内部滋生出大量的腐败，严重影响军队战斗力，所以商鞅要把军队与商业隔离。

三、改革不良的社会风气

"声服无通于百县，则民行作不顾，休居不听。休居不听，则气不淫；行作不顾，则意必壹。意壹而气不淫，则草必垦矣。"③ 不允许淫声异服流行于各郡县，让民众在外行走劳作看不到，在家休息也听不到。看不到奇装异服就专心于务农，

---

① 《商君书·垦令》，石磊译注，中华书局2011年版，第15页。
② 《商君书·垦令》，石磊译注，中华书局2011年版，第19页。
③ 《商君书·垦令》，石磊译注，中华书局2011年版，第13页。

听不到靡靡之音精神就不会涣散，荒地就开垦了。商鞅所说令民众"气不壹"、"气淫"的"声服"反映出当时农村流行着一些不良社会风气，干扰了民众务农。

"废逆旅，则奸伪、躁心、私交、疑农之民不行。逆旅之民无所于食，则必农。农则草必垦矣。"①取缔旅馆，那些奸邪诈伪的人、精神浮躁的人、私下串联的人、不安心务农的人就无处游荡了。这些人都是住旅馆的。开旅馆和住旅馆的人没有地方吃饭，就只能务农了。商鞅时代过多的旅馆可能对社会经济有一定害处。今日危害社会的行当很多：黄赌毒、传销、票号贩子、电讯诈骗、职业医闹依托、器官移植中介、各类作弊的中介、论文写作枪手……无一不成产业，对社会的危害远非商鞅时代所能比。

"壹山泽，则恶农、慢惰、倍欲之民无所于食。无所于食，则必农。农则草必垦矣。"②国家统一管理山林湖泽，则厌恶农业者、懒惰者、欲望膨胀者，就没有了吃饭的营生，只能从事农业。商鞅是要通过垄断山林湖泽，禁止农民上山采集，下湖捕捞。商鞅的法令不符合今日商品经济发展规律，但在当时可能有一定的道理。因为当时农民的情况是最低限度的口粮都难以保证，必须先保证种田所需劳力，无暇顾及副食品，所

①《商君书·垦令》，石磊译注，中华书局2011年版，第14页。
②《商君书·垦令》，石磊译注，中华书局2011年版，第15页。

以不能让采集捕捞等副业分流走劳动力。

"无得取庸，则大夫家长不建缮。爱子不惰食，惰民不窳，而庸民无所于食，是必农。大夫家长不建缮，则农事不伤。爱子惰民不窳，则故田（原本归他种的田）不荒。农事不伤，农民益农，则草必垦矣。"① 不让贵族雇工大建豪宅，贵族的儿女就不能懒惰吃白食。懒惰的农民不能偷懒。这样农田就不会荒芜，荒地就开垦了。今天的情况当然与商鞅时代不同了，大兴土木可以带动就业，发展经济。

"使民无得擅徙，则诛愚。乱农之民无所于食而必农。愚心躁欲之民壹意，则农民必静。农静诛愚，乱农之民欲农，则草必垦矣。"② 不允许农民随便迁徙，他们过着封闭的日子就特别愚昧。到处迁徙不踏实的农民没有地方吃饭就只能务农。愚昧和不踏实的农民一心务农，荒地就开垦了。不想务农的人，商鞅时代有，今日更有。今日情况不同了，脱离种田行业的人更多了。"以中国科学院、中国工程院资深院士联谊会理事会会长师昌绪为代表的15位两院院士联名向中央决策层提交的关于解决'三农'问题的三点建议尤为令人瞩目。这15位两院院士指出，若不从战略上研究并解决新生代农民弃农的问题，人口大国将面临无人愿种地的境地。"③

①《商君书·垦令》，石磊译注，中华书局2011年版，第14页。

②《商君书·垦令》，石磊译注，中华书局2011年版，第17页。

③《80后90后不愿务农　人口大国无人种地？》，《中国青年报》2012年3月19日。

"均出余子之使令、以世（册）使之。又高其解舍，令有甬官食，概。不可以辟役，而大官未可必得也，则余子不游事人，则必农。农则草必垦矣。"①对贵族嫡长子之外的其他儿子做出统一规定，让他们服兵役和徭役。按名册派用，提高免役的代价。从管理服役的官员那里领取的粮食和大家都一样，不搞特殊，跟普通人一样服役，不能巴结高官，他们的地位其实和农民一样，只能务农了。

"重刑而连其罪，则褊急之民不讼，很刚之民不斗，怠惰之民不游，费资之民不作，巧谀、恶心之民无变也。五民者不生于境内，则草必垦矣。"②重刑惩罚并实行连坐制，那么严重干扰农业的五类人就不会产生。这五类人是：心胸狭隘的人、性格暴躁的人、懒惰的人、奢侈浪费的人、甜言蜜语心怀叵测的人。

"令送粮无得取僦，无得反庸。车牛舆重，役必当名。然则往速徕疾，则业不败农。业不败农，则草必垦矣。"③这是商鞅对粮食运输的规定。对外战争粮食运输问题异常重要，工作量极大。于是有的人就看到了其中谋取个人私利的缝隙。所以商鞅规定，运粮时不许雇别人的车，返回时不许搭载私货。车、牛的数量、载重，每次出行都要和官府登录的相一致。叫

---

① 《商君书·垦令》，石磊译注，中华书局2011年版，第17页。
② 《商君书·垦令》，石磊译注，中华书局2011年版，第16页。
③ 《商君书·垦令》，石磊译注，中华书局2011年版，第22页。

农民运粮时专心运粮，快去快回，不耽误种粮。商鞅要禁止的是借着干公家的事合法地干私活，这会导致农民都不务正业。

"无得为罪人请于吏而饷食之，则奸民无主。奸民无主，则为奸不勉。为奸不勉，则奸民无朴。奸民无朴，则农民不败。农民不败，则草必垦矣。"① 不许为罪犯向狱官求情，给罪犯好吃好喝，罪犯就没有了指望。罪犯没有了指望，干坏事就没有劲头。干坏事没有劲头，农民就不受到损害，就放心种地了。监狱内黑幕自古有之，商鞅时代已成严重问题，影响农业发展。

四、改革涣散民心和扰乱民众思想的文化

"国之大臣诸大夫，博闻、辨慧、游居之事，皆无得为；无得居游于百县，则农民无所闻变见方。农民无所闻变见方，则知农无从离其故事，而愚农不知，不好学问。愚农不知，不好学问，则务疾农。知农不离其故事，则草必垦矣。"② 大城市的大臣、众士大夫不准做那些让农民增长见识、学会辩论的事，不准对农民谈论周游居住外乡的事，不准到各郡县去居住游说。这样农民就听不到奇谈怪论，不能增长见识，有头脑的农民就没有办法脱离农业，愚昧无知的农民不喜欢学问也踏实务农。

①《商君书·垦令》，石磊译注，中华书局2011年版，第23页。
②《商君书·垦令》，石磊译注，中华书局2011年版，第18页。

商鞅的《垦令》相当于今天的一号文件，核心内容就是以经济建设为中心，为了发展经济，首当解决"三农"问题，保证农民有好的种地环境。

第八讲
法家之外的人物论法家

法家思想自产生之日起就有许多同时代的思想派别对其进行评价。儒家与法家是截然对立的。儒家巨擘孔孟两人对法家是竭力反对的。

一、儒家强烈反对法家的刑罚之治

"子曰：'道之以政，齐之以刑，民免而无耻；道之以德，齐之以礼，有耻且格（用法令引导民众，用刑罚约束民众，民众只求免于犯罪受惩，却无廉耻之心；用道德教化引导百姓，使用礼仪规范云统一民众的言行，民众不仅有羞耻之心，而且能够自律）。'"①孔子认为，法家的法令刑罚之治使得民众没有廉耻感，只是不敢犯罪，不是不想犯罪。

"礼乐不兴，则刑罚不中；刑罚不中，则民无所措手足（礼乐不能兴盛，刑罚的执行就不会得当。刑罚不得当，民众就不知如何是好）。"②孔子认为，礼乐不能流行于社会，刑罚的执行就没有了依据。没有依据，刑罚就不能恰当地针对不同的人。那么不同身份的民众就不知道自己该做什么，该怎么做。

"不教而杀谓之虐。"③对民众不经道德教化，民众一犯罪便加杀戮，这叫做虐杀民众。

"孟子曰：'不教民而用之，谓之殃民。殃民者，不容于尧舜之世。一战胜齐，遂有南阳，然且不可。'"④没有教育民众就使用他们，这叫坑害民众。坑害民众的人，在尧舜时代是不允许存在的。一仗能打败齐国，占领齐国的南阳，虽胜利然而却是不可以的。

"孟子曰：'以佚道使民，虽劳不怨。以生道杀民，虽死

---

① 《论语·为政》，史仲文主编：《中华经典藏书》，北京出版社1999年版，第1092页。

② 《论语·子路》，史仲文主编：《中华经典藏书》，北京出版社1999年版，第1106页。

③ 《论语·尧曰》，史仲文主编：《中华经典藏书》，北京出版社1999年版，第1117页。

④ 《孟子·告子下》，史仲文主编：《中华经典藏书》，北京出版社1999年版，第1151页。

不怨杀者。'"① 以安民的方法使用民众，民众虽劳累也无怨气。为了民众的生存而杀一个人，被杀者虽死也不会怨恨杀他的统治者。

孔子说："其身正，不令而行；其身不正，虽令不从。"② 统治者躬行道德，就能够感化民众，不用发布命令民众自然去做；统治者道德败坏，就是发布命令民众也不会去做。所以治理国家最重要的是德治。

孟子也说了相同的话："君仁莫不仁，君义莫不义，君正莫不正；一正君而国定矣。"③

相对孔子，孟子能够把道德之治具体化。"王如施仁政于民，省刑罚，薄税敛，深耕易耨；壮者以暇日修其孝悌忠信，入以事其父兄，出以事其长上，可使制梃以挞秦楚之坚甲利兵矣！"④ 如果君主对民众施行仁政，少用刑罚，少收赋税，发展农业；让壮年抽空孝悌忠信，在家侍奉父母兄长，出门尊敬长辈上级，这样就是让他们拿着木棒也可以打败坚甲利兵武装的秦楚军队。

---

① 《孟子·尽心上》，史仲文主编：《中华经典藏书》，北京出版社1999年版，第1152页。
② 《论语·子路》，史仲文主编：《中华经典藏书》，北京出版社1999年版，第1107页。
③ 《孟子·离娄上》，史仲文主编：《中华经典藏书》，北京出版社1999年版，第1138页。
④ 《孟子·梁惠王上》，史仲文主编：《中华经典藏书》，北京出版社1999年版，第1121页。

孟子针对法家的几个政治举措说："故善战者服上刑，连诸侯者次之，辟草莱任土地者次之。"①孟子提倡对擅长作战的人使用最重的刑罚，对于搞纵横挑拨诸侯之间不和的人使用次一级的刑罚，对能够大量开垦荒地支持战争的人使用再次一级的刑罚。

荀子也对法家有很多批评，但是他对法家好像不是那么特别反感，对法家的批评不那么极端。荀子不像孔孟那样简单地反对刑罚之治："世俗之为说者曰：'治古无肉刑而有象刑：墨黥，慅婴（草婴），共（宫）、艾毕（古代衣服上的蔽膝），菲（剕）、对屦（麻鞋），共、赭衣而不纯（不镶边）。治古如是（社会上一些世俗的人说：治理得好的古代社会没有肉刑，而只有象征性的刑罚。用黑墨画脸来代替脸上刺字的黥刑；割鼻子的劓刑，用系上草制的帽带来代替；阉割生殖器的宫刑，用割去衣服前的蔽膝来代替；砍掉脚的剕刑，用穿麻鞋来代替；杀头的死刑，用穿上红褐色而不做衣领的衣服来代替。治理得很好的古代社会就像这样）。'是不然。以为治邪？则人固莫触罪，非独不用肉刑，亦不用象刑矣（这种说法不对。以为当时已经治理好了么？那么当时的人根本就没有谁再会犯罪了，那就不但用不着肉刑，而且也用不着象征性的刑罚了）。以为人或触罪矣，而直轻其刑，然则是杀人者不

---

①《孟子·离娄上》，史仲文主编：《中华经典藏书》，北京出版社1999年版，第1138页。

死，伤人者不刑也。罪至重而刑至轻，庸人不知恶矣，乱莫大焉（有的人犯了罪却减轻他们的刑罚，如此则杀人的不会被处死，伤人的不会被惩罚。罪行极重而刑罚极轻，普通人就不知道憎恨犯罪了，祸乱没有比这更大的了）。凡刑人之本，禁暴恶恶，且征（惩）其未己。杀人者不死，而伤人者不刑，是谓惠暴而宽贼也，非恶恶也。故象刑殆非生于治古，并起于乱今也（大凡惩罚人的根本目的在于禁止暴行反对作恶，且防范未来。杀人的不被处死，而伤害人的不受刑罚，这叫做施惠暴徒而宽恕强盗，不是反对作恶。所以象征性的刑罚恐怕并非产生于治理得很好的古代，而都是产生于混乱的当代）。治古不然。凡爵列、官职、赏庆、刑罚，皆报也，以类相从者也。一物失称，乱之端也。夫德不称位，能不称官，赏不当功，罚不当罪，不祥莫大焉（治理得好的古代不是这样。凡是爵位、官职、奖赏、刑罚都是按照行为的类别给予回应。一件事情赏罚失当，那就是祸乱的开端。德行和地位不相称，能力和官职不相称，奖赏和功劳不相当，刑罚和罪过不相当，不吉利之事莫大于此）。昔者武王伐有商，诛纣，断其首，县之赤旆。夫征暴诛悍，治之盛也。杀人者死，伤人者刑，是百王之所同也，未有知其所由来者也（从前周武王伐商杀纣，砍掉他的头，挂在大红旗的飘带上。这征伐暴君惩治元凶，是政治上的丰功伟绩。杀人的被处死，伤人的被惩罚，这是历代帝王所相同的，没有人知道这是哪里传下来的规矩）。刑称罪则治，不称罪则乱。故治则刑重，乱则刑轻，犯治之罪固重，犯乱之罪固轻也。书曰：'刑罚世轻世重。'此之谓也（刑与罪相称，社会就能治理好；刑与罪不相称，社会就会混乱。所以社会治理得好，刑罚就重；社会混乱，刑罚就轻。因为在治理得好的时代犯的罪，本来就重；在混乱的时代犯的罪，本来就轻。《尚书》上说：刑罚有的时代轻，有的时代重。说的就是这种情况）。"[①]荀子驳斥了一些儒者讲仁义，对犯罪者只有象征性的刑罚，没有实施真正的刑罚的说法。荀子认为，有罪者必罚，罚必当罪，才能预防犯罪。荀子的说法略有一丝以刑止刑之意。

荀子甚至有一丝抬高法度贬低道德之意。"子发将西伐蔡，克蔡，获蔡侯，归致命曰：'蔡侯奉其社稷，而归之楚；舍属二三子而治其地（楚国令尹子发带兵向西讨伐蔡国，攻克了蔡国首都，俘获了蔡圣侯，回国向楚王汇报有关情况说：'蔡侯已经把蔡国献给楚国了，我已嘱咐了几个人去治理了）。'既，楚发其赏，子发辞曰：'发诚布令而敌退，是主威也；徒举相攻而敌退，是将威也；合战用力而敌退，是众威也。臣舍不宜以众威受赏（不久，楚王向他颁发奖赏。子发推辞说：'刚一发布告示，敌人就退却了，这是君主您的威严；进军攻打，敌人就退却，这是将帅们的威严；奋勇交战，敌人

[①]《荀子·正论》，方勇、李波译注，中华书局2011年版，第283页。

退却，这是战士们的威严。我不能凭借战士们的威力受到奖赏）。'"①

"讥之曰（荀子批评这件事）：子发之致命也恭，其辞赏也固（子发汇报情况谦恭有礼，他推辞奖赏却未免浅陋）。夫尚贤使能，赏有功，罚有罪，非独一人为之也，彼先王之道也，一人之本也，善善恶恶之应也，治必由之，古今一也（任贤使能，赏有功，罚有罪，非某一个人所为，这是古代圣王的治国之道，是规范民众行为的根本，这是爱好善良，厌恶凶恶的表现。治理国家必须这样做，古今是都是如此）。古者明主之举大事，立大功也，大事已博，大功已立，则君享其成，群臣享其功，士大夫益爵，官人益秩，庶人益禄。是以为善者劝，为不善者沮，上下一心，三军同力，是以百事成，而功名大也（古代明主举大事、建大功，大事做成，大功建立，君主享成果，群臣享功劳，士大夫晋爵，官吏增禄，士兵加饷。因此，做好事的受到鼓励，做坏事的受到制止，上下团结一心，三军共同努力，因此各种事情能办成，而功业名声显赫）。今子发独不然：反先王之道，乱楚国之法，堕兴功之臣，耻受赏之属，无僇乎族党，而抑卑其后世，案独以为私廉，岂不过甚矣哉（现在子发偏偏不是这样，他违反了古代圣王的治国法则，扰乱了楚国的法制，打击了有功的臣子，使受到奖赏的人

---

① 《荀子·强国》，方勇、李波译注，中华书局2011年版，第253页。

惭愧，虽然他没有侮辱他的家族，却压制了他的后代，而独自的以为这是个人最大的廉洁，他不是大错特错吗）！故曰：子发之致命也恭，其辞赏也固（浅陋）。"①荀子对子发的批评反映出他虽然提倡道德之治，但是反对道德之治与法制相违反。类似的事情《吕氏春秋》中也有记载："鲁国之法（鲁国有一道法律）：鲁人为人臣妾於诸侯，有能赎之者，取其金於府（鲁国人在外国见到同胞沦落为奴隶，只要能够把这些人赎回来，就可以从国家获得金钱的补偿和奖励）。子贡赎鲁人於诸侯，来而让，不取其金（子贡把鲁国人从外国赎回来，但不向国家领取金钱）。孔子曰：'赐失之矣。自今以往，鲁人不赎人矣（孔子说：赐——端木赐，即子贡，这就是你的不对了，从此以后，鲁国就没有人再去赎回自己的同胞了）。'取其金，则无损於行；不取其金，则不复赎人矣（向国家领取补偿金，对你的品行没有任何削弱；但不领取补偿金，鲁国就没有人再去赎回自己的同胞了）。"②《吕氏春秋》记载的这件事应该与荀子的观点是一致的。笔者甚至揣测，这个故事应该是出自荀子。

另外，荀子提倡礼仪教化，可是他所讲的礼仪教化颇有点法家法度的味道。荀子说："礼之所以正国也，譬之犹衡之于

①《荀子·强国》，方勇、李波译注，中华书局2011年版，第253页。
②《吕氏春秋·察微》，冀昀主编：《吕氏春秋》，线装书局2007年版，第362页。

轻重也，犹绳墨之于曲直也，犹规矩之于方圆也，既错之而人莫之能诬也。"①礼义治国，就如同秤是衡量轻重的标准，墨线能衡量木材的曲直，规矩能够画方圆一样，标准已经确定，就没有人再能搞欺骗了。荀子把礼仪文明等同于可操作的具体尺度。法家也把法等同于可操作的具体尺度。法家强调赏罚尺度必须整齐划一，就像人们通用的度量衡一样。"尺寸也、绳墨也、规矩也、衡石也、斗斛也、角量也、谓之法。"②法就像统一的度量衡一样。

关于战争，荀子是儒家，反对非正义的战争。荀子向临武君描绘了正义战争的特征："不杀老弱，不猎禾稼，服者不禽，格者不舍，犇命者不获（不杀害年老体弱的，不践踏庄稼，对不战而退的敌人不追擒，对抵抗的敌人不放过，对前来投顺的不捕虏）。凡诛，非诛其百姓也，诛其乱百姓者也；百姓有扞其贼，则是亦贼也（凡是讨伐杀戮，不是去讨伐杀戮那百姓，而是去讨伐杀戮那扰乱百姓的人；百姓中谁要是保护那乱贼的，那么他也就是乱贼了）。以故顺刃者生，苏刃者死，犇命者贡（所以顺着我们的刀锋转身逃跑的就让他活命，对着我们的刀锋进行抵抗的就把他杀死，前来投顺的就赦免其罪）。微子开封于宋，曹触龙（纣王之宠臣）断于军，殷之服

---

① 《荀子·王霸》，方勇、李波译注，中华书局2011年版，第170页。
② 赵守正：《管子注释·七法》下册，广西人民出版社1982年版，第51页。

民，所以养生之者也，无异周人（微子启归顺周朝而被封在宋国；曹触龙负隅顽抗而被斩首于军中；商王朝那些降服周朝的民众用来养身的生活资料，和周朝的人没有什么两样）。故近者歌讴而乐之，远者竭蹶而趋之，无幽闲辟陋之国莫不趋使而安乐之，四海之内若一家，通达之属莫不从服，夫是之谓人师（所以近处的人歌颂周朝而且热爱周朝，远处的人竭尽全力地来投奔周朝，即使是幽隐闭塞偏僻边远的国家，也无不前来归附而听从役使，并且喜欢周朝，四海之内就像一个家庭似的，凡是交通能到达的地方，没有谁不服从，这可以称作是人民的君长了）。《诗》曰：'自西自东，自南自北，无思不服。'此之谓也（《诗》云：从那西边又从东，从那南边又从北，没有哪个不服从。说的就是这种情况）。王者有诛而无战，城守不攻，兵格不击，上下相喜则庆之。不屠城，不潜军，不留众，师不越时。故乱者乐其政，不安其上，欲其至也（称王天下的君主有讨伐而没有攻战，敌城坚守时不攻打，敌军抵抗时不攻击，敌人官兵上下相亲相爱就为他们庆贺，不摧毁城郭而屠杀居民，不秘密出兵搞偷袭，不留兵防守占领的地方，军队出征不超过预先约定的时限。所以政治混乱的国家中的人民都喜欢他的这些政策，而不爱自己的君主，都希望他的到来）。"① 荀子对陈嚣说："彼仁者爱人，爱人，故恶人之

---

① 《荀子·议兵》，方勇、李波译注，中华书局2011年版，第237—238页。

害之也；义者循理，循理，故恶人之乱之也（那仁者爱人，正因为爱人，所以就憎恶别人危害他们；义者遵循道理，正因为遵循道理，所以就憎恶别人搞乱它）。彼兵者，所以禁暴除害也，非争夺也。故仁人之兵，所存者神，所过者化，若时雨之降，莫不说喜（那用兵，是为了禁止横暴、消除危害，并不是争夺啊。所以仁人的军队，他们停留的地方会得到全面治理，他们经过的地方会受到教育感化，就像及时雨的降落，没有人不欢喜）。是以尧伐驩兜，舜伐有苗，禹伐共工，汤伐有夏，文王伐崇，武王伐纣，此四帝两王，皆以仁义之兵行于天下也（因此尧讨伐驩兜，舜讨伐三苗，禹讨伐共工，汤讨伐夏桀，周文王讨伐崇国，周武王讨伐商纣，这两帝、四王都是使用仁义的军队驰骋于天下的）。故近者亲其善，远方慕其德，兵不血刃，远迩来服，德盛于此，施及四极。《诗》曰：'淑人君子，其仪不忒，其仪不忒。'此之谓也（所以近处喜爱他们的善良，远方仰慕他们的道义；兵器的刀口上还没有沾上鲜血，远近的人就来归附了；德行伟大到这种地步，就会影响到四方极远的地方。《诗》云：善人君子忠于仁，坚持道义不变更。他的道义不变更，四方国家他坐镇。说的就是这种情况啊）。"①

按照儒家的道德标准，荀子批判了秦国的军事行动。"李

---

① 《荀子·议兵》，方勇、李波译注，中华书局2011年版，第239页。

斯问孙卿子曰：秦四世有胜，兵强海内，威行诸侯，非以仁义为之也，以便从事而已（李斯问荀子：秦国四代都有胜利的战果，在四海之内兵力最强，威力扩展到各诸侯国，但他们并不是依靠仁义做到的，而只是根据便利的原则去做罢了）。孙卿子曰：非汝所知也！汝所谓便者，不便之便也；吾所谓仁义者，大便之便也（荀子说：这道理不是你所知道的。你所说的便利，是一种并不便利的便利。我所说的仁义，才是极其便利的便利）。彼仁义者，所以修政者也；政修则民亲其上，乐其君，而轻为之死。故曰：凡在于军，将率末事也（那仁义，是用来搞好政治的工具；政治搞好了，民众会亲近其君主，喜爱其君主，而不在乎为君主去牺牲。所以说一切都在于君主，将帅是次要的事）。秦四世有胜，諰諰然常恐天下之一合而轧己也，此所谓末世之兵，未有本统也（秦国四代都有胜利，却还是经常提心吊胆地怕天下各国团结一致来压倒自己，这就是人们所说的衰落时代的军队，没有抓住用兵的根本）。故汤之放桀也，非其逐之鸣条之时也；武王之诛纣也，非以甲子之朝而后胜之也，皆前行素修也，所谓仁义之兵也（从前商汤流放夏桀，并不只是在鸣条追击的时候；武王诛杀商纣，并不是甲子日早晨之后才战胜他的；而都是靠了以前的措施与平时的治理，这就是我所说的仁义的军队）。今女不求之于本，而索之于末，此世之所以乱也（现在你不从根本上去寻找原因，而只是从枝节上去探索缘由，这就是社会混乱的原因）。"①荀子认为，汤打败夏桀，武王打败商纣，主要不是靠军事力量，而是靠平日用仁义待民，获取了民心。秦国单纯用兵，不讲仁义，这种国家随时会遭遇大的失败。

孔孟整日都陶醉于汤武伐桀纣之类的传说，幻想在现实中实现这些传说。荀子与孔孟不同，荀子与法家类似也相当务实。他说："无用之辩，不急之察，弃而不治。"②所以荀子对战争的分析还得回到现实中来。就现实而言，荀子没有把秦国的军事行动彻底否定。

荀子分析道："齐人隆技击，其技也，得一首者，则赐赎锱金（八两一锱），无本赏矣（齐国人注重技击，对待那些技击，取得一个敌人首级的，就赐给他锱黄金来赎买，没有战胜后所应颁发的奖赏）。是事小敌毳（脆），则偷可用也，事大敌坚则焕涣离耳。若飞鸟然，倾侧反复无日，是亡国之兵也，兵莫弱是矣。是其去赁市、佣而战之几矣（这种办法，如果战役小、敌人弱，那还勉强可以使用；如果战役大、敌人强，那么士兵就会涣散而逃离，像那乱飞的鸟一样，倒下覆灭也就没有多久了。这是使国家灭亡的军队，没有比这更弱的军队了，这和那雇取佣工去让他们作战也就差不多了）。魏氏之武卒，

①《荀子·议兵》，方勇、李波译注，中华书局2011年版，第240页。
②《荀子·天论》，方勇、李波译注，中华书局2011年版，第271页。

以度取之，衣三属之甲，操十二石之弩，负服矢五十个，置戈其上，冠轴（胄）带剑，赢三日之粮，日中而趋百里，中试则复其户，利其田宅，是数年而衰而未可夺也，改造则不易周也。是故地虽大，其税必寡，是危国之兵也（魏国的武卒，根据一定的标准来录取他们。那标准是：让他们穿上三种依次相连的铠甲，拿着拉力为十二石的弩弓，背着装有五十支箭的箭袋，把戈放在那上面，戴着头盔，佩戴宝剑，带上三天的粮食，半天要奔走一百里。考试合格就免除他们家的徭役，使他们的田地住宅都处于便利的地方。这些待遇，即使几年以后他们体力衰弱了也不可以剥夺，重新选取了武士也不取消对他们的周济。所以国土虽然广大，但它的税收必定很少，这是使国家陷于危困的军队啊）。秦人，其生民也陕（xia）陋（e），其使民也酷烈，劫之以势，隐之以陋，怞（习惯）之以庆赏，鳝（逼近）之以刑罚，使天下之民所以要利于上者，非斗无由也。陋而用之，得而后功之，功赏相长也，五甲首而隶五家，是最为众强长久，多地以正。故四世有胜，非幸也，数也（秦国的君主，他使民众谋生的道路很狭窄、生活很穷窘，他使用民众残酷严厉，用权势威逼他们作战，用穷困使他们生计艰难而只能去作战，用奖赏使他们习惯于作战，用刑罚强迫他们去作战，使国内的民众向君主求取利禄的办法，除了作战就没有别的途径；使民众穷困后再使用他们，得胜后再给他们记功，对功劳的奖赏随着功劳而增长，得到五个敌人士兵的首级就可以役使本乡的五户人家。这秦国要算是兵员最多、战斗力最强而又最为长久的了，又有很多土地可以征税。所以秦国四代都有胜利的战果，这并不是因为侥幸，而是有其必然性的）。故齐之技击不可以遇魏氏之武卒，魏氏之武卒不可以遇秦之锐士，秦之锐士不可以当桓文之节制，桓文之节制，不可以敌汤武之仁义，有遇之者，若以焦熬投石焉（齐国的技击不可以用来对付魏国的武卒，魏国的武卒不可以用来对付秦国的锐士，秦国的锐士不可以用来对付齐桓公、晋文公那有纪律约束的军队，齐桓公、晋文公那有纪律约束的军队不可以用来抵抗商汤、周武王的仁义之师；如果有抵抗他们的，就会像用枯焦烤干的东西扔在石头上一样）。"[1] 荀子对秦国的军事攻势当然很不满意，但是荀子理想的军事行动是齐桓晋文的尊王攘夷，更是商汤周武的吊民伐罪。可是这些理想的军事行动仅仅是在理想中，在现实中已经不存在了，说说而已，不能当真。在现实中存在的军事行动只有秦、魏、楚、赵、齐等强国的军事行动。比较而言，秦国的军事行动是最凌厉的，最不可战胜的。荀子看到，比较而言，秦国的军事行动比起其他强国最能够将国家利益与民众利益结合起来，调动起民众的积极性，所以在现实中谁也打不过秦国。

---

[1]《荀子·议兵》，方勇、李波译注，中华书局2011年版，第231页。

关于治理国家，荀子的理想当然是尧舜禹及汤武的道德仁义，但理想不能代替现实。就现实而言，荀子不得不务实地高看秦国。"应侯问孙卿子曰：入秦何见？孙卿子曰：其固塞险，形势便，山林川谷美，天材之利多，是形胜也（秦国要塞坚固险峻地形便利，山林川谷秀美，自然资源丰富，这是地理环境上的优越）。入境，观其风俗，其百姓朴，其声乐不流污，其服不佻，甚畏有司而顺，古之民也（进入境内，观察其社会风俗，百姓朴实，音乐不淫荡卑污，服装不轻佻妖艳。人们非常敬畏官吏而顺服，像是古代圣王治理下的民众）。及都邑官府，其百吏肃然，莫不恭俭、敦敬、忠信而不楛，古之吏也（到了大小城镇的官府，官吏们态度严肃、无不谦恭节俭、敦厚敬谨、忠诚守信、做事不粗疏草率，就像古代圣王手下的官吏）。入其国，观其士大夫，出于其门，入于公门；出于公门，归于其家，无有私事也；不比周，不朋党，偶然莫不明通而公也，古之士大夫也（进入国都，观察其士大夫，出了家门就进办公室，出了办公室就回家，无暇办私事。不拉邦结党，卓然超群无不明智通达而廉洁奉公，就像古代圣王统治下的士大夫）。观其朝廷，其朝闲，听决百事不留，恬然如无治者，古之朝也（观察其朝廷，其朝廷清闲，管该管的事，政务处理迅捷，无一滞留，安闲如同无为，真像古代圣王的朝廷）。故四世有胜，非幸也，数也。是所见也（秦国四代强盛，并非侥幸，而是必然。这就是我见到的）。故曰：佚而治，约而详，不烦而功，治之至也，秦类之矣（所以说：安闲而又治理得很好，政令简约而周详，政事不烦乱而有功绩，这是政治的最高境界，秦国就类似这样）。"①荀子对秦国政治的赞美不吝美辞。秦国的民众淳朴守法、秦国的官吏尽职敬业、秦国的士大夫公义不党、秦国的朝廷有序高效率，都令荀子赞叹。荀子肯定了秦国法家治国成就显赫，这与孔孟对法家的刑罚之治的简单否定完全不同。当然，荀子毕竟属于儒家，秦国不用儒仍有非议："虽然，则有其諰矣。兼是数具者而尽有之，然而县之以王者之功名，则偳偳然其不及远矣！是何也？则其殆无儒邪（虽然如此，秦仍存在着令人担心的地方。上述三个方面虽然都具备了，但与王者的功名相比那还差得很远。什么原因？大概是他们不用儒者吧）！故曰粹而王，驳而霸，无一焉而亡。此亦秦之所短也（所以，纯粹地崇尚道德、只用贤人，就能称王天下；义利驳杂兼顾、贤人亲信并用，就能称霸诸侯；这两者一样都没有，就会灭亡。这也是秦国的短处）。"②荀子批评秦国不但纯用道德的王道做不到，连义利驳杂的霸道也做不到，恐有亡国之虞。

以上可以看出，荀子虽然属于儒家，但是对法家并非否定

①《荀子·强国》，方勇、李波译注，中华书局2011年版，第260—261页。
②《荀子·强国》，方勇、李波译注，中华书局2011年版，第261页。

得一无是处。

荀子有的言论甚至与法家相同。"权出一者强，权出二者弱，是强弱之常（常规）也。"①"夫两贵之不能相事，两贱之不能相使，是天数也。"商鞅也说："权者，君之所独制也。人主失守则危。""权制断于君则威。"②韩非也说："申子曰：'独视者谓明，独听者为聪。能独断者，故可以为天下主。'"③君主要"独"。独自观察，独自听取，还要独断。独断就是权力只出于自己这个一。荀子和法家一样鼓吹君主集权。韩非子讲了一个故事："子路为郈令。鲁以五月起众为长沟，当此之为，子路以其私秩粟为浆饭，要作沟者于五父之衢而餐之。孔子闻之，使子贡往覆其饭，击毁其器，曰：'鲁君有民，子奚为乃餐之（子路做邱邑的长官。鲁国在五月份发动民众开挖长沟，在开工期间，子路用自己的俸粮做成稀饭，邀请挖沟的人到五父路上来吃。孔子听说后，叫子贡去倒掉他的饭，砸烂盛饭的器皿，说：这些民众是属于鲁君的，你干吗要给他们饭吃）？'"④子路向民众施舍粮食的结果将使民众感谢子路。孔子之所以阻止子路的慈善行为是为了维护君主在民众中的威信。向民众施舍粮食应该是君主所为。子路如果施舍粮

①《荀子·议兵》，方勇、李波译注，中华书局2011年版，第231页。
②《荀子·王制》，方勇、李波译注，中华书局2011年版，第117页。
③《韩非子·外储说右上》，高华平、王齐洲、张三夕译注，中华书局2010年版，第484页。
④《韩非子·外储说右上》，高华平、王齐洲、张三夕译注，中华书局2010年版，第470页。

食也应该以君主的名义去做，让民众感谢君主。所以韩非说："其于德施也，纵禁财（打开国库）、发坟（大）仓、利于民者，必出于君，不使人臣私其德（不允许臣子向民众显示自己的恩德）。"①笔者揣测，韩非讲的这个故事很可能也是听他的老师荀子讲的。

梁启超概括荀子之学术第一条就是"尊君权"。尊君权自然大受专制君主欢迎，所以谭嗣同指出：荀子"仅授君主以莫大无限之权。""二千年之学，荀学也。"②

二、道家对法家的否定

老子反对法家的刑罚之治。"天下多忌讳，而民弥贫；人多利器，国家滋昏；人多伎巧，奇物滋起；法令滋彰，盗贼多有。故圣人云：'我无为，而民自化；我好静，而民自正；我无事，而民自富；我无欲，而民自朴。'"③法令多就是忌讳多。法令滋彰就是法令严苛。老子反对法家的法制，在《道德经》中把领导干部划分为四个等级："太上，不知有之；其次，亲而誉之；其次，畏之；其次，侮之。"④最好的统治者是

①《韩非子·八奸》，高华平、王齐洲、张三夕译注，中华书局2010年版，第74页。

②《谭嗣同全集》下册，中华书局1990年版，第337页。

③《道德经57章》，史仲文主编：《中华经典藏书》，北京出版社1999年版，第2346页。

④《道德经17章》，史仲文主编：《中华经典藏书》，北京出版社1999年版，第2335页。

无为，底下人不知道其存在；其次是儒家的，爱民众，为民众奔波，民众亲近他，给他很高的荣誉；最差的就是法家，使用严刑峻法，令民众畏惧。

老子还反对法家动辄使用战争解决问题。"夫兵者，不祥之器，物或恶之，故有道者不处。"①战争是不祥的东西，人们都讨厌它，所以行道者不使用它。

"君子居则贵左，用兵则贵右。兵者不祥之器，非君子之器，不得已而用之，恬淡为上。胜而不美，而美之者，是乐杀人。夫乐杀人者，则不可得志于天下矣。"②君子平时居处就以左边为贵，而用兵打仗时就以右边为贵。这是把用兵当做丧事来办。用兵这个不祥的东西，不是君子所使用的东西，万不得已而使用它，最好淡然处之。打了胜仗也别得意，得意那就是喜欢杀人。凡是喜欢杀人的人，就不可能得志于天下。

"吉事尚左，凶事尚右。偏将军居左，上将军居右，言以丧礼处之。杀人之众，以悲哀泣之，战胜以丧礼处之。"吉庆的事情以左边为上，凶丧的事情以右方为上，副将居于左边，主将居于右边，这就是说要以丧礼仪式来处理用兵打仗的事情。战争中要杀很多人，所以要用哀痛的心情参加战争。打了胜仗，也要以丧礼的仪式去对待战死的人包括敌方的战死者。

---

①《道德经31章》，史仲文主编：《中华经典藏书》，北京出版社1999年版，第2338页。

②《道德经31章》，史仲文主编：《中华经典藏书》，北京出版社1999年版，第2339页。

老子用人道主义的观点看待战争。战争要死人的，所以他反对一切战争。

老子还把儒家放在法家之上，庄子则把法家与儒家都视作非道。"本在于上，末在于下；要在于主，详在于臣（根本存在于上古，末节推行于当今；治世的纲要掌握在帝王手里，繁杂的事务留在臣子的操劳中）。三军、五兵之运，德之末也；赏罚利害，五刑之辟，教之末也（军队和各种兵器的运用，这是德化衰败的表现；奖赏处罚利导惩戒，并且施行各种刑法，这是诲谕衰败的表现）；礼法度数，形名比详，治之末也；钟鼓之音，羽旄之容，乐之末也（礼仪法规度量计数，对事物实体和称谓的比较和审定，这是治理衰败的表现；钟鼓的声音，用鸟羽兽毛装饰的仪容，这是声乐衰败的表现）；哭泣衰绖，隆杀之服，哀之末也（痛哭流涕披麻戴孝，不同规格的隆重或省简的丧服，这是哀伤情感不能自然流露的表现）。此五末者，须精神之运，心术之动，然后从之者也。末学者，古人有之，而非所以先也（这五种微末之举，等待精神的自然运行和心智的正常活动，方才能排除骄矜、率性而生。追求末节的情况，古人中已经存在，但并不是用它来作为根本）。"[1]庄子认为法家的刑罚之治与儒家的礼乐之治都破坏了道之自然，是治世衰落的表现。

---

[1]《庄子·天道》，史仲文主编：《中华经典藏书》，北京出版社1999年版，第2390页。

"故夫三皇五帝之礼义法度，不矜于同而矜于治。故譬三皇五帝之礼义法度，其犹柤梨橘柚，其味相反而皆可于口。故礼义法度者，应时而变者也。"①三皇五帝推行的政策，包括礼仪和法制，因时而互异，不求同，但求治。他们的礼仪和法制好比山楂、梨子、桔子、柚子，味道绝不相同，但都可口。礼仪和法制，随时代而革新，随社会而调整，不可能永远管用，不可能到处适合。即便是三皇五帝这些圣贤的礼仪法度，也只能适用于一时，不可能像道一样永恒存在。

总之，道家对法家是否定的。

三、墨家的反战

墨子反战的立场最鲜明。"今有一人，入人园圃，窃其桃李，众闻则非之，上为政者，得则罚之，此何也？以亏人自利也。至攘人犬豕鸡豚，其不义又甚入人园圃窃桃李。是何故也？以亏人愈多，其不仁兹甚，罪益厚。至入人栏厩，取人马牛者，其不仁义，又甚攘人犬豕鸡豚，此何故也？以其亏人愈多。苟亏人愈多，其不仁兹甚，罪益厚。至杀不辜人也，拖其衣裘，取戈剑者，其不义，又甚入人栏厩取人马牛。此何故也？以其亏人愈多。苟亏人愈多，其不仁兹甚矣，罪益厚。当此，天下之君子皆知而非之，谓之不义。今至大为攻国，则弗

---

① 《庄子·天运》，史仲文主编：《中华经典藏书》，北京出版社1999年版，第2394页。

知非，从而誉之，谓之义。此可谓知义与不义之别乎？杀一人，谓之不义，必有一死罪矣。若以此说往，杀十人，十重不义，必有十死罪矣；杀百人，百重不义，必有百死罪矣。当此天下之君子皆知而非之，谓之不义。今至大为不义攻国，则弗知非，从而誉之，谓之义。情不知其不义也，故书其言以遗后世；若知其不义也，夫奚说书其不义以遗后世哉？"①墨子文章语言通俗，反对战争的观点非常清楚明白。

四、春秋战国之后人们对法家的评价

汉代，人们对法家的评价多是为了反省秦朝灭亡的教训，以此直接或间接衬托出法家的消极面。

贾谊说："商君遗礼义，弃仁恩，并心于进取，行之二岁，秦俗日败（商君抛弃礼义，舍弃仁恩，一心一意变法强国，他的变法主张推行了两年，秦朝的风俗渐渐衰败）。故秦人家富子壮则出分，家贫子壮则出赘。借父耰锄，虑有德色；毋取箕帚，立而谇语。抱哺其子，与公并倨；妇姑不相说，则反唇而相稽。其慈子耆利，不同禽兽者亡几耳（所以秦朝富裕家庭儿子成年了就分家，贫寒家庭儿子成年了就到女方家去成婚。借给父亲农具，就流露出恩赐的脸色；母亲取用一下畚箕和扫帚，立即遭到责骂。儿媳抱着孩子喂奶，与公公一同伸开

①《墨子·非攻上》，史仲文主编：《中华经典藏书》，北京出版社1999年版，第4293页。

腿坐着；婆媳之间一不高兴，就顶嘴吵架。他们宠爱儿子贪图利益，不同禽兽的地方没有多少了）。然并心而赴时，犹曰蹶六国，兼天下。功成求得矣，终不知反廉愧之节，仁义之厚。信并兼之法，遂进取之业，天下大败；众掩寡，智欺愚，勇威怯，壮陵衰，其乱至矣（然而商君顺应时势一心进取，还可以说是为了挫败六国，统一天下。功成名就了，最终不知道违背了廉耻羞愧的节操，违背了仁义的厚德。推行兼并的办法，成就了进取的事业，却败坏了天下。势力大的压倒势力小的，聪明的欺侮愚笨的，勇猛的威吓胆怯的，强壮的欺凌衰弱的，真是乱到了极点）。是以大贤起之，威震海内，德从天下。曩之为秦者，今转而为汉矣。然其遗风余俗，犹尚未改（因此大贤汉高祖刘邦出来扶持天下的危乱，声威震荡四海，恩德遍布天下。过去是秦朝的天下，如今转为汉朝的天下了。但是秦朝遗留下来的风俗习惯，还没有改变）。"贾谊虽然批评法家造成的社会风俗败坏，但又不得不承认，社会风俗的败坏已成必然趋势，不可阻挡，至今日更甚。"今世以侈靡相竞，而上亡制度，弃礼谊，捐廉耻，日甚，可谓月异而岁不同矣（当今社会上人们都竞相追求奢侈豪华，而上面又没有建立制度，这种抛弃礼义，摒弃廉耻的风气一天比一天厉害，可以说是每年每月都不一样了）。逐利不耳，虑非顾行也，今其甚者杀父兄矣。盗者剟寝户之帘，搴两庙之器，白昼大都之中剽吏而夺之金。

矫伪者出几十万石粟，赋六百余万钱，乘传而行郡国，此其亡行义之尤至者也（只注重追逐名利，而不顾行为的好坏，到了今天，严重的发展到杀害自己的父亲兄弟了。盗贼割取皇帝宗庙后室的门帘，拿起汉高祖、汉惠帝两庙的祭器，白天在大都城中抢夺官吏的钱财。作伪的人骗出近十万石粮食，征收六百多万钱财，乘坐官车周游郡国，这真是没有道义到了极点）。而大臣特以簿书不报，期会之间，以为大故。至于俗流失，世坏败，因恬而不知怪，虑不动于耳目，以为是适然耳（而大臣只把不上报公文和期会的中断当作大事。至于社会风俗的败坏，却安然处之不以为怪，无动于衷，以为是理所当然的事）。"①贾谊用儒家的标准批评法家导致社会风俗向坏的方向大幅蜕变，并且表示出无可奈何。贾谊还在《过秦论》中批评了使用法家思想治国的秦朝，"仁义不施"迅速败亡。

晁错的思想中法家的成分很多，但晁错对法家也有很多批评："愚臣窃以秦事明之。臣闻秦始并天下之时，其主不及三王，而臣不及其佐，然力力不迟者，何也？地形便，山川利，财用足，民利战（愚臣用秦事来说明。臣闻秦开始兼并天下时，它的国君不及三王，而大臣也不及三王的辅臣，然而功业的建立并不迟慢，为什么？地形方便，山川有利，财富充足，民善于作战）。其所与并者六国，六国者，臣主皆不肖，谋不

① 班固：《汉书卷48·贾谊传》，中华书局标点本。

辑，民不用，故当此之时，秦最富强（它与并存的六国相比，六国臣主都是无能之辈，计谋不统一，民不能任使，因此，这时秦国最富强）。夫国富强而邻国乱者，帝王之资也，故秦能兼六国，立为天子。当此之时，三王之功不能进焉（国强而邻国混乱，最具备称帝的条件，所以秦国可以兼并六国，立为天子。当时，三王建立功业的办法不能被采纳）。及其末涂之衰也，任不肖而信谗贼；宫室过度，耆欲亡极，民力罢尽，赋敛不节；矜奋自贤，群臣恐谀，骄溢纵恣，不顾患祸；妄赏以随喜意，妄诛以快怒心，法令烦憯，刑罚暴酷，轻绝人命，身自射杀；天下寒心，莫安其处。奸邪之吏，乘其乱法，以成其威，狱官主断，生杀自恣。上下瓦解，各自为制（到后来衰败之时，任用不肖而听信谗贼；宫室超过限度，奢侈的欲望没有极限，民力疲尽，赋敛没有节制；妄自称贤，群臣因恐惧而争相阿谀，骄横放纵，不顾灾祸临头；妄赏以随个人喜好，妄诛以发泄怒心，法令烦苛残害下民，刑罚酷暴，轻易处决，亲自射杀人命；天下寒心，不能安定居住，奸邪官吏，利用乱法，横施威风，狱官判官，生杀专断。上下瓦解，各自为政）。秦始乱之时，吏之所先侵者，贫人贱民也；至其中节，所侵者富人吏家也；及其末涂，所侵者宗室大臣也（秦刚开始内乱时，官吏先侵夺的对象是贫人贱民；到中期，所侵害的是富人官吏之家；到了末路时，所侵害的是宗室大臣）。是故亲疏皆危，外内咸怨，离散逋逃，人有走心。陈胜先倡，天下大溃，绝祀亡世，为异姓福。此吏不平，政不宣，民不宁之祸也（因此，亲疏皆危，内外怨恨，离散逃亡，人有叛心。陈胜首倡，天下崩溃，断绝了宗庙祭祀，为异姓占有国家。造就吏不平、政不宣、民不宁之祸）。"秦国能够兼并天下是因为有好的地形地貌、丰富的物产资源、人民善战。加之其他国家太黑暗、太弱。秦朝的灭亡是因为用人不当，贪官横行，欺压人民，滥施刑罚，天下离心。晁错批评秦朝所用的标准有儒家成分。

"今陛下配天象地，覆露万民，绝秦之迹，除其乱法；躬亲本事，废去淫末；除苛解娆，宽大爱人；肉刑不用，罪人亡笤；非谤不治，铸钱者除；通关去塞，不孽诸侯；宾礼长老，爱恤少孤；罪人有期，后宫出嫁；尊赐孝悌，农民不租；明诏军师，爱士大夫；求进方正，废退奸邪；除去阴刑，害民者诛；忧劳百姓，列侯就都；亲耕节用，视民不奢。所为天下兴利除害，变法易故，以安海内者，大功数十，皆上世之所难及，陛下行之，道纯德厚，元元之民幸矣（今陛下配天之时，象地之利，荫泽万民，除绝亡秦遗迹，废去乱法；亲身提倡本业，杜禁奢侈末业；消除烦扰，宽厚爱人；肉刑不用，犯罪不及妻子；诽谤不治罪。废禁铸钱律；打通关塞，不猜疑诸侯；礼敬长老，抚恤少孤；罪人有期，后宫出嫁；尊敬赏赐孝悌，农民在朝廷足用时免租；明诏军中师长，爱惜士卒和官员；寻求正派官吏，废退奸邪之官；除去宫刑，害民者处死；慰问百姓，列侯回到封国；亲自耕田，节省用费，向百姓昭示不侈。为天下兴利除害，变法革旧，安定海内，大功数十项，都是上世所难以办到的，陛下实行了，道德纯厚，是天下百姓之大幸）。"①晁错给汉景帝提出的种种建议都是儒家所提倡的。

董仲舒说："至秦则不然，用商鞅之法，改帝王之制，除井田，民得卖买，富者田连阡陌，贫者无立锥之地。"②董仲舒批评法家造成社会两极分化。

从汉武帝开始，汉代统治者虽表面上独尊儒术，然骨子里仍是不忘法家。"孝元皇帝，宣帝太子也。母曰共哀许皇后，宣帝微时生民间。年二岁，宣帝即位。八岁，立为太子。壮大，柔仁好儒。见宣帝所用多文法吏，以刑名绳下，大臣杨恽、盖宽饶等坐刺讥辞语为罪而诛，尝侍燕从容言：'陛下持刑太深，宜用儒生。'宣帝作色曰：'汉家自有制度，本以霸王道杂之，奈何纯任德教，用周政乎！且俗儒不达时宜，好是古非今，使人眩于名实，不知所守，何足委任？'乃叹曰：'乱我家者，太子也！'由是疏太子而爱淮阳王，曰：'淮阳王明察好法，宜为吾子。'"③汉宣帝就明着说汉家不是纯用儒

---

① 班固：《汉书卷49·晁错传》，中华书局标点本。
② 班固：《汉书卷24·食货志上》，中华书局标点本。
③ 班固：《汉书卷9·元帝纪》，中华书局标点本。

家，而是儒法杂用。汉宣帝想废掉喜好儒家的太子，改立喜好法家的淮阳王。

汉代以后，随着社会分裂动荡再次出现，很多人又重新想起法家的有用之处。刘备临终托孤给诸葛亮，训示太子："勿以恶小而为之，勿以善小而不为。惟贤惟德，能服于人。汝父德薄，勿效之。可读汉书、礼记，吧闲暇历观诸子及六韬、商君书，益人意智。闻丞相为写申、韩、管子、六韬一通已毕，未送，道亡，可自更求闻达。"① 这些话反映出刘备诸葛亮也是儒法杂用。曹操也是儒法杂用。他说："夫治定之化，以礼为首。拨乱之政，以刑为先。"②

北魏道武帝拓跋珪对法家颇有兴趣："公孙表，字玄元，燕郡广阳人也。为慕容冲尚书郎。慕容垂破长子，从入中山。慕容宝走，乃归，为博士。初，道武以慕容垂诸子分据势要，权柄推移，遂至亡灭，表诣阙上《韩非书》二十卷。道武称善。"③ 魏道武帝认为后燕武帝慕容垂的诸子分别位居要职，使得权柄分散，自己被架空，终于导致灭亡。公孙表上奏《韩非书》二十卷，魏道武颇为赞赏。

北宋以后，儒家在意识形态的统治地位屹然不可动摇。但

---

① 《诸葛忠·武书·绍汉》。《四库全书》，上海人民出版社1999年光碟检索版版。

② 陈寿：《三国志·魏书卷24·高柔传》，裴松之注，中华书局标点本。

③ 李延寿：《北史列传卷15·公孙表传》，中华书局标点本。

是，一些儒士仍然时不时地流露出某些法家味道很浓的想法。

北宋李觏说："利可言乎？曰：人非利不生，曷为不可言？欲可言乎？曰：欲者人之情，曷为不可言？言而不以礼，是贪与淫，罪矣！不贪不淫，而曰不可言，无乃贼人生，反人之情？世俗之不喜儒以此。孟子谓'何必曰利'。激也。焉有仁义而不利者乎？"[①] 李觏赞成法家对人性的看法——人性就是趋利避害，批评孟子的"何必曰利"是过激言论。

北宋苏洵也有类似言论："人之好生也甚于逸，而恶死也甚于劳，圣人夺其逸死而与之劳生，此虽三尺竖子知所趋避矣。"[②] 苏洵认为人的本性是趋利避害。为了趋利避害，宁可放弃安逸，宁可多劳累。商鞅就说过类似的话："民之性，饥而求食，劳而求佚，苦则索乐，辱则求荣，此民之情也。民之求利，失礼之法；求名，失性之常。奚以论其然也？今夫盗贼上犯君上之所禁，而下失臣民之礼，故名辱而身危，犹不止者，利也。其上世之士，衣不煖肤，食不满肠，苦其志意，劳其四肢，伤其五脏，而益裕广耳，非生之常也，而为之者，名也。故曰：名利之所凑，则民道之。"[③]

司马光特别强调维护君主的绝对统治地位。他批评孟子：

---

① 《直讲李先生文集卷二十九·原文》，《四部丛刊·初编·集部》，书同文数字化技术有限公司1998年光盘版。

② 苏洵：《嘉祐集·卷六·六经论·易论》，《四库全书》，上海人民出版社1999年光碟检索版。

③ 《商君书·算地》，石磊译注，中华书局2011年版，第59页。

"为卿者，无贵戚、异姓，皆人臣也。人臣之义，谏于君而不听，去之可也，死之可也，若之何以其贵戚之故，敢易位而处也？孟子之言过矣！君有大过无若纣，纣之卿士莫若王子比干、箕子、微子之亲且贵也。微子去之，箕子为之奴，比干谏而死，孔子曰：'商有三仁焉。'夫以纣之过大而三子之贤，犹且不敢易位也，况过不及纣而贤不及三子者乎？必也使后世有贵戚之臣，谏其君而不听，遂废而代之，曰：'吾用孟子之言也。非篡也，义也。'其可乎？"①（司马光这些话是针对孟子的话：（贵戚之卿）"君有大过则谏；反复之而不听，则易位。"②司马光的话与法家的尊君完全一致。韩非谈到维护君主的绝对权威，君主的权或是君主集权必备的精神条件。

清代晚期，出现了章太炎、梁启超、沈家本（主持制定《大清民律》《大清商律草案》《刑事诉讼律草案》《民事诉讼律草案》等一系列法典，重视研究法理学）等"新法家"，他们要为法家平反正名，肯定法家的历史功绩，要继承法家的"法治"和"法治主义"，要搞"新法治主义"。

民国时期复兴法家，贡献最大者当属陈启天。他甚至将韩非子同西方的亚里士多德并列，认为韩非子对中国古典政治学

---

①《疑孟·温国文正公文集卷第七十三》，《四库全书·子部》，上海人民出版社1999年光碟检索版。
②《孟子·万章下》，史仲文主编：《中华经典藏书》，北京出版社1999年版，第1146页。

的贡献有如亚氏对西方政治学的贡献。他在《国论》杂志1935年8月号上发表的《先秦法家的国家论》一文中呼吁：“近代中国已进入世界的新战国时代，似有产生新法家的必要。”陈启天还著有《建国政策发端》（1926年）、《商鞅评传》（1935年）、《韩非子校释》（1940年）、《张居正评传》（1934年）、《中国法家概论》（1936年）、《民主宪政论》（1944年）、《韩非子参考书辑要》（1945年）。

责任编辑:王彦波
封面设计:马淑玲

图书在版编目(CIP)数据

法家思想讲演录/方尔加 著. —北京:人民出版社,2019.12
(2024.5重印)
ISBN 978 - 7 - 01 - 021188 - 6

Ⅰ.①法… Ⅱ.①方… Ⅲ.①法家-哲学思想-研究
Ⅳ.①B226.05

中国版本图书馆 CIP 数据核字(2019)第 185781 号

法家思想讲演录
FAJIA SIXIANG JIANGYAN LU

方尔加 著

人民出版社 出版发行
(100706 北京市东城区隆福寺街 99 号)

环球东方(北京)印务有限公司印刷 新华书店经销

2019 年 12 月第 1 版 2024 年 5 月北京第 5 次印刷
开本:710 毫米×1000 毫米 1/16 印张:25
字数:217 千字

ISBN 978 - 7 - 01 - 021188 - 6 定价:58.00 元

邮购地址 100706 北京市东城区隆福寺街 99 号
人民东方图书销售中心 电话 (010)65250042 65289539